U0134208

中印经典和当代作品
互译出版项目

CHINA-INDIA TRANSLATION PROJECT

印度与中国

India and China

【印】师觉月◎著

姜景奎 等◎译

中国大百科全书出版社

图书在版编目（CIP）数据

印度与中国 /（印）师觉月著 ; 姜景奎等译. -- 北京 : 中国大百科全书出版社, 2023.6

中印经典和当代作品互译出版项目

ISBN 978-7-5202-1359-2

Ⅰ. ①印… Ⅱ. ①师… ②姜… Ⅲ. ①中印关系－文化交流－文化史 Ⅳ. ①K203②K351.03

中国国家版本馆CIP数据核字（2023）第099728号

出 版 人	刘祚臣
审　　校	姜景奎
责任编辑	王　宇
封面设计	许润泽　叶少勇
责任印制	魏　婷
出版发行	中国大百科全书出版社
地　　址	北京阜成门北大街17号　　邮政编码　100037
电　　话	010-88390636
网　　址	http://www.ecph.com.cn
印　　刷	北京君升印刷有限公司
开　　本	710 毫米 × 1000 毫米　1/16
印　　张	20
字　　数	269 千字
印　　次	2023 年 6 月第 1 版　2023 年 6 月第 1 次印刷
书　　号	ISBN 978-7-5202-1359-2
定　　价	99.00 元

中印经典和当代作品互译出版项目
中方专家组

主　　编　　薛克翘　刘　建　姜景奎

执行主编　　姜景奎

特约编审　　黎跃进　阿妮达·夏尔马（印度）

　　　　　　　　邓　兵　B.R. 狄伯杰（印度）

　　　　　　　　石海军　苏林达尔·古马尔（印度）

总序：印度经典的汉译

一、概念界定

何谓经典？经，"织也"，本义为织物的纵线，与"纬"相对，后被引申为典范之作。典，在甲骨文中上面是"册"字，下面是"大"字，本义为重要的文献，例如传说中五帝留下的文献即为"五典"[①]。《尔雅·释言》中有"典，经也"一说，可见早在战国到西汉初，"经""典"二字已经成为近义词，"经典"也被用作一个双音节词。

先秦诸子的著作中有不少以"经"为名，例如《老子》中有《道经》和《德经》，故也名为《道德经》，《墨子》中亦有《墨经》。汉罢黜百家之后，"经"或者"经典"日益成为儒家权威著作的代称。例如《白虎通》有"五经何谓？谓《易》《尚书》《诗》《礼》《春秋》也"一说，《汉书·孙宝传》有"周公上圣，召公大贤。尚犹有不相说，著于经典，两不相损"一说。然而，由印度传来的佛教打破了儒家对这一术语的垄断。自汉译《四十二章经》以来，"经"便逐

[①] "典，五帝之书也。"——《说文》

渐成为梵语词 sutra 的标准对应汉译，"经典"也被用以翻译"佛法"
（dharma）[①]。随着佛教在中国的传播和发展，类似以"经典"指称佛教
权威著作的说法也多了起来。[②] 到了近代，随着西学的传入，"经典"
不再局限于儒释道三教，而是用以泛指权威、影响力持久的著作。

　　来自印度的佛教虽然影响了汉语"经典"一词的语义沿革，但
这又可以反过来帮助界定何为印度经典。汉译佛经具体作品的名
称多以 sutra 对应"经"，但在一般表述中，"佛经"往往也囊括经、
律（vinaya）、论（abhidharma）三藏。例如法显译《摩诃僧祇律》
（*Mahasanghika-vinaya*）、玄奘译《瑜伽师地论》（*Yogacarabhumi-sastra*），均被收录在"大藏经"之中，其工作也统称为"译经"。来
华译经的西域及印度学者多为佛教徒，故多以佛教典籍为"经典"。
不过也有一些非佛教徒印度学者将非佛教著作翻译为汉语，亦多冠
以"经"之名，其中不乏相对世俗、与具体宗教义理不太相关的作
品，例如《婆罗门天文经》《婆罗门算经》《嚩嚧拏说救疗小儿疾病
经》（*Ravankumaratantra*）等。如此，仅就译名对应来说，古代汉语
所说的"经典"可与 sutra、vinaya、abhidharma、sastra、tantra 等梵
语词对应，这也基本囊括了印度古代大多数经典之作。

　　然而，古代中印文化交流也有一定的局限性，若以现在对经典
的理解以及对印度了解的实际情况来看，吠陀、梵书、森林书、奥
义书、往世书等古代宗教文献，两大史诗、古典梵语文学著作等文
学作品，以及与语法、天文、法律、政治、艺术等相关的专门论著
都是印度经典不可或缺的部分。从语言来看，除梵语外，巴利语、
波罗克利特语、阿波布朗舍语等古代语言，伯勒杰语、阿沃提语等
中世纪语言，印地语、孟加拉语、乌尔都语等现代语言，以及殖民
时期被引入印度并在印度生根发芽的英语都在不同的历史时期承载
了印度经典的传承。

　　[①] "又睹诸佛，圣主师子，演说经典，微妙第一。" ——《妙法莲华经》卷一《序品》
（T09, no. 262, c18-19）
　　[②] "佛涅槃后，世界空虚，惟是经典，与众生俱。" ——白居易《苏州重玄寺法华院石
壁经碑》

二、古代中国对印度经典的汉译

经典翻译，是将他者文明的经典之作译为自己的语言，以资了解、学习，乃至融合、吸纳。这一文化行为首先需要一个作为不同于自己的"他者"客体具有足以令主体倾慕的经典之作，然后需要主体"有意识"地开展翻译工作。印度文明在宗教、哲学、医学、天文等方面的经典之作具有较高的知识水平，在不同时代对中国社会各阶层产生了独特的吸引力。中印文明很早就有了互通记录，有着甚深渊源，在商品贸易、神话传说、天文历法等方面已有学者尝试考证。[①] 随着张骞出使西域，佛教传法僧远来东土，中印之间逐渐建立起"自觉"的往来，古代中国对印度经典的汉译也在汉代以佛经翻译的形式得以展开。

1. 佛教经典汉译

毫无争议，自已佚的《浮屠经》[②]以来，佛教经典汉译在古代中国对印度经典的翻译中占有主流地位。译经人既有佛教僧人，也有在家居士，既有本土学者，也有西域、印度的传法僧人。仅以《大唐开元释教录》以及《贞元新定释教目录》的统计为例，从东汉永平十年至唐贞元十六年，这734年间，先后有185名重要的译师翻译了佛经2412部7352卷（见表1），成为人类历史上少有的翻译壮举。

---

① 季羡林：《中印文化交流史》（北京：新华出版社，1993年）及薛克翘：《中国印度文化交流史》（北京：昆仑出版社，2008年）中部分内容均介绍了相关观点。
② 学术界关于第一部汉译佛经的认定，历来观点不一。不少学者认为，《四十二章经》是第一部汉译佛经；但有学者经过考证发现，西汉哀帝元寿元年（公元前2年）大月氏使臣伊存口授的《浮屠经》应该是第一部，可惜原本失佚，后世知之甚少。目前，学术界基本倾向于认为《浮屠经》为第一部汉译佛经，并已意识到《浮屠经》在中国佛教史及学术史上的重要地位。参见方广锠：《〈浮屠经〉考》，《法音》，1998年第6期。

表1 东汉至唐代汉译佛经规模[①]

朝代	年代	历时	重要译师人数	部数	卷数
东汉	永平十年至延康元年	154年	12	292	395
魏	黄初元年至咸熙二年	46年	5	12	18
吴	黄武元年至天纪四年	59年	5	189	417
西晋	泰始元年至建兴四年	52年	12	333	590
东晋	建武元年至元熙二年	104年	16	168	468
前秦	皇始元年至太初九年	45年	6	15	197
后秦	白雀元年至永和三年	34年	5	94	624
西秦	建义元年至永弘四年	47年	1	56	110
前凉	永宁元年至咸安六年	76年	1	4	6
北凉	永安元年至承和七年	39年	9	82	311
南朝宋	永初元年至升明三年	60年	22	465	717
南齐	建元元年至中兴二年	24年	7	12	33
南朝梁	天监元年至太平二年	56年	8	46	201
北朝魏	皇始元年至东魏武定八年	155年	12	83	274
北齐	天保元年至承光元年	28年	2	8	52
北周	闵帝元年至大定元年	25年	4	14	29
南朝陈	永定元年至祯明三年	33年	3	40	133
隋	开皇元年至义宁二年	38年	9	64	301
唐[②]	武德元年至贞元十六年	183年	46	435	2 476

自东汉以后约6个世纪中，大量佛教经典被译为汉语，其历程与佛教在中国的传播历程基本同步。在这一过程中，涌现出许多重要译师，仅译经50部或100卷以上的译师就有16人（见表2），其中又以鸠摩罗什、真谛、玄奘、义净、不空做出的贡献最为卓越，故此他们被称为"汉传佛教五大译师"。他们的生平事迹和具体贡献在许多佛教典籍中均有叙述，此不赘述。

---

① 本表主要依据《大唐开元释教录》整理而成，其中唐代的数据引用的是《贞元新定释教目录》。

② 唐代数据至德宗贞元十六年（800）为止，并不完整。但考虑到贞元年后，大规模译经基本停止，故此数据亦有相当高的参考价值，至贞元十六年，唐代已经译经435部2 476卷，足以确立其在中国译经史上的地位。

表 2　译经 50 部或 100 卷以上的译师

时代	朝代	人名	译经部数	译经卷数
三国西晋	吴	支谦	88	118
	西晋	竺法护	175	354
东晋十六国	东晋	竺昙无兰	61	63
		瞿昙僧伽提婆	5	118
		佛陀跋陀罗	13	125
	北凉	昙无谶	19	131
	后秦	鸠摩罗什	74	384
南北朝	宋	求那跋陀罗	52	134
	陈	真谛	38	118
	北魏	菩提留支	30	101
隋唐	隋	阇那崛多	39	192
	唐	玄奘	76	1 347
		实叉难陀	19	107
		义净	68	239
		菩提流志	53	110
		不空	111	143

　　自唐德宗之后，译经事业由于政局等多方面因素影响而受阻，此后又经历了唐武宗和后周世宗两次灭佛，佛教在中国的发展受到冲击。直到 982 年，随着天竺僧人天灾息和施护的到访，北宋朝廷才重开译经院，此时距唐德宗年间已有约 200 年，天灾息等僧人不得不借助朝廷的力量重新召集各地梵学僧，培养本土翻译人才。在此后的约半个世纪中，他们总计译出 500 余卷佛经。此后，汉地虽有零星译经，却再也不复早年盛况，古代中国对印度经典的汉译逐渐落下帷幕。

2. 非佛教经典汉译

　　佛教经典汉译占据了古代中国对古代印度经典汉译的主流，除此之外，其他一些印度经典也被译为汉语。这些文献大致可以分为两类。一类是在翻译佛教经典的过程中无意之中被译为汉语的，尤其是佛教文献中所穿插的印度民间故事等。[①]一类是在翻译佛教经典之外，有意翻译的非佛教经典，例如婆罗门教哲学、天文学、医学著作等。尽管数量无法与佛教经典相提并论，但这些非佛教经典的翻译在一定程度上体现了古代中华文明对古代印度文明的关注开始逐渐由佛教辐射到印度文明的其他领域。不过从译者的宗教信仰以及对经典的选择来看，这类汉译大部分是佛教经典翻译的附属产品。

3. 其他哲学经典汉译

佛教自产生以来，与印度其他思潮之间既有争论，也有共通之处。因而在佛教经典的汉译过程中，中国人也逐渐接触到古代印度的其他哲学。有关这些哲学派别的基本介绍散见于包括佛经、梵语工具书、僧人传记等作品中，例如《百论疏》对吠陀、吠陀支、数论、胜论、瑜伽论，甚至与论释天文、地理、算术、兵法、音乐法、医法的各种学派相关的记载、注释和批判也可以在这些作品中找到。[②] 很有可能出于佛教对数论派和胜论派知识的尊重，以及辨析外道与佛法差别的需要等原因，真谛和玄奘才分别译出了数论派的《金七十论》和胜论派的《胜宗十句义论》。[③] 这两部经典的汉译在一定程度上拓宽了中国知识界对印度哲学的视野，但其翻译在很大程度上受到了佛教对其他哲学派别好恶的影响，依然是在佛教经典汉译的主导思路下完成的。

4. 非哲学经典汉译

除宗教哲学经典外，古代印度的天文学、数学、医学在人类科

---

① 新文化运动以来，这一领域已有多部论著问世，此不赘述。
② 宫静：《谈汉文佛经中的印度哲学史料——兼谈印度哲学对中国思想的影响》，《南亚研究》，1985 年第 4 期，第 52~59 页。
③《金七十论》译自数论派的主要经典《数论颂》（*Samkhya-karika*），相传为三四世纪自在黑（Isvarakrsna）所作。《胜宗十句义论》的梵文原本已佚，从内容看属于胜论派较早的经典著作。参见黄心川：《印度数论哲学述评——汉译〈金七十论〉与梵文〈数论颂〉对比研究》，《南亚研究》，1983 年第 3 期，第 1~11 页。

学史上也具有重要地位，其中一些著作也被译为汉语。古代印度天文学经典多以佛教经典的形式由传法僧译出。[1] 隋唐时期，天文学著作汉译逐渐出现了由非佛教徒印度天文学家主导的潮流。据《隋书》记载，印度天文著作有《婆罗门天文经》《婆罗门竭伽仙人天文说》《婆罗门天文》。[2] 瞿昙氏（Gautama）、迦叶氏（Kasyapa）和拘摩罗氏（Kumara）三个印度天文学家氏族曾先后任职于唐代天文机构太史阁，其中瞿昙氏的瞿昙悉达翻译了印度天文学经典 Navagrahasiddhanta，即《九执历》。[3] 此外，印度的医学、数学、艺术经典也因其实用价值通过不同渠道被介绍到中国，其中一些著作或部分或完整地被译为汉语。

5. 落幕与影响

中国古代的印度经典汉译在唐代达到巅峰，此后逐渐走向低谷，无论是数量还是质量都难以达到唐代的水平。造成这一现象的原因主要有两个方面：一方面，唐代中后期，阿拉伯帝国的崛起以及唐朝与吐蕃关系的恶化阻断了中印之间两条重要的陆路通道——西域道和吐蕃道，之后五代十国以及宋代时期，这两条通道均未能恢复，只有南海道保持畅通。[4] 另一方面，中国宗教哲学的发展和印度佛教的密教化这两种趋势决定了中国对印度佛教经典的需求逐渐下降。在近千年的历程中，佛教由一个依附于黄老信仰的外来宗教逐渐在汉地生根发芽，成为汉地宗教生活不可缺少的一部分，其作为"中国佛教"的独立性日益增强。甚至权威如玄奘，也不能将沿袭至那烂陀寺戒贤大师

---

[1] 例如安世高译《佛说摩邓女经》、支谦等译《摩登伽经》、竺法护译《舍头谏太子二十八宿经》等。

[2]《隋书·经籍志》，北京：中华书局，1982 年，第 1019 页。

[3] 参见 P.C.Bagchi, *India and China: A Thousand Years of Cultural Relations*. 1981, Calcutta, Saraswat Library, p.212. 此后，依然有传法僧翻译佛教天文学著作的记载，具体参见郭书兰：《印度与东西方古国在天文学上的相互影响》，《南亚研究》，1990 年第 1 期，第 32~39 页。

[4] 菩提迦耶出土的多件北宋时期前往印度朝圣的僧人所留下的碑铭证明，宋代依然有僧人前往印度朝圣，且人数不少。法国汉学家沙畹（E. Chavannes）、荷兰汉学家施古德（G. Schlegel）、印度学者师觉月（P. C. Bagchi）等国外学者在这方面均有讨论，具体参见周达甫：《改正法国汉家沙畹对印度出土汉文碑的误释》，《历史研究》，1957 年第 6 期，第 79~82 页。

的"五种姓说"完全嵌入汉地佛教的信仰之中。汉地"伪经"的层出不穷也从某种角度反映了佛教的中国本土化进程。不空等人在中国传播密教虽然形成了风靡一时的"唐密",但未能持久。究其根本在于汉地佛教的发展受到本土儒家信仰的影响,很难与融合了婆罗门教信仰的佛教密宗契合。此外,本土儒家、道家也在吸纳佛教哲学的基础上有了新的变革。至宋代,三教合一的趋势逐渐显现,源自印度但已本土化的佛教与儒家、道家的融合进一步加深,致使对印度经典的诉求越来越少。由此,义理上的因素使得中国的知识分子不再追求印度佛教的哲学思想;再者,随着佛教在印度的衰落,以及中国佛教自身朝圣体系的建立和完善,前往印度朝圣也失去了意义。

古代中国对古代印度经典的汉译始于佛教,也终于佛教。尽管如此,以佛教经典为主的古代印度经典汉译已经在中国历史上烙下了深刻的印记,其影响是持久和多方面的。在这一过程中,译师们开创的汉译传统给后人翻译印度经典留下了巨大财富:

其一,汉译古代印度经典除早期借助西域地方语言外,主要翻译对象都是梵语经典,本土学者和外来学者编写了不少梵汉工具书。

其二,一套与古代印度宗教哲学术语对应的意译和音译相结合的汉译体系得以建立。由于佛教经典的流传,很多术语已经成为汉语的常用语,广为人知。

其三,除术语对应外,梵语作品译为汉语需要克服语法结构、文学体裁等方面的限制,其实践在一定程度上影响了汉语的一些表达法。[①] 如此等等都为后人继续翻译印度经典提供了便利之处。

更为重要的是,历史上重要的译师摸索出一套大规模翻译经典的方式方法,他们的努力对于后继的翻译工作来说具有很高的参考价值。经过早期的翻译实践,鸠摩罗什译经时便开始确立了译、论、证几道基本程序,并辅之以梵本、胡本对勘和汉字训诂,经总勘方

---

① 例如汉语中常见的"所+动词"构成的被动句就可能源自对佛经的翻译。参见朱庆之《汉译佛典中的'所V'式被动句及其来源》(载《古汉语研究》,1995年第1期,第29~31、45页)及其他相关著述。

定稿。在后秦朝廷的支持下，鸠摩罗什建立了大规模译场，改变了以往个人翻译的工作方式，配合翻译方法上的完善，大大提高了译经的效率和质量。唐代译场规模更大，翻译实践进一步细化，后世记载的翻译职司包括译主、证义、证文、度语、笔受、缀文、参译、刊定、润文、梵呗等 10 余种之多。

此外，先人还摸索出一套翻译人才的培养模式，隋代译师彦琮曾以"八备"总结了译师需具备的一系列条件，具体内容为：

> 一诚心受法，志在益人；二将践胜场，先牢戒足；三文诠三藏，义贯五乘；四傍涉文史，工缀典词，不过鲁拙；五襟抱平恕，器量虚融，不好专执，耽于道术，淡于名利，不欲高衔；六要识梵言；七不坠彼学；八博阅苍雅，粗谙篆隶，不昧此文。[①]

这八备之中，既有对译者宗教信仰、个人品行的要求，也有对梵语、汉语表达的语言技能以及对佛教义理的知识掌握等方面的要求，今天看来，依然有很大的借鉴意义。

三、近现代中国对印度经典的汉译

佛教在印度的衰落及消亡使中印失去了最为核心的交流主题。中国对印度经典的汉译停留在以梵语为主要媒介、以佛教经典为主要对象的时代，自 11 世纪末[②]至 20 世纪初，这一停滞状态持续了数个世纪之久。19 世纪中后期，印度士兵和商人随着欧洲殖民者的战舰再次来到中国，中印之间的交往以一种并不和谐的方式得以恢复。中印屡弱的国力和早已经深藏故纸堆的人文交往传统都不足以阻挡西方诸国强势的物质力量和文化力量，中印人文交往便在这新的格局中，借助西方列强构建起来的"全球化"体系开始复苏。

---

① 《释氏要览》卷 2，T54, no. 2127, b21-29。
② 宋神宗元丰五年（1082）废置译经院，佛教经典汉译由此不再。

由于缺乏对印度现代语言和文化的了解，早期对印度经典的译介在语言工具和主题设置两个层面均在一定程度上受制于西方的话语体系。20世纪上半叶中国对泰戈尔作品的译介便是明证。1913年，泰戈尔自己译为英语的诗集《吉檀迦利》以英语文学作品的身份获得诺贝尔文学奖，这在当时的世界文坛引起了轩然大波，对当时正在探索民族出路的中国知识分子来说同样具有很大的震撼力和吸引力。陈独秀在1915年10月15日出版的《青年杂志》上刊载了自己译自《吉檀迦利》的四首《赞歌》，为此后持续了近一个世纪并且至今依然生机勃勃的泰戈尔著作汉译工程拉开了序幕。据刘安武统计，至1949年中华人民共和国成立止，"我国翻译介绍了印度文学作品40种左右（不包括发表在报刊上的散篇）。这40种中占一半的是泰戈尔的作品"。[①] 泰戈尔在中国受到格外关注固然始于西方学术界对他的重视，但他的影响如此之大亦在于他的作品恰好满足了当时中国在文学思想领域的需求。首先，从语言文学来看，泰戈尔的主要创作语言是本土的孟加拉语，而非印度古典梵语。这引起了当时正致力于推广白话文的中国知识分子的广泛关注，并被视为白话文替代古文的成功榜样。[②] 此外，泰戈尔的文学创作，尤其他的散文诗为当时正在摸索之中的汉语诗歌提供了一个重要的参考对象。其次，从思想上来说，泰戈尔的思想与当时作为亚洲国家"先锋"的日本截然相反，为当时正在探索民族出路的中国知识分子提供了另一个标杆。于是，泰戈尔意外地成为中印之间自佛教之后的又一重大交流主题。尽管中国知识分子对其思想和实践的评价并不一致，许多学者依然扎实地以此为契机重启了中国翻译印度经典的进程。当时中国尚未建立起印度现代语言人才培养机制，因此早期对泰戈尔作

---

① 刘安武：《汉译印度文学》，《中国翻译》，1991年第6期，第44~46页。

② 胡适向青年听众强调泰戈尔对孟加拉语文学的贡献时说："泰戈尔为印度最伟大之人物，自十二岁起，即以阪格耳（孟加拉）之方言为诗，求文学革命之成功，历五十年而不改其志。今阪格耳之方言，已经泰氏之努力，而成为世界的文学，其革命的精神，实有足为吾青年取法者，故吾人对于其他方面纵不满足于泰戈尔，而于文学革命一段，亦当取法于泰戈尔。"（载《晨报》，1924年5月11日）

品的汉译多转译自英语。凭借译者深厚的文学功底，不少经典译作得以诞生，尤其是冰心、郑振铎等人翻译的泰戈尔诗歌，时至今日依然在中国广为流传。

与泰戈尔一同被引介到中国的还有诸多印度民间故事文学作品。[①]如前文所述，古代翻译印度经典时就有不少印度民间故事被介绍到中国，但多以佛教经典为载体。[②]近现代以来，印度民间文学以非宗教作品的形式被重新介绍过来。这在很大程度上是因为"中国缺少创作儿童文学的传统"[③]，印度丰富的民间文学正好满足了中国读者的需求。与此同时，印度民间文学与中国文学之间的关系也日益进入中国学者的视野，"中印文学比较研究"这一新的研究领域开始初露端倪。其研究领域最广为人知的课题之一便是《西游记》中孙悟空形象与《罗摩衍那》中哈奴曼形象的渊源。当时许多新文化运动的大家都参与其中，鲁迅、叶德均认为孙悟空形象源于本土神话形象"无支祁"，胡适、陈寅恪、郑振铎则认为孙悟空形象源于哈奴曼。[④]

自西方语言转译印度经典的尝试为增进对印度的认知、重燃中国知识界和民众对印度文化的兴趣起到了积极作用，许多掌握西方语言的汉语作家投身其中，其翻译作品受到读者喜爱。然而，转译的不足也显而易见，因此，对印度经典的系统汉译需要建立一支如古代梵汉翻译团队一样的专业人才队伍。

1942年，出于抗战需要，民国政府在云南呈贡建立了国立东方语文专科学校，设有印度语科，开始培养现代印度语言人才。1946年，季羡林自德国学成回国，在北京大学创设东语系；1948年，金克木加盟东语系。1949年，国立东方语文专科学校并入北京大学东

① 参见刘安武：《汉译印度文学》，《中国翻译》，1991年第6期，第44~46页。
② 参见薛克翘：《中国印度文化交流史》，北京：昆仑出版社，2008年，第261~265页。
③ 刘安武：《汉译印度文学》，《中国翻译》，1991年第6期，第44~46页。
④ 参见鲁迅：《中国小说史略》，《鲁迅全集》第9卷，北京：人民文学出版社，1981年；鲁迅：《中国小说的历史的变迁》，《鲁迅全集》第9卷，北京：人民文学出版社，1981年；胡适：《〈西游记〉考证》，《胡适文存》第2集第4卷，上海：亚东图书馆，1924年；陈寅恪：《〈西游记〉玄奘弟子故事之演变》，《金明馆丛稿二编》，上海：上海古籍出版社，1982年；郑振铎《〈西游记〉的演化》，《郑振铎全集》第4卷，石家庄：花山文艺出版社，1998年；叶德均：《无支祁传说考》，《戏曲小说丛考》，北京：中华书局，1999年。

语系。东语系开设梵语－巴利语、印地语、乌尔都语三科印度语言专业，并很快培养出第二代印度语言专业队伍。随之，印度经典得以从原文翻译。第一代学者季羡林、金克木领衔的梵语团队翻译了印度大史诗《罗摩衍那》及以迦梨陀娑为代表的印度古典梵语文学作家的许多作品，如《沙恭达罗》《优哩婆湿》《云使》《伐致呵利三百咏》等，并启动了《摩诃婆罗多》等经典作品的翻译；旅居印度的徐梵澄翻译了《五十奥义书》①及奥罗宾多创作、注释的诸多哲学著作。季羡林、金克木的弟子黄宝生等延续师尊开创的传统，完成了《摩诃婆罗多》、奥义书②、《摩奴法论》、古典梵语文论、故事文学作品等一系列著作的翻译。与此同时，由第二代学者刘安武领衔的近现代印度语言团队译介了大量的印地语、乌尔都语、孟加拉语等语言的文学作品，其中尤以对印地语／乌尔都语作家普列姆昌德和孟加拉语作家泰戈尔的作品的汉译最为突出。③殷洪元对印度现代语言语法著作的翻译以及金鼎汉对中世纪印度教经典《罗摩功行之湖》的翻译也开拓了新的领域。巫白慧等学者陆续将包括"吠檀多"在内的诸多婆罗门教哲学经典译为汉语。④文献资料是学术研究的基础，这一系列经典汉译成果打破了古代中国对古代印度经典汉译中存在的"佛教主导"的局限，增加了现代视角，并以经典文献为契机，首次较为全面系统地介绍了印度文明，奠定了现代中国印度学研究的基础。由这两代学者编订的《印度古代文学史》《梵语文学史》和

---

① 参见徐梵澄译：《五十奥义书》，北京：中国社会科学出版社，1995 年。
② 参见黄宝生译：《奥义书》，北京：商务印书馆，2010 年。
③ 刘安武自印地语译出的普列姆昌德作品（集）有《新婚》（贵阳：贵州人民出版社，1982 年）、《如意树》（上海：上海译文出版社，1983 年）、《普列姆昌德短篇小说选》（北京：人民文学出版社，1984 年）、《割草的女人：普列姆昌德短篇小说新集》（长沙：湖南人民出版社，1985 年）等，加之其他学者的译介，普列姆昌德的重要作品几乎全被译为汉语。此后，刘安武又主持编译出版了 24 卷本《泰戈尔全集》（石家庄：河北教育出版社，2000 年），泰戈尔的主要作品均被收录其中。
④ 其中重要的译著成果包括巫白慧译《圣教论》（乔荼波陀著，北京：商务印书馆，1999 年）、姚卫群译《古印度六派哲学经典》（节译六派哲学经典，北京：商务印书馆，2003 年）、孙晶译《示教千则》（商羯罗著，北京：商务印书馆，2012 年）等。

《印度印地语文学史》等著作成为中国现代印度学研究的必读文献。①

由于印度文化的独特之处及其在历史上形成的巨大影响力，以现代学术研究的方式开展的印度经典汉译所产生的影响进一步辐射了包括语言、文学、哲学、历史、考古等多个学科领域，并形成了一些跨学科研究领域：

其一，中印文化比较研究。由胡适等老一辈学者开创的中印文学比较研究取得了新的进展，其中一部分研究形成了中印文化交流史这一新的学术研究领域；另一部分研究成为东方文学研究领域最重要的组成部分，东南亚、西亚等区域文学研究也受益于印度文学研究的开展和所取得的成就。此外，从具体作品到文艺理论的印度文学译介也从整体上进一步拓展了比较文学研究的视野。

其二，佛教研究。现代中国对印度经典汉译的范围不再局限于传统的汉语系佛教传统经典，在许多领域都取得了新的突破。在佛教文献来源方面，开拓了对巴利语系和藏语系佛教的研究。② 由于梵语人才的培养，中国学者得以恢复梵汉对勘的学术传统。③ 对非佛教宗教思想典籍的译介也使得对佛教的认识跳出了佛教自身的范畴，对其与其他宗教思想之间的互动与联系有了更加全面的认识。

其三，语言学研究。对梵语及相关语言的研究推动了梵汉对音，以及对古汉语句法的研究。一些接受了梵语教育的汉语言学学者结合古代语料，尤其是汉译佛经，对古汉语的语音、句法等做出研究。

---

① 单就印度文学翻译而言，据不完全统计，1950—2005 年，中国翻译印度文学作品（以书计）约 400 余种，其中中印关系交好的 1950—1962 年约有 70 种，关系不好的 1962—1976 年仅有 4 种，关系改善后的 1976—2005 年则有 300 余种。不过，2005 年之后，除黄宝生、薛克翘等少数学者仍笔耕不辍外，其他前辈学人逐渐"离席"，这类汉译工作进入某种冬眠期。

② 相关成果包括郭良鋆译《佛本生故事选》（与黄宝生合译，北京：人民文学出版社，1985 年）、《经集：巴利语佛教经典》（北京：中国社会科学出版社，1998 年），以及段晴等译《汉译巴利三藏·经藏·长部》（上海：中西书局，2012 年）等。

③ 自 2010 年以来，黄宝生主持对勘出版了《入菩提行论》（北京：中国社会科学出版社，2011 年）、《入楞伽经》（北京：中国社会科学出版社，2011 年）、《维摩诘经》（北京：中国社会科学出版社，2011 年）等佛经的梵汉对勘本，叶少勇以梵藏汉三语对勘出版了《中论颂》（上海：中西书局，2011 年）。

四、现状和汉译例解

尽管取得了上述成就，但由于印度文明积累深厚、经典众多，目前亟待翻译的印度经典还有很多。其中，以梵语创作的经典包括四部吠陀本集、梵书、森林书、往世书、《诃利世系》《利论》《牧童歌》等；以南印度语言创作的经典包括桑伽姆文学、《脚镯记》《玛妮梅格莱》《大往世书》《甘班罗摩衍那》等；以波罗克利特语创作的经典包括《波摩传》等；以中世纪北印度地方语言创作的经典包括《地王颂》《赫米尔王颂》《阿底·格兰特》《苏尔诗海》《莲花公主》，以及格比尔、米拉巴伊等人的作品等；以现代印度语言创作的经典包括帕勒登杜、杰辛格尔·普拉萨德、般吉姆·钱德拉·查特吉、萨拉特·钱德拉·查特吉、拉默金德尔·修格尔、默哈德维·沃尔马、阿格叶耶等著名现当代文学家的作品以及迦姆达普拉沙德·古鲁、提兰德尔·沃尔马等人的语言学著作等。此外，20世纪以来，一些印度思想家、政治家、文学家以英语创作的作品也可列入印度现代经典之列，目前中国仅对圣雄甘地、贾瓦哈拉尔·尼赫鲁、辨喜、纳拉扬、安纳德、拉贾·拉奥、奈都夫人等人的个别作品有所译介，大量作品仍然处于有待翻译的名单之中。

这些经典汉译的背后离不开相关学者的努力。进入21世纪以来，中国大致有两支队伍从事印度经典汉译工作。第一支是自20世纪四五十年代以来成型的印度语言专业队伍，其人员构成以高等院校和研究机构从业人员为主，兼有相关外事机构从业人员，他们均接受过系统、专业的印度语言训练。第二支是20世纪初译介包括泰戈尔作品在内的印度文学作品的作家和出版业者，80年代改革开放以来，越来越多接受过英语教育的人或全职或兼职地参与到印度作品的汉译工作之中。相比第一支队伍，这支队伍的人员构成较为复杂，水平也参差不齐，但在市场经济的推动下，一些能够成为市场热点的著作往往很快就翻译过来，例如两位与印度相关的诺贝尔文学奖得主——泰戈尔和奈保尔的作品一版再版，四位印度裔布克奖得主——萨尔曼·拉什迪、阿兰达蒂·罗伊、基兰·德塞、阿拉文德·阿迪加的作品也先后译出；此外，由于瑜伽的普及，包括克里希那穆提在内的一些现代宗教家的论著也借由英语转译为汉语。一方面，随着市场化改革的需求，第二支队伍日益蓬勃发展，但其翻译质量往往难以保障。另一方面，由于现行科研体制对从事翻译和研究的人员不利，第一支队伍也面临着诸多问题。如何在接下来的实践中取长补短，或者说既要尊重市场机制的要求，又要以学术传统克服市场失灵的状况，这也是需要进一步思考的问题。

应该说，印度经典汉译主要依靠第一支队伍，原文经典翻译比通过其他语言转译更为重要。20世纪80年代以来，这支队伍勤勤恳恳，笔耕不辍，为印度经典汉译做出了巨大贡献，取得了丰硕成果。然而，就现状看，除黄宝生、薛克翘等极少数学人外，这支队伍的第一代和第二代学人已然"离席"，后辈学人虽然已经加入进来，但毕竟年轻，经验不足，加之现行科研体制自身问题的牵制，后续汉译工作亟需动力。好在已有些年轻人在这方面产生了兴趣，其汉译意识很强，对印度梵文原典和中世纪及现当代原典的汉译工作的理解也令人刮目。可以预见，印度经典汉译将会迎来又一个高潮，汉译印度经典的水平也将有新的提升。

从某种角度说，在前文罗列的种种有待翻译的印度经典中，印度中世纪经典尤为重要。中世纪时，随着传统婆罗门教开始融合包括佛教、耆那教等在内的异端信仰与民间的大众化宗教传统，加之伊斯兰教的进入，印度进入了一个新的"百家争鸣"时代。这一时期留下了许多经典之作，它们对后世印度的宗教、社会、文化均产生了重要影响。长期以来，中国对印度中世纪经典的译介几乎一片空白，仅有一部《罗摩功行之湖》和零星的介绍。近年来，笔者组织团队着手翻译印度中世纪经典《苏尔诗海》，并初步总结了以下心得：

第一，经典汉译并非简单的语言转换，除需要精通相关语言外，还需要译者具备与印度文化相关的背景知识，以便能够精准地理解原文含义。例如，在一首描写女子优雅体态的艳情诗中，作者直接以隐喻的修辞手法描述了包括莲花、大象、狮子、湖泊等在内的一系列自然景象和动植物，若不熟悉印度古代文学中一些固定的比喻意象，则很难把握这首诗的含义。[①]由于审美标准不同，被古代印度诗人视为美丽的"象腿"在当今语境中已经成为足以令女子不悦的比喻。此类审美视角需要辅之以例如《沙恭达罗》中豆扇陀国王对沙恭达罗丰乳肥臀之态的称赞才能理解。

第二，古代中国对古代印度经典汉译的传统在很大程度上为现代翻译经典提供了以资借鉴的便利，譬如许多专有词在汉语中已有完全对应的词可供选择，省去了译者的诸多麻烦。但是，这也要求译者了解相关传统，并能将其中的一些内容为己所用；同时，还应避免由于古代中国对古代印度经典翻译在视角、理解上的偏差所带来的问题。例如，triguna 这一数论哲学的基本概念已由真谛在《金七十论》中译为"三德"，后来的《薄伽梵歌》等哲学经典的汉译也已沿用，新译经典中便不宜音译为"三古纳"之类的新词。此外，由于受佛教信仰的影响，一些读者在看到"三德"时往往容易将之与佛教中所说的法身德、般若德、解脱德等其他概念联系起来，对此需要给出注释加以说明以免误解。

第三，现代中国对现代印度经典的汉译虽然已经取得了不俗的成绩，但由于时间、人员等条件的限制，在翻译体例、内容理解等方面依然存在不少可改进之处。

笔者以《苏尔诗海》中黑天的名号为例予以说明。黑天是印度教大神毗湿奴最重要的化身之一，梵语经典中通常称之为 Krsna，字面义为"黑"，汉语之所以译为"黑天"，很可能是因为汉译佛经将婆罗门教诸神（deva）译为"天"，固在 Krsna 的汉语译名"黑"之后加上了"天"，大约与 Brahma 被译为"梵天"、Indra 被译为"帝释天"，以及 Sri 被译为"吉祥天"等相当。后世对相关经典文献的介绍都沿用了这一名称。然而，若实际对照各类经典，可以发

---

① 参见姜景奎等：《〈苏尔诗海〉六首译赏》，载《北大南亚东南亚研究》（第一卷），北京：中国青年出版社，2013 年，第 261~262 页。

现毗湿奴名号繁多。① 中世纪印度语言继承并发扬了这一传统,在伯勒杰语《苏尔诗海》中,黑天的名号有数十种之多,其中仅字面义为"黑"的常见名号就有四个,分别是 Krsna、Syama、Kanha、Kanhaiya。这四个名号之中只有 Krsna 是标准的梵语词,且使用最少,只用于黑天摄政马图拉之后人们对他的尊称;其他三个均为伯勒杰语词,多用于父母家人、玩伴女友对童年和少年黑天的称呼。因此,汉译中如果仅使用天神意义的"黑天"一名就违背了《苏尔诗海》所描述的黑天的成长情境。为此,结合不同名号的使用情况以及北印度农村生活的实际情况,笔者重新翻译了其他三个名号,即将多用于牧女和同伴对少年黑天称呼的 Syama 译为"黑子",多用于父母和其他长辈对童年黑天称呼的 Kanha 和 Kanhaiya 分别译为"黑黑"和"黑儿"。此外,还有一些名号或表明黑天世俗身份,或描述黑天体态,或宣扬黑天神迹,笔者也重新进行了翻译,例如:nanda-namdana"难陀子"、madhava"摩图裔"等称呼说明了黑天的家族、家庭身份,kesau"美发者"、srimukha"妙口"等以黑天身体的某一部分代指黑天,giridhara"托山者"、manamohana"迷心者"等以黑天在其神迹故事中的表现代指黑天,等等。

结合以上几方面的思考,《苏尔诗海》汉译实际上兼具深入而系统的研究性质,包括四部分。第一,校对后的原文。到目前为止,印度出版了多个《苏尔诗海》版本,各版本虽大同小异,但仍有差异,笔者团队搜集到影响较大的几个主要版本,并进行核对比较,最后确定一种相对科学的原文进行翻译研究。第二,对译。从经典性和文献性出发,尽可能忠实于原文,在体例选择上尽量保持诗词的形态,在内容上尽量逐字对应,特殊情况则以注释说明。第三,释译。从文献性和思想性出发,尽可能客观地阐明原文所表现的文献内容和宗教思想。该部分为散文体,其中补充了原文省略的内容并清楚地展现出情节的发展、人物的心理变化以及作品的思想内涵。

① 参见葛维钧:《毗湿奴及其一千名号》(载《南亚研究》,2005 年第 1 期,第 48~53 页)及相关著述。

第四，注释。给出有关字词及行文的一些背景知识，例如神话传说故事、民间信仰、生活习俗、哲学思想等，以及翻译中需要说明的其他问题。

试以下述例解说明：

【原文】略[①]

【对译】

此众得乐自彼时

听闻诃利[②]你之信，当时即刻便昏厥。

自隐蔽处蛇[③]出现，欣喜尽情吸空气。

鹿[④]心本已忘奔跃，复又撒开四蹄跑。

群鸟大会高高坐，鹦鹉[⑤]言称林中王。

杜鹃[⑥]偕同自家族，咕咕欢呼唱庆歌。

自山洞中狮子[⑦]出，尾巴翘到头顶上。

自密林中象王[⑧]来，周身上下傲慢增。

如若想要施救治，莫亨[⑨]现今别耽搁。

苏尔言，

如若罗陀[⑩]再这般，一众敌人大欢喜。

【释译】

黑天离开牛村很久了，养父难陀、养母耶雪达以及全村的牧人牧女都非常思念他，希望他能回来看看。牧女们对黑天的思念尤为强烈，其中又以罗陀最甚。罗陀是黑天的恋人，两人青梅竹马，两

---

① 由于原文字体涉及较为复杂的排版问题，这里仅呈现该首诗的对译、释译和注释三部分，原文略。本诗为《苏尔诗海》（天城体推广协会版本）第 4 760 首，参见 Dhirendra Varma, *Sursagar Sara Satika*, Sahitya Bhavan Private Ltd., 1986, No. 181, p.334.

② 诃利，原文 Hari，"大神"之义，黑天的名号之一。

③ 此处以蛇代指罗陀的发辫，意在形容发辫柔软纤长、乌黑发亮。

④ 此处以鹿的眼睛代指罗陀的眼睛，意在形容眼睛大而有神、灵动美丽。

⑤ 此处以鹦鹉的鼻子代指罗陀的鼻子，意在形容鼻子又挺又尖、美妙可爱。

⑥ 此处以杜鹃的声音代指罗陀的声音，意在形容声音甜美悠扬、清脆嘹亮。

⑦ 此处以狮子的腰代指罗陀的腰，意在形容腰身纤细柔顺、婀娜灵活。

⑧ 此处以大象的腿代指罗陀的腿，意在形容腿脚姿态从容、端庄稳重。

⑨ 莫亨（原文 mohana），黑天的名号之一。

⑩ 罗陀（原文 Radha），黑天最主要的恋人。

小无猜，曾经你欢我爱，形影不离。可是，黑天自离开后就再也没有回来过，甚至连信也没有寄过一封。伤离别，罗陀时刻处于煎熬中。为了教育信奉无形瑜伽之道的乌陀，也为了看望牧区故人，黑天派乌陀来到牛村，表面上让他传授无形瑜伽之道，实则置他于崇尚有形之道的牛村人中间，让他迷途知返。乌陀的到来，打乱了牛村人的生活。一者，牛村人沉浸在思念黑天的离情别绪之中，乌陀破坏了气氛，于表面的宁静之中注入了不宁静。二者，牛村人本以为乌陀会带来黑天给予牛村的好消息，但适得其反，乌陀申明自己是为传授无形的瑜伽之道而来，甚至说是黑天派他来传授的，牛村人对此不解、迷茫。他们崇尚有形，膜拜黑天，难道黑天完全抛弃了他们？他们陷入了更深一层的痛苦之中。三者，对牧区女来说，与黑天离别本就艰难，但心中一直抱有再次见面再次恋爱的期望，乌陀的到来打消了她们的念头，从精神上摧毁了她们。其中，罗陀尤甚，她所遭受的打击要比别人更甚。由此，出现了本诗开头提及的罗陀晕厥以及晕厥之后乌陀"看到"的情况，具体内容是乌陀向黑天口述的：

　　乌陀对黑天说道："黑天啊，你的恋人罗陀非常思念你，她忍受离别之苦，渴望与你相见。可是，你却让我去向她传授无形的瑜伽之道。唉，她一听到是你让我去的，当即就昏了过去，倒在地上，不省人事。唉，真是凄凉啊！这边罗陀昏迷不醒，那边动物界却出现了一派喜气景象：黑蛇从洞里出来了，它高兴地尽情享受空气；此前，罗陀的又黑又亮的长发辫曾使它羞于见人，认为自己形体丑陋，不得不躲藏起来。已经忘记奔跑的小鹿出来了，它撒开四蹄，愉悦地到处奔跳；此前，罗陀那明亮有神的大眼睛曾使它羞于见人，认为自己的眼睛丑陋，不敢出来乱逛。鹦鹉出来了，它参加群鸟大会，坐在高高的枝丫上，声称自己是林中之王；此前，罗陀又尖又挺的鼻子曾使它羞于见人，认为自己的鼻子丑陋，躲藏起来。杜鹃鸟出来了，它和同族一起，咕咕叫个不停，欢庆胜利；此前，罗陀那甜美悠扬的声音曾使它感到拘束，认为自己的声音难听，不敢开口。狮子从山洞中出来了，他得意扬扬，悠闲自在，尾巴翘到了头顶上；此前，罗陀纤细柔软的腰肢曾使它羞于见人，认为自己的腰肢粗笨僵硬，不敢示人，躲进山洞。大象从茂密的森林里出来了，它一步一昂头，傲慢自大，目中无人，盛气凛然；此前，罗陀稳重美丽的妙腿曾使它自惭形秽，认为自己的腿丑陋不堪，羞于展露，躲进森林。唉，黑天啊，你快救救罗陀吧，如果再不行动，稍后想要施救就来不及了……"

"此众得乐自彼时"是本诗的标题，意思是罗陀晕倒之时，即是众动物高兴之时。它们羞于与罗陀相比，虽然视罗陀为敌，却不敢直面罗陀，纷纷逃遁躲藏。听说罗陀遭到黑天抛弃，晕厥不醒，它们自然高兴，便迫不及待地恢复了原来的自由生活。"如若罗陀再这般，一众敌人大欢喜"，是诗外音，是苏尔达斯的总结性话语。在这首诗里，苏尔达斯主要展现了罗陀的美，但整首诗中没有出现任何对罗陀的溢美之词，没有提到罗陀的名字，更没有提到她的发辫、眼睛、鼻子、声音、腰肢和腿等，甚至没有提到蛇、鹿、鹦鹉、杜鹃鸟、狮子和大象的相关部位，仅以这些动物对罗陀晕厥不醒后的反应进行阐释，这就给听者和读者留下了巨大的想象空间，似形似景，情景交融。这种手法似乎是印度特有的，其审美视角值得深入研究。

上述例解仅为笔者及笔者团队对于印度中世纪经典汉译的一己之见，希望能开拓印度经典汉译与研究的新视角、新路子，以期印度经典在中国能得到更为深入系统的翻译与研究。

五、中印经典及当代作品互译出版项目

2013 年初，笔者与时任中国大百科全书出版社社长龚莉女士、副总编辑马汝军先生和社科分社社长滕振微先生合作，提出了"中印经典和当代作品互译出版项目"的动议。该动议得到相关单位的

积极回应。2013 年 5 月李克强总理访印期间，国家新闻出版广电总局和印度外交部签署合作文件，决定启动"中印经典和当代作品互译出版项目"，并写入两国发表的联合声明（第 17 条）。2014 年 9 月，习近平主席访问印度，该项目再次被写入两国发表的联合声明（第 11 条）。该项目成为中印两国的重大文化交流项目之一。双方商定，双方各翻译对方的 25 种图书，以 5 年为期。2016 年 5 月，国家新闻出版广电总局印发"关于实施《"十三五"国家重点图书、音像、电子出版物出版规划》的通知"，该项目被列入"'十三五'国家重点图书出版规划"。在此期间，笔者与薛克翘先生商量组织翻译团队事宜。我们掰着指头算，资深的老辈学人几乎都不能相扰，后辈学人又大多刚刚走上工作岗位，有的还在求学，翻译资质存疑。我俩怎一个愁字了得！然，事情得做，学人得培养。我们决定抓住机遇，大胆启用后辈学人，为国家培养出一支新的汉译团队。因此，除薛克翘、刘建、邓兵等少数几位前辈学人外，我们的翻译成员绝大多数在 40 岁左右，有的还不过 30 岁。两三年的实践证明，我们的决定完全正确。新生代学人知识全面，学习能力强，执行能力更强。从已完成待出版的成果看，薛克翘先生对审读过的一本书的评价最能说明问题："字里行间，均见功夫。"译文质量是本项目的重中之重。除薛克翘、刘建和笔者外，我们邀请了黎跃进教授、石海军研究员和邓兵教授作为特约编审，约请了尼赫鲁大学的狄伯杰（B. R. Deepak）教授以及德里大学的阿妮达·夏尔马（Anita Sharma）教授和苏林达尔·古马尔（Surinder Kumar）先生作为印方顾问，对译文质量进行全面把关。译者完成翻译后，译稿首先交予编审审校，如遇大问题时向印方顾问咨询，之后返予译者修改。如有必要，修改稿还需经过编审二次审校，译者再次修改。这以后，稿件才会交予出版社编辑进行审读，发现问题再行修改……我们认为，唯如此，译文质量才能得到保障，译者团队才能得到锻炼。

本项目是中印两国的重大文化交流项目之一。因此，印度方面也有相应团队，负责汉译印的工作，由上文提及的狄伯杰教授领衔，由印度国家图书托拉斯负责实施。需要指出的是，双方翻译的作品并非译者自选，而是由双方专家通过充分沟通磋商确定。汉译作品的选定过程是这样的，笔者先拟定了 50 多种印度图书，这些书抑或是中世纪以来有重要影响的经典巨著，比如《苏尔诗海》《格比尔双行诗集》和《献牛》等，抑或是印度独立以后获得过印度国家级奖项的作家之名作，如默哈德维·沃尔马、毗什摩·萨赫尼、古勒扎尔的代表作等。而后，笔者请相熟的印度学者从中圈定出 30 种。之后，国家新闻出版广电总局的相关领导、中国大百科全书出版社的龚莉社长和滕振微先生以及笔者本人专赴印度，与印方专家组进行面对面的交流探讨，最终确定了 25 种汉译印度图书名录。印度团队的印译中国图书名录的选定过程与此类似。具体的汉译书单如下表：

序号	书名	作者	备注
1	苏尔诗海 *Sursagar*	苏尔达斯 Surdas	诗歌
2	格比尔双行诗集 *Kabir Dohavali*	格比尔达斯 Kabirdas	诗歌
3	献牛 *Godan*	普列姆昌德 Premchand	长篇小说
4	帕勒登杜戏剧 *Bharatendu Natakavali*	帕勒登杜 Bharatendu	戏剧
5	普拉萨德作品集 *Prasad Rachna Sanchayan*	杰辛格尔·普拉萨德 Jaishankar Prasad	戏剧、诗歌、短篇小说
6	鹿眼女 *Mriganayani*	沃林达温拉尔·沃尔马 Vrindavanalal Verma	长篇小说
7	献灯 *Deepdan*	拉默古马尔·沃尔马 Ramkumar Verma	独幕剧
8	灯焰 *Dipshikha*	默哈德维·沃尔马 Mahadevi Verma	诗歌
9	谢克尔传 *Shekhar: Ek Jeevani*	阿格叶耶 Ajneya	长篇小说
10	黑暗 *Tamas*	毗什摩·萨赫尼 Bhisham Sahni	长篇小说
11	肮脏的边区 *Maila Anchal*	帕尼什瓦尔·那特·雷奴 Phanishwar Nath Renu	长篇小说
12	幽闭的黑屋 *Andhere Band Kamare*	莫亨·拉盖什 Mohan Rakesh	长篇小说

序号	书名	作者	备注
13	宫廷曲调 *Raag Darbari*	室利拉尔·修格勒 Shrilal Shukla	长篇小说
14	鸟 *Parinde*	尼尔莫勒·沃尔马 Nirmal Verma	短篇小说
15	班迪 *Aapka Banti*	曼奴·彭达利 Mannu Bhandari	长篇小说
16	一街五十七巷 *Ek Sadak Sattavan Galiyan*	格姆雷什瓦尔 Kamleshwar	长篇小说
17	被抵押的罗库 *Rehan par Ragghu*	加西纳特·辛格 Kashinath Singh	长篇小说
18	印度与中国 *India and China*	师觉月 P. C. Bagchi	学术著作
19	向导 *Guide*	纳拉扬 R. K. Narayan	长篇小说
20	烟 *Dhuan*	古勒扎尔 Gulzar	短篇小说、诗歌
21	那时候 *Sei Samaya*	苏尼尔·贡戈巴泰 Sunil Gangopadhyaya	长篇小说
22	一个婆罗门的葬礼 *Samskara*	阿南特穆尔蒂 U. R. Ananthamurthy	短篇小说
23	芥民 *Chemmeen*	比莱 T. S. Pillai	长篇小说
24	印地语文学史 *Hindi Sahitya ka Itihas*	罗摩金德尔·修格勒 Ramchandra Shukla	学术著作
25	棋王奇着 *The Chessmaster and His Moves*	拉贾·拉奥 Raja Rao	长篇小说

毫无疑问，这些作品均是印度中世纪以后的经典之作，基本上代表了印度现当代文学水准，尤其反映出印地语文学的概貌。我们以为，通过这些文字，中国读者可以大体了解印度现当代文学的基本情况。

就本项目而言，笔者在这里需要表达由衷谢意：

首先，感谢原国家新闻出版广电总局的相关领导，没有他们的认可，本项目不可能正式立项。其次，感谢中国大百科全书的前社长龚莉女士、前副总编辑马汝军先生和前社科分社社长滕振微先生，没有他们的奔走，本项目不可能成立。再次，感谢中国大百科全书出版社社长刘国辉先生及诸位编辑大德，没有他们的付出，本项目不可能实施。感谢另两位主编薛克翘先生和刘建先生，两位前辈不仅担当主编、审校工作，还是主要译者；他们是榜样，也是力量。十分感谢黎跃进和邓兵两位教授，两位是特邀编审，邓兵教授也是译者，他们认真负责的精神令人起敬。感谢印度尼赫鲁大学的狄伯杰教授以及德里大学的阿妮达·夏尔马教授和苏林达尔·古马尔先生，他们的付出为本项目的实施提供了某种保障。特别感谢石海军研究员，他是特邀编审之一，可惜天不假年，他于 2017 年 5 月 13 日凌晨突然辞世，享年仅 55 岁，天地恸哭，是中国印度文学研究的一大损失！最后，感谢翻译团队的诸位译者，他们是新时代的精英，是中国印度研究领域的后起之秀，他们的成就由读者面前的文字可见一斑。

祝福诸位，祝福所有为本项目的立项和实施有所付出的先生大德们！

自《浮屠经》以来，汉译印度经典已有两千多年的历史。这一人类历史上少有的浩大文化工程背后既有对科学技术的追求，也有对宗教信仰的热忱；既有统治者的意志，也有普通民众的需求。印度经典汉译一方面极大地丰富了中华文化，另一方面也保存和传播了印度文化；既形成了自己的学术传统，又推动了许多相关领域研究的发展。时至今日，在中印关系具有特殊意义的大背景下，继续推进对印度经典的汉译在两国关系层面有助于加深两国之间的认知和了解，构建更为均衡、更为深厚的国际关系，在学术研究层面也有助于推动相关领域研究的继续发展。

姜景奎

北京燕尚园

2017 年 12 月 31 日

2019 年 12 月 25 日修订

目 录 |

中印文化圈

印度与中国——千年文化关系

　　已故师觉月博士（Dr. Prabodh Chandra Bagchi）所著的《印度与中国》对一千多年的中印文化交流进行了简要概述，确实是这个特定研究领域中最重要的著作之一。该书在有限的篇幅内涵盖了两个国家文化交流的所有方面。关于师觉月博士所探讨的文化问题的某些方面，我们现在的确掌握了更多的信息，也有了更好的了解，但这一综合性研究的价值和重要性仍然不容否定。这是一部开创性的作品，它首次向通晓英语的学者展现了许多甄选自原始中文文献以及法德专家著述的重要资料。①

　　第一章论述了印中交往的路线，该路线可以引发人们就此主题进行进一步研究。师觉月博士追溯了两国间的早期贸易和文化交流，其研究表明，交往路线"虽然从本质上讲是贸易路线"，但实际上是

────────────

　　① 本书为英语写就的著作。——译者注

"佛教传播的路线。通过这条路线，文化的各个方面从一个国家传到了另一个国家"。[①] 孔雀王朝的阿育王是第一个"将目光投向域外"的印度人。正是佛教使得两国在文化上变得亲近。早在公元前 2 世纪，有关印中贸易往来的记载就已存在。然而，这段贸易关系的历史仍被尘封在黑暗中。从师觉月博士的分析中，学者们可以得到对该问题进行深入探究的一丝线索。

第二章论述了从印度到中国的佛教传法僧的活动，时间跨度长达千年。本章不仅简要而深入地记述了如竺法护（Dharmakṣa）、鸠摩罗什（Kumārajīva）、僧伽跋澄（Saṅghabhūti）、僧伽提婆（Saṅghadeva）等著名僧人的活动，也提到了佛陀耶舍（Buddhayśaas）、菩提流支（Bodhiruci）[②] 等。或许由于本书的性质和篇幅所限，师觉月博士只对这些大师进行了简短概述，并未就这一主题进行详细分析。令人遗憾的是，对于这些伟大人物在丰富佛教以及在中国传播佛教方面所做的贡献，我们缺乏真实、具体的论述。学者们可以沿着师觉月博士勾勒的轮廓继续进行有趣且卓有成效的研究。

对于中国僧人前往印度求法的论述构成了第三章的核心内容。这一章向我们讲述了道安（Tao-ngan）、法显（Fa-hien）、玄奘（Hiuan-tsang）、王玄策（Wang Hiuan-ts'ö）、义净（Yi-tsing）等笃信者的生平事迹。尽管我们确实能够看到这些求法僧的一些传记和游记，但是这个有趣主题的更多内容仍是我们无法触及的。我们需要尝试从中文文献中挖掘材料，这一定会为我们提供一些有趣和迷人的细节。

第四章主要探讨了中国佛教的简要历史。师觉月博士主要以中文资料为基础对这一主题进行了分析，让我们了解到中国帝王、朝代以及庐山[③]（Lu-Shan）、天台（T'ien-tai）等宗派对佛教采取的行动

---

① 引文为原书第一章内容。——译者注
② 历史上有两位来华僧人的梵文名为 Bodhiruci，分别是菩提流志和菩提流支。从时间上讲，这里应该是菩提流支，但本书第二章对菩提流志着墨较多，对菩提流支则一笔带过。——译者注
③ 实际上应为净土。——译者注

和做出的贡献。菩提达摩（Bodhidharma）所做的贡献也有所提及，但我们希望能够得到更多有关其学说及活动的细节。通过有趣的分析，师觉月博士告诉我们，尽管起初佛教在中国没有受到热烈欢迎，但"从5世纪开始，佛教在中国不再被视作一个新奇的外来宗教"，并且"成为活跃在中国民众生活之中的一股生力军，而且对中国文化产生了深远的影响，在艺术和文学领域尤为凸显"。[1]

第五章[2]论述了中国浩瀚的佛教文献。这些文本是印中两国虔诚的佛教僧人自印度原本翻译而来。大量此类文献的印度原本已佚失，现存的只有汉译本。这些印度文献的译本多次被编纂成录，我们已知的此类汉译经录共有46种。在本章中，师觉月博士的探讨虽然简明扼要，却也清晰地阐明："若不借助这些中国以极大热情为后世保存的文献，人们将无法从各个方面对佛教史和印度文明史进行全面而准确的研究。"[3]

师觉月博士在第六章论述了印度艺术和科学向中国的传播。在此基础上，人们可以进行一项非常有趣的研究来探寻这样一个问题，即佛教是如何将自己移植至中国，并"在中国孕育出了一种可以被称为中印风格的新艺术"。[4] 作者从真实客观的视角探讨了印度音乐、医学、天文学以及数学的影响，这也可能会启发感兴趣的研究者在这些领域有所作为。

第七章对两大文明的融合进行了研究，展现了印度思想对中国宗教和哲学的影响。

第八章被特意命名为"中国和印度"。本章试图"追溯中国对印度人生活和思想的影响"。[5]

附录收录了那些将印度典籍译为汉语的印度学者的生平简介。对这一领域的研究者来说，该附录具有重大价值。

---

[1] 引文为原书第四章内容。——译者注
[2] 此段在原书中与上一段同为一段，应为排版错误，此处调为独立段落。——译者注
[3] 引文为原书第五章内容。——译者注
[4] 引文为原书第六章内容。——译者注
[5] 引文为原书第八章内容。——译者注

对本书内容的简要探讨表明，师觉月博士的这部作品十分宝贵和重要。他破除坚冰，让有兴趣的学者们现今依旧可以沿路前行。

如此重要的一本书已经长期绝版，给所有中印研究领域的学生带来极大不便。我们由衷地感谢梅瑟斯·萨罗斯瓦特图书馆（Messers Saraswat Library）果敢地为这部重要作品推出新版。可以说，目前的这个版本其实是前一版的再版，原文只经过细微调整和修正，师觉月博士的论点不会受到影响。

知识大楼（Vidya-Bhavana）

圣蒂尼克坦（Santiniketan）

比斯瓦纳特·班纳尔吉（Biswanath Banerjee）

1981 年 4 月 15 日

由于第一版很快售罄，推出新版十分必要。前两年我不在印度，并且有其他事务阻止我如愿进行修订。然而，我已修正了旧版中的一些错误，并在书中增加了新的一章。

师觉月

注：本书中文姓名的拼音转写使用的是法语的转写方式，并做了一些修改，例如用 ch 代替 tch，u 代替 ou，用 sh 代替 ch 等。

战争的灾难将两个几乎已遗忘其共同过去的民族联系在一起。连接两个国家的道路消逝在沙漠或热带雨林中，无人看护；在时间的消磨下，古代使者的足迹已然褪去，古老的文献已然成为尘封的典籍。毫无疑问，历史学家和考古学家展现了两个民族文化融合的历史。然而，这一主题不仅仅停留于名胜古迹。伟大的宋朝哲学家朱熹说过："先人已逝，行动只是过去，生命和感恩永存。"[1]对于我们那些为建立亚洲两个最大人类群体共同文明的无私工作奉献自我的先辈们，我们理应怀有感激之情。或许，我们还没有充分意识到这种感激之情的伟大。在新时代的曙光中，对他们努力的记载对于他们的子孙——我们来说，是一种激励。

这本小书中有这些记载的轮廓。虽然这些材料太过杂乱无章，以至于很难进行更连贯的分析。然而，我尝试着让它尽可能不受学

---

① 此处引文出处不详。——译者注

术讨论的约束，并让读者去判断我是否已使它足够有趣。在讨论艺术的章节中，我不可能插入配图，但我提及了在中国和中亚艺术方面的权威著作中举例说明过的那些艺术遗迹。

我将这本书献给我的中国朋友，作为对其表示应有感激的象征。大约 1 300 年前，菩提伽耶的一位佛教学者曾给著名求法僧玄奘写过一封信。在这本书中，与他在信中所表达的相同的情感一直引领着我。这封信的译文在本书第 57 页。[①]

感谢中国出版有限公司（China Press Ltd.）的主管智先生（音）（S.F.Che）[②]，没有他的热心帮助，这本书将无法以这样的形式出版。

师觉月

---

① 原文为第 57 页，实际本书中在第 73 页。
② 本书初版于 1944 年，由加尔各答的中国出版有限公司出版。——译者注

秦　　公元前 221 至前 206 年

前汉（西汉）　　公元前 206 至公元 24 年

后汉（东汉）　　公元 25 至 220 年

三国时期

　　蜀汉　　221 至 264 年

　　魏　　220 至 265 年

　　吴　　220 至 280 年

西晋　　265 至 316 年

东晋　　317 至 420 年

前凉　　317 至 376 年

前秦　　350 至 394 年

后秦　　384 至 417 年

---

① 此表所述朝代年表与中国国内的一般理解多有出入，这里仅依原文译出，正文中也存在不少类似问题。——译者注

西秦　　385 至 431 年

北凉　　386 至 439 年

南北朝

  1. 北朝：拓跋魏　　381 至 534 年

      齐　　550 至 557 年

      周　　557 至 581 年

  2. 南朝：宋　　420 至 478 年

      齐　　479 至 501 年

      梁　　502 至 556 年

      陈　　557 至 589 年

隋　　589 至 618 年

唐　　618 至 907 年

宋　　960 至 1279 年

元（蒙古）　　1280 至 1368 年

第一章 通往中国之路和首次接触

历史背景

古代世界并非我们通常所想象得那么大。自亚历山大（Alexander）东征之后，东西方的划分界限逐渐消失，陆路和海路的联系变得日益活跃。贸易和商业的往来为东西方世界带来了财富，文化的交流也推动了东西方文明各自的发展。

在这意义重大的交流中，印度的作用非同一般。自然地理的屏障貌似无法逾越，但实际上，连绵在北部的山脉既没有制止外界文明向印度渗透，也没有妨碍印度文明向外部世界扩展。在很早的时期，印度洋上就出现了航运，因此印度商人和传法僧可以较为容易且不受阻碍地漂洋过海，到达远东国家。印度文明在亚洲大陆的不同区域缓慢而稳定地扩展，这使印度和那些在地理上与其隔绝的国家之间的联系变得更加紧密。所以说，在特定的阶段，印度的历史和亚洲其他国家及地区的历史是分不开的。

印度为东西方交流做出了巨大努力。溯其源头，我们必须谈到伟大的孔雀王朝帝王阿育王（Aśoka），他所统治的帝国延伸至印度的自然边界。阿育王是一名虔诚的佛教徒，佛教的基本教义有着一种国际性诉求。自然地，阿育王将目光投向域外，并尝试使他所笃信和尊崇的佛教影响到无以计数的异域人民。

毋庸置疑，阿育王向许多国家派出了使节，旨在实现宗教征服（dharma-vijaya）。这些国家不仅包括与孔雀帝国边境接壤的国家，还包括一些非常遥远的王国，如叙利亚、埃及、马其顿等。锡兰（Ceylon）① 皈依佛教就归功于他。他曾指派自己家族的王子和公主② 到锡兰去，同样也是为了这一神圣使命。这样的使团也被派往尼泊尔，很有可能还跨越印度洋到达印度人所称呼的"黄金之地"（Suvarṇabhūmi），即马来半岛及其邻近岛屿。

虽然我们不知道这些使团取得了哪些立竿见影的成效，但可以确定的是，阿育王的举措为希腊人同印度人在印度西北边界的紧密联系奠定了基础。在阿育王的帝国瓦解之后，迁入到大夏（Bactria）③ 的希腊人开始对印度的政治表现出浓厚的兴趣。希腊人在德谟特里阿斯（Demetrios）和弥兰陀（Menander）的领导下入侵印度。他们于公元前 2 世纪在旁遮普（Punjab）建立了王国。

这些在大夏的希腊人，在阿育王帝国衰败不久后进入印度。在短短的两个世纪里，他们不仅吸纳了印度文化，而且对印度文化的发展做出了特殊贡献，但他们更大的贡献在于提升了印度文化的影响力。他们越过边疆，把印度智慧和财富的故事散播到中亚大草原还未开化的游牧部落以及西方的希腊罗马世界。

首先慕名而来的是塞种人（Śaka），或者称斯基泰人（Scythian）④。他们迁至曾由希腊人控制的阿姆河（Oxus）流域。公元前 2 世纪，他

① 即今斯里兰卡。——译者注
② 据传，阿育王曾派王子摩哂陀和公主僧伽密多前往斯里兰卡弘扬佛教。——译者注
③ 中亚古地名，亦称巴克特里亚。——译者注
④ 又译西古提人、西徐亚人或赛西亚人、塞西亚人。古代波斯人称之为塞克人，中国古籍称之为尖帽赛人或萨迦人，为哈萨克草原上印欧语系东伊朗语族之游牧民族。——译者注

们被一支游牧民族从该地区驱逐了出去。这支游牧民族在历史上被古代中国人称为月氏（Yue-che）。月氏人先前定居在邻近中国疆界的区域，但他们很快被其他蛮族赶走。随后，月氏人向西迁移，迫使塞种人离开了阿姆河流域去寻找新的居住地。这部分塞种人一路向南，由于当时北旁遮普正处于希腊人的控制之下，他们经由其他路径进入印度。他们占领了印度河流域下游，之后又向西印度扩张。他们同希腊人一样，吸纳了印度文明。不久之后，无论是在印度本土还是在海外，他们成为印度文化的重要参与者和倡导者。

月氏人在阿姆河流域建立起强大的王国。他们中的一支叫作"贵霜"（Kushan）的民族在公元前 1 世纪时攀升到权力顶峰。希腊人在西北印度建立的国家实力较弱，贵霜人很快就趁机进入印度，在一个世纪的时间内建立起十分强盛的帝国。帝国从阿姆河流域一直向东延伸到孟加拉，包括整个北印度、阿富汗、大夏，可能还有于阗（Khotan）①。月氏人像其他民族一样，很快吸收了异域文化。他们在阿姆河流域接受了伊朗文明，并开始对佛教信仰表示赞许。此外，他们还接触了由伊朗人和在印度的希腊人带来的希腊罗马文明。征服印度之后，月氏人就变成了印度文化和宗教尤其是佛教的重要庇护者。

这样，月氏人的帝国就与流行于亚洲的四种伟大文明建立了联系，包括中国文明、波斯文明、罗马文明和印度文明。月氏人促进了世界文明的交流，其中最具代表性的人物是伟大的贵霜统治者——迦腻色伽（Kanishka）。他拥有四个称号：天子（Devaputra）、王中王（Shaonana Shao）、凯撒（Caesar）②和大王（Mahārāja）。这四个称号分别对应中国、波斯、罗马帝国和印度的帝王尊称。公元后初始，贵霜人就在印度文化的外向传播中扮演了重要角色。所以，在不到三个世纪的时间内，由阿育王成功开创的文化国际主义政策

---

① 即中国新疆和田地区，旧时亦称和阗。——译者注
② 这里指帝国君主的头衔，而非罗马共和国的凯撒大帝（前 102 年至前 44 年）。——译者注

被推向了顶峰。尽管一系列政治事件将不同国家带入一个文化共同体中，但起引导作用的是印度。

上述这些事件使得印度在阿育王时期后与北部兴都库什山（Hindukush）附近及中亚的邻国建立起了联系。同一时期，中国独自制定了一项最终使其门户对外国开放的政策。公元前3世纪初，当印度在孔雀王朝统治下还是个统一的帝国时，中国仍然处于封建诸侯们的分裂之中，虽然存在着中央政权，但几乎只是名义上的。这些诸侯国中的霸主秦国，成功消灭了众多的封建邦国，建立起中央集权的王朝。在短时间内，中国成了一个大一统的国家。公元前3世纪行将结束时（公元前202年），一个叫汉的新王朝开始统治中国。汉朝的统治者们采取了相同的、维护新生中华帝国完整统一性的政策，但他们很快就在这种维持上遇到了新的问题。

这一时期，中华帝国的西部边界区域处于他们的宿敌匈奴（Hun）民族的控制之下。早在公元前244年，中国就在北部边境筑起了著名的长城，这使帝国的北部地区免于受到匈奴人的入侵。而到汉朝时，中国则需要提防疆域西部受到匈奴的侵犯。出于这个原因，汉朝的统治者想到了寻求与那些更靠西居住的民族进行结盟，比如月氏人、粟特人（Sogdian）①、吐火罗人（Tokharian）等。只有这样，汉朝的统治者才能从双向对匈奴人施压。

于是公元前138年，一个叫张骞的人被委以此任。他要远赴当时月氏人的都城所在地区阿姆河流域。但张骞在刚刚越过中国的边境线时就被匈奴人抓获，并被囚禁起来。为了赢得他们的信任，张骞在匈奴娶妻并定居下来。停留十年之后，他已经能够避开匈奴人的警戒而西行。他最远到达大夏，但与月氏人的谈判并没有直接结果。他于公元前126年回到中国。

虽然任务没有完成，但张骞的远行产生了重大的影响，他让一个全新的世界首次向中国敞开。他呈递给皇帝的报告中包含了西

① 亦译"索格底亚那人"。——译者注

域国家的精确信息，例如大宛（Ferganah）、安息（Parthia）、大夏（Bactriana[①]）等国。他还有另一个重大发现：在大夏，他惊奇地发现中国西南省份出产的竹棉制品[②]在当地的市场上销售。他听闻这些物品是由印度商旅经由北印和阿富汗运送过去的。

张骞的报告使中国的统治者深刻意识到与西域国家及印度开通路线的必要性。很快，匈奴人被中国西征大军驱逐，他们的领土也被汉帝国吞并。这样，从中国向西穿过中亚的路线就开通了。此后，中国每隔一段时间就会向西域各国派出使节，并与大宛建立了友好关系。为了防止商贸路线受到侵扰，中国政府在中亚采取了大量的军事行动。到公元1世纪，该地区许多小王国都承认了中华帝国的宗主权。当通过中亚的线路的安全性得到确保后，从四面八方来的商人开始涌入中华帝国，传法僧和文化交流的使者也紧跟其后。正是在这一时期，历史文献中首次出现了佛教传法僧从印度到中国宫廷的记载。

印度与中国首次接触的历史夹杂着传说。据传闻，印度佛教的传法僧早在公元前217年的秦朝时期就曾到过中国的都城，但这种说法因缺乏史料证明遭到否定，仅被认为是佛教在中国确立后形成的一个虔诚的传奇故事。我们从一些带有历史色彩的记载中得知，在公元前121年，一名中国将军在中亚进行军事远征之后带回了一尊佛陀的金身雕像。尽管如此，佛教在公元前1世纪末之前是不太可能传到中国国都的。毫无争议的是，月氏的统治者在公元前2年将佛经首次呈献至中国的宫廷，但佛教传法僧在公元65年以前并未到达过中国。

佛教传法僧第一次到中国的故事也同样伴随着传说。据说，汉明帝梦到了一个金人，并从他的大臣那里得知他所梦到的就是佛陀。汉明帝在公元65年派出使节西行，去请佛教传法僧来中国。使

---

① 同"Bactria"。——译者注
② 据《史记·大宛列传》和《西南夷列传》，张骞在大夏见到了"蜀布"和"邛竹杖"。——译者注

节请回了两名佛教僧人，这两名僧人都是印度人，名字叫作竺法兰（Dharmaratna[1]）和迦叶摩腾（Kāśyapa Mātaṇga）[2]。这两位传法僧带着一匹白马驮负佛经和佛物，出于这个原因，由皇帝敕令在国都为他们修建的第一座佛寺取名为"白马寺"（The White Horse Monastery）。据传，两位僧人的余生都是在中国度过的，他们将佛经翻译成汉语，并向中国的百姓宣扬佛教。他们翻译了大量佛经，其中只有一部传了下来，这部经的名字叫作《四十二章经》（The Sūtra of the Forty-two Sections），这是一部佛教的教义问答书，对首批佛法的传播者很有帮助。它的内容包含了佛教教规相关术语的解释，以及关于入教、剃度等规范僧人行为的戒律。

这就是中印两国通过中亚线路首次正式交往的来龙去脉。然而，中国南方与印度的单独联系似乎更早。我们在前文已经讲过，张骞提到了印度与中国的西南地区早在公元前 2 世纪时就经由阿萨姆邦和缅甸进行贸易往来。大约编撰于公元前 2 或前 1 世纪的印度大史诗《摩诃婆罗多》（Mahābhārata）一书将中国称为"支那"（Cīna）。这个称呼是"秦"这个名字的梵文转写，即秦朝统治下中国的名称。一位著名汉学家指出，印度故事可能很早就传到了中国。这些故事可以从一位生活在公元前 2 世纪的中国作家的作品中找到踪迹，这个人名叫淮南子，即王子[3]刘安。他曾提到，大禹（the great Yū）在进入裸人国前会褪去自己的衣服，而在离开时重新穿上，借此说明智者能够适应各种环境。[4] 这个故事令人想起了在佛教传说中，菩萨（Bodhisattva）到裸人国度化时曾做过类似的事。这样的故事要么是直接传到中国的，要么就是通过一些边境民众传入的。此外还有据可循的是，公元 1 世纪中期，佛教传法僧在中国南方已经非常活跃。明帝感梦仅是象征着佛教传入中国的首次官方认可。

---

① 此处有误。原文中为"Dharmarakṣa"，即西晋佛僧竺法护，但根据下文意思，此处应为东汉印度僧人竺法兰"Dharmaratna"。——译者注
② 也译为摄摩腾。——译者注
③ 即淮南王。——译者注
④ "故禹之裸国，解衣而入，衣带而出。"（刘安著、顾迁译注：《淮南子》，中华书局，2009 年，第 16 页）——译者注

因此，佛教将中国和印度两个国家联系在了一起。印度的佛教传法僧是通过文化纽带联结两国人民的最积极因素，尽管古老的宗教信仰已经消失，但这一文化纽带依然牢不可破。从很早的时候起，两国之间就存在着活跃的贸易往来，但这段历史并不被人熟知。佛教在将近一千年的时间里影响了不同的种族，几乎遍及整个亚洲；中印两国间的联系自首次交往直至 11 世纪，基本上都是以这个强大的宗教为核心。也正是通过这个宗教，在公元后的一千年里，亚洲各种族之间才出现了意义重大的文化交流。印度与中国之间交流往来的路线，虽然从本质上讲是贸易路线，但在我们看来也是佛教传播的路线。通过这条路线，文化的各个方面从一个国家传到了另一个国家。

陆上路线——中亚

自汉代开辟的主要陆上线路通过中亚，其穿越的地区被贴切地称作"中印亚"（Ser-India）[①]，主要依附印度和中国而建立起文明。如今，这一文明的遗迹已埋藏在荒漠的沙丘之下。该区域还被描述为"亚洲腹心"(Innermost Heart of Asia)，因为在不同的时代，它吸纳了来自东西南北不同地方的生活潮流和文明。同时，以这一地区为媒介，不同的文明潮流相互交融，形成了新的文化。

这一区域向北延伸至天山，南部由于昆仑山脉的阻挡而与吐蕃相隔绝。其东边到昆仑山的余脉南山（Nan-shan）[②]，中国的一些大河都发源于此。其西边是连接了天山和兴都库什山的帕米尔高原，中国的地理学家称之为"葱岭"，古典作家称之为"因牟"（Imaos）。

这些山脉孕育了一些重要的河流，向塔克拉玛干沙漠流去，河流渐渐干涸，最终消失在沙地中。如喀什噶尔河（Kashgar Daria）发

---

① "Ser-India"一词是著名探险家、曾任英印殖民政府官员的英籍匈牙利裔斯坦因爵士（1862~1943）创造的，指包括中国新疆在内的中亚地区——丝绸之路的腹地。——译者注
② 即祁连山。——译者注

源于天山，叶尔羌河（Yarkand Daria）发源于帕米尔高原。这些河流在源头的水量十分充沛，但在奔流的过程中由于向流沙接近而产生的蒸发使得水量又逐渐变小。在古代，来自各地的人正是沿着这些河流的流域才建立起了富庶的定居地。

在贵霜帝国时期，佛教第一次被传到中亚线路上的这些国家。从罽宾（Kashmir）①和西北印度来的侨民必定是在同一时期到达了于阗和喀什噶尔地区，建立起许多小的侨居地。这些侨居地的国王都自称是印度皇室的后裔。因而，公元一二世纪时，佛教僧侣在前往中国的途中，会经过这些国家、接触这些民族，也一定会受到热情款待。在近乎一千年的时间里，中亚的这条道路一直都是商人和传法僧来往于西方和中国之间的最为重要的路线。因此，这片介于印度和中国之间的区域，实际上就是一个中印亚的世界。

这条始于西北印度的线路沿着喀布尔河流域延伸，穿过了醯罗城（Hidda）和那揭罗曷国（Nagarahāra，今贾拉拉巴德 Jalalabad），在跨越兴都库什山之前到达巴米扬（Bamiyan）。巴米扬是个河谷，周围被兴都库什山覆满冰雪的悬崖所环绕。该区域控制着一条连接喀布尔（Kabul）地区与巴尔赫（Balkh）最为重要的通道。在中国古文献中，巴米扬被称作"梵衍那"。很早以前，这里就成为一个重要的佛教文化中心，是印度僧侣前往中亚和中国的途中歇息处。它还是一个繁华的、人口稠密的行政地，吸引着来自四面八方的商人和朝圣者。佛教在巴米扬的兴起，是在佛陀的出生地迦毗罗卫国（Kapilavastu）遭到邻国憍萨罗国（Kosala）国王的破坏之后。释迦族的四位王子由于参与抵抗侵略而被迫离开了自己的国家，他们中的一位被巴米扬人民拥戴为国王。玄奘在 7 世纪中叶仍自称曾见到了掌控巴米扬大权的释迦族后裔。我们并不知道这个故事的真实性是怎样的，然而能够确定的是公元后的前几个世纪，巴米扬一跃成为佛教的主要中心，并一直持续到 8 世纪。

---

① 即今克什米尔地区。——译者注

巴米扬的许多山中洞穴被修建成阿旃陀（Ajanta）风格的佛教庙宇，这为那些欲以修习和冥思度日的僧侣提供了安静的居所。人们在山的侧壁上雕刻出巨大的佛像，以唤起每一个过路人心中对佛陀的虔诚崇拜。在这些石窟中发现的佛经手抄本是用贵霜和笈多（Gupta）王朝时期的印度字体写成的。

旅行者们从这一区域沿着线路继续向北走，翻越群山后，就会到达大夏（今巴尔赫）。古代中国人称之为"缚喝"（Fo-ho），印度人叫作"巴里黑"（Bālhika）。尽管该国基层以伊朗人为主，但从很早开始，大夏当地的文化就不断受到希腊和印度文明的影响。佛教传入当地是在公元前1世纪或者更早。这个国家的掌权者几经交替：从希腊人到塞种人，从塞种人到月氏人，再从月氏人到嚈哒人（Hephthalite Huns）[1]。但民众一直保持着对佛教的信仰，直到7世纪。据玄奘的讲述，在7世纪时，大夏宏伟的佛教寺院纳缚僧伽蓝（Navasanghārāma）是兴都库什山北部地区唯一拥有诠释经典且代代传承的大师的机构。这个寺院于7世纪末被入侵的穆斯林所破坏。其主僧（chief priests）[2]改宗伊斯兰教，被带到了哈里发的宫廷。比鲁尼（Albiruni）[3]说，正是这些人在巴格达开创了印度天文学和数学的研究。

大夏是两条通向中亚及中国的路线的交会处。其中一条北上穿过古粟特（ancient Sogdiana），然后越过锡尔河，经过塔什干，向西通过天山，最终到达乌什（Uch-Turfan）。另一条线路相对短些，佛教传法僧频繁地经由此路前往中国。这条路穿过邻近巴达赫尚（Badakhshan）、其民族被中国人称作"吐火罗"人的国家，在翻越帕米尔高原崎岖的山路后到达喀什噶尔（今中国新疆喀什）的平原地区。除此之外，还有一条更短的、连接喀什噶尔和印度河流域上

---

① "嚈哒"亦作"挹怛"、"挹阗"，是古代西域古国名及种族名。史学家也称嚈哒人为"白匈奴人"。——译者注

② 阿拉伯帝国阿拔斯王朝（Abbasside Court）著名的巴尔马克家族（Barmak family），根据阿拉伯文献记载，这个家族的早期成员是纳缚僧伽蓝的主僧。

③ 比鲁尼（983~1048），阿拉伯著名科学家、史学家、哲学家。"Albiruni"中的"Al"是冠词，故不翻译。——译者注

游的线路。该线路穿越了吉尔吉特（Gilgit）和亚辛（Yasin）河谷，一直到塔什库尔干地区（Tashkurghan），在那里与其他线路合并，通向喀什噶尔。

在通往中国的路途中，喀什噶尔是重要的一站。早期的中国地理学家曾称之为"疏勒"，后来改称为"竭叉"。在令人厌倦的路途中，既要翻越群山，又要攀爬陡峭的崖壁，其中的危险常使得旅者望而止步。那些坚持到最后的佛教传法僧，在喀什噶尔受到寺院僧侣们的热情款待，得到极大的慰藉。7世纪中期，在喀什噶尔和莎车（Yarkand）的佛教寺院多达几百座。

从喀什噶尔到中国边疆的路线又分为两条，其中一条沿着塔里木盆地（Tarim basin）的南缘延伸，另外一条从盆地的北部绕过。南道上逐渐形成了许多富裕的国家，例如喀什噶尔、莎车、于阗、尼雅（Niya）[①]，以及很多在当今被遗忘的地区。这些古国和地区邻近丹丹乌里克（Dandan Uilik）遗址、安得悦古城（Endere）遗址和米兰古城（Miran）遗址，在长达几个世纪的时间里，它们在中国与西方国家贸易和文化的联系中扮演了重要的角色。虽然主体上构成了一个伊朗文明区，但这片区域在很早的时候就都受到了佛教的深刻影响。考古学家们已经在该地区发现了一些早期存在的印度人的侨居地。

古籍中对南道的这些古国都有所记载，其中关于于阗的记述尤为突出。中国古代作家将"Khotan"（和阗）称作"Yü-t'ien"（于阗）。依据佛教的传统说法，在阿育王时期，于阗地区被来自西北印度的印度人统治。阿育王的儿子鸠那罗（Kunāla）曾是塔克西拉（Taxila）的总督。作为最年长的王子，他本应该继承王位。但其继母不愿看到这样的结果，便设下阴谋阻挠，他因此失明。鸠那罗的近臣和追随者对王后的残酷行径感到愤怒，他们和失明的王子一起离开这个国家，在于阗建立起了新的王国，鸠那

---

①《大唐西域记》中称之为"尼壤"。——译者注

罗被拥戴为国王。我们知道，西北印度和于阗地区在贵霜帝国时期有着非常密切的联系，于阗地区保存下来的古代文献记载了印度人在该区域的早期统治，用印度方言书写的国家文件资料也在这一地区被发掘出来。

古于阗在佛教世界里同样扮演着非常重要的角色。于阗国的首个佛教机构是瞿摩帝寺（Gomatī-vihāra），这是中亚最大的佛教修习机构之一。历史上曾有一段时间，那些来自中国的朝圣者们止步于于阗而不继续前往印度，特地在当地学习佛教文化；之所以这样，是因为一些精通佛学的印度学者定居于此，朝圣者们能够获得他们的指点帮助。从那时起，于阗不再仅限于传播佛教知识，也开始尝试促使佛教自身的发展，瞿摩帝寺的大师们编纂了一些堪称权威的佛典。

喀什噶尔至中国边疆的北道上分布着一些国家，这些国家在中印亚的历史上占据着举足轻重的地位。在印度文化传入中亚和中国的过程中，它们同样扮演着重要角色。这些国家包括邻近乌什的阿克苏（Po-lu-kia，亦作 Bharuka）、龟兹（K'iu-tse，亦作 Kiu-yi）或者龟兹（Kucī）[①]、焉耆（Yen-k'i，亦作 Karasahr）或者阿耆尼（Agni）[②]，还有高昌（Kao-ch'ang）。龟兹即今库车（Kuchar），高昌即吐鲁番（Turfan）。这些国家都对印度文化传入中国做出了独特贡献。

北道诸国与南道诸国的民族和语言截然不同，同样是佛教文化将各国密切联系在一起。龟兹是北道诸国中最为重要的国家，在佛教传播方面，它所扮演的角色与于阗在南道诸国中的一样。中国的历史学家对这个国家的关注长逾千年，认为它在中亚的政治和文化史上占据着显要地位。中国曾时常与龟兹发生冲突，并使其臣服，但只要一有机会，龟兹就会宣布独立。

古时，龟兹的统治者们都有印度名字，比如金花（Suvarṇapuṣpa）、

---

① 又称丘兹、拘夷、归兹、屈茨、曲先、丘慈、邱慈、屈支，是古代西域国家。——译者注
② 又称乌夷，西域古国，位于今中国新疆塔里木盆地东北部。——译者注

诃罗提婆（Haradeva）、金天（Suvarṇadeva）等。龟兹语是印欧语系的一个独立语支，然而由于佛教的缘故，这种语言深受梵语影响。我们从那些时常到龟兹游历的中国朝圣者的讲述中得知，龟兹的佛教僧侣通晓梵语并会说这门语言。在龟兹地区发现的梵语龟兹语双语文献与对应的梵语原典中的许多篇章记述了相同的事情。龟兹及其周边国家的语言文字与于阗的相似，都是印度字体的变体。

龟兹不仅在佛学研究方面占有一席之地，同时还是一个佛教传播的中心。3~5世纪的时候，龟兹的一些佛教大师前往中国，成为在中国弘扬佛法的主要力量。库车附近的山中窟穴与阿旃陀石窟和巴米扬石窟的修建目的相同，都为那些想要在静修和冥思中度日的佛教僧人提供隐修居所。

北道的下一站是阿耆尼国（Agnideśa，即焉耆）。凭借文化、种族和语言，古焉耆国与龟兹关系紧密，这个国家与它的友邦一样热切地接受佛教。在这个区域发现的文学和艺术的遗迹清晰地表明：在佛教文化传入中国的过程中，焉耆也起到了十分积极的作用。焉耆的东面是位于北道的吐鲁番，这里已经到了中国的势力范围。吐鲁番是去往中华帝国疆域的必经之路，它融汇了中亚的多样文明，并且将古遗迹都保存了下来，但在向中国的佛教文化传播方面，它并没有像龟兹和焉耆那样起到重要作用。

塔里木沙漠南北的这两条线路最终会合于中国的玉门关（Jade Gate）。距此不远有个地方叫作敦煌，曾是最大的佛教修习中心之一。5~8世纪，敦煌附近的山麓开凿出了大量石窟。中国人把这些石窟叫作千佛洞（the Caves of the Thousand Buddhas）。这些石窟是西方不同国家的佛教学者的集会之地，正因为如此，这里很快就成为佛教名胜地。来自波斯、大夏、印度、粟特、于阗、龟兹以及其他国家的佛教僧侣，在载负着佛经抄本去往中国都城之前常聚集于此，他们对宗教问题进行讨论交流，甚至还会将经文译成汉语，继而将这些汉译佛经交付给中国的各佛教机构。

敦煌在中国和西域的关系发展史上发挥了重要作用。敦煌位于通向西域的两条主干线的交叉处，从 1 世纪开始就成为中国人与外国人接触交流的地方。到了 2 世纪中期，这里已然成为佛教朝圣者去往都城途中的歇息地。据说，在 3 世纪，有印度人举家迁居敦煌。从 5 世纪起，有人开始在山麓上凿刻千佛洞。后来这些洞穴被长时间尘封湮没，使得这座古代的藏书库被珍存了千年。考古学家在石窟中发现了大量抄本，这表明敦煌曾是十分活跃的修习中心。这些抄本是用多种语言和字体书写的，包括汉语、梵语、藏语、叙利亚语和于阗语等。这更加证明了敦煌曾经是中国与西域之间重要的交流之地。

陆上路线——吐蕃与中国西南部

在古代，从印度到中国还有另外两条陆上线路。由于较中亚的线路更难跋涉，而且途经一些未开化的国家和大片的贫瘠之地，这两条线路很少有人问津。其中的一条途径阿萨姆（Assam）、上缅甸（upper Burma）和云南，另一条穿过了尼泊尔和吐蕃。这两条线路的自然状况十分恶劣，使得旅行者们丧失了信心。途经国家的状况都非常糟糕，食物和淡水资源匮乏，而且居住着一些因与世隔绝而对宗教和文化毫无敬意的蛮族，这更加增添了不安全因素。

我们从张骞的报告中得知，早在公元前 2 世纪，印度的商旅就将中国西南部的货物运送到北印度和大夏。据古代文献记载，在公元 1 世纪，中国的商品常常经由东印度被运到恒河流域以进行海上出口。此外，佛教僧人很有可能在公元初的几个世纪里，通过阿萨姆—缅甸的路线将佛教带到了中国南方。

阿萨姆—缅甸到中国的这条路线，起于印度的古代首府华氏城（Pāṭalipura，今巴特那 Patna），途经瞻波（Champā，今巴格尔普尔 Bhagalpur）、羯朱嗢只罗（Kajaṇṇgala，今拉杰马哈尔 Rajmahal）和奔那伐弹那（Pundravardhana，今北孟加拉 North-Bengal），然后一直到达阿萨姆的迦摩缕波（Kāmarūpa，今古瓦哈蒂

Gauhati）。从阿萨姆到缅甸的早期路线和现在一样，共有三条。一条自布拉马普特拉河(Brahmaputra)而上，到达帕凯山（Patkoi），之后穿过上缅甸。第二条经过曼尼普尔邦（Manipur）到达亲敦江（Chindwin）流域。第三条穿过若开邦（Arakan），直达伊洛瓦底江（Irrawaddy）流域。这些线路在缅甸边界临近八莫（Bhamo）的地方交会，之后继续穿越群山与河谷到达云南府（Yunnanfu），即中国云南省的省会昆明。

虽然玄奘没有亲自走过阿萨姆—缅甸这条线路，但他在东印度时依然非常仔细地收集资料，并做了相关记录。他曾讲道："此国东山阜连接，无大国都，境接西南夷，故其人类蛮獠矣。"[①]玄奘从迦摩缕波国的居民那里得知，当地到中国四川边界的距离非常遥远，大概有两个月的行程。"详问土俗，可两月行，入蜀西南之境，然山川险阻，嶂气氛沴，毒蛇毒草，为害滋甚。"[②]当迦摩缕波国王见到玄奘时，他向玄奘询问了一首从中国传来的歌舞曲，这首曲子在当时的阿萨姆非常流行。"今印度诸国多有歌颂摩诃至那国《秦王破阵乐》者。"[③]迦摩缕波国的国王婆塞羯罗伐摩（Bhāskaravarman）告诉玄奘，他曾听闻摩诃至那国的王子使自己的国家摆脱了混乱和毁灭，并变得繁荣和强大，威震四方。国王继续讲道："这个统治者尊重和满足了其臣民的各种道德诉求和物质需要，臣民们都在演唱这首关于秦王征战的歌舞曲，这首精美的歌舞曲（在迦摩缕波国）闻名已久。"[④]唐高祖的次子秦王于 619 年成功地平息了国内的一场叛乱，这首歌舞曲就是据此而创作的。记载表明，这首于

---

① 玄奘、辩机原著，季羡林等校注：《大唐西域记校注》，中华书局，2000 年，第 799 页。——译者注
② 同①。
③ 同①。
④ 此处引文可能出自《大唐西域记校注》。见玄奘、辩机原著，季羡林等校注：《大唐西域记校注》，中华书局，2000 年，第 797 页："拘摩罗王曰：'善哉！慕法好学，顾身若浮，蹈越重险，远游异域。斯则王化所由，国风尚学。今印度诸国多有歌颂摩诃至那国《秦王破阵乐》者，闻之久矣，岂大德之乡国耶？'曰：'然，此歌者，美我君之德也。'拘摩罗王曰：'不意大德是此国人，常慕风化，东望已久，山川道阻，无由自致。'曰：'我大君圣德远洽，仁化遐被，殊俗异域拜阙称臣者众矣。'拘摩罗王曰：'覆载若斯，心冀朝贡。'"——译者注

619年后创作的中国歌舞曲，在 638 年玄奘出访东印度之前就已经传到了当地，并开始流行。这进一步说明，尽管东印度与中国西南部之间的沟通交流存在诸多不便，但两者的关系依然紧密。

通过吐蕃的线路是在 7 世纪的第二个二十五年才开通的。在这个时期，松赞干布（Srong-btsan Sgam-po）统一了吐蕃，并成为吐蕃的首位国王。他皈依了佛教，并迎娶了中国和尼泊尔的两位公主，通过联姻与这两个国家结盟。从这一时期开始，印度和中国的传法僧开始涌入吐蕃。他们逐渐促成了佛教文化在吐蕃的发展。实际上，在许多个世纪的时间里，佛教是吐蕃唯一的文明。当时，佛教传法僧要从印度前往中国，而中国的朝圣者要从中国到达印度，身为友邦的吐蕃起到了促进作用。事实上，在 7 世纪的后半期，大量的中国僧侣都是通过吐蕃前往印度的。

史料中并没有关于这条经过吐蕃的陆上线路的详细描述。一名叫作玄照的中国朝圣者于 627 年经由这条线路到达印度，他曾对该线路进行了简短的描述。一离开中国边境，他就进入沙漠，经过铁门关[①]（Darbend），横穿吐火罗人的国家，又通过胡人（Hu）的国家，最后抵达吐蕃（西藏）。在吐蕃，他见到了松赞干布王的中国王后[②]，并依据王后的指示，安全到达了旁遮普的贾朗达尔（Jalandhara）。很明显，玄照所走的不是常规线路。他必定是远行至巴达赫尚（Badakshan），然后折回向东到了喀什噶尔与于阗，又从西北方进入吐蕃。从吐蕃首府到印度，他也没有选择通过尼泊尔的常规路线，而是横穿中亚草原，从距西姆拉（Simla）不远的什布奇（Shipki）山口进入印度。在八九世纪，由于这几个国家的政治关系较为紧张，中国的朝圣者们无法行走通过吐蕃的这条线路。10 世纪末，中国的一位名叫继业（Ki-ye）的旅行家从印度返回中国时走的似乎是穿过吐蕃的这条路。他行经尼泊尔和一个他称为"磨逾里

---

① 位于今新疆库尔勒市北郊。——译者注
② 即文成公主。——译者注

（Mo-yu-li）"（可能是吐蕃的磨裕罗城[1]）的地方，参观了三耶寺（位于拉萨）。[2] 在蒙古治下，中国和吐蕃的正常友好关系得以恢复。与此同时，印度文化因素随着喇嘛教被带入中国。也就是在这一时期，在印度大师指导下修习佛学的吐蕃僧人开始在佛教世界中扮演重要角色。

海上路线——印度支那和因苏林迪尔[3]

当印度商人在指挥他们的商队翻越山岭、穿过沙漠前往中亚和中国时，当佛教传法僧缓慢又艰难地前行，促使更多的人、更多的国家皈依佛教时，印度的水手们也正沿着海岸线向着远东国家航行探索。印度海岸地区的人们从史前时代开始就对原始航海非常熟悉。伴随印度的雅利安化，航海技术在缓慢而稳步地发展。早在公元前的几个世纪里，印度的商人和政治冒险家就学会了利用海上交通获取利益。由此来看，阿育王向素万那普[4]派遣佛教使团的说法并非空穴来风。

从素万那普或"黄金之地"的名字中可以看出，这个地区对于印度水手来说是个"理想中的黄金国"（Eldorado），它似乎是对远东孟加拉湾地区整个岛屿及半岛部分的通称。希腊作家都知道"金洲"（Chryse）[5]岛和"金洲"半岛，比如《厄立特里亚海航行记》（*Periplus of the Erythraean Sea*）的作者，以及亚历山大

---

① 英文为"Mayurato"。——译者注
② 有关继业的西域行程，见诸《游方记抄》。"自此渡河，北至昆耶离城，有维摩方丈故迹。又至拘尸那城及多罗聚落，踰大山数重至泥波罗国。又至摩偷果，过雪岭，至三耶寺。"（《游方记抄》卷 1，T. 51, no. 2089, b6-8）关于"三耶寺"具体指哪座寺庙，学界尚无定论，我国中西交通史研究权威张星烺认为三耶寺不可考，疑为 8 世纪中叶赞普赤松德赞时修建的桑耶寺，位于今中国西藏山南地区的扎囊县桑耶镇境内。若此说成立，则可以说明继业返程时选择了吐蕃道。详见王邦维的论文《峨眉山继业三藏西域行程笺释》（《南亚研究》1993 年第 2 期，第 36~40 页）。此处原文括注说三耶寺位于拉萨缺乏依据，疑为作者之误。——译者注
③ 因苏林迪尔（Insulindia），古地理名词，泛指印度支那与澳大拉西亚之间的东南亚海域。——译者注
④ 即前文提到的"黄金之地"（Suvarṇabhūmi）。——译者注
⑤ 指下缅甸及马来半岛。——译者注

港（Alexandrian）的地理学家托勒密（Ptolemy）[①]。公元一二世纪时，他们就知道沿着海岸线航行到达这片区域及距此不远的中国（Thinae）是有可能的。在谈及中国时，托勒密提到了位于越南交趾（Tonkin）[②]地区海岸上一个重要的海港——喀第喀拉港（Kattigara），其名字仍没有定论，这是水手们前往中国的目的港。

印度支那（Indo-China）、后印度（Further India）、因苏林迪尔（Insulindia）、印度尼西亚（Indonesia）等名称与中印亚一样具有重大意义，它们表示远东地区的不同地方，这个区域在地理上是印度的延伸。实际上，托勒密把包括这个区域在内的印度称为"贯恒河印度"（Trans-Gangetic India）。雅利安文化从北印度传出及传入印度其他区域同样是缓慢而自然发展的过程。因此，印度支那从古时开始就成为中国和印度两国的缓冲地带。随着印度雅利安文明渐渐向这一地区扩张，北方的中国文化也渗透到该区域。

在公元后的起初几个世纪，印度的侨民在远东建立起了许多国家，主要有扶南（Fu-nan）、占婆和室利佛逝（Śrīvijaya）。扶南是中国人所知晓的名字，这个国家最初的名字已无法查证，其领土包括柬埔寨和暹罗（Siam）各自的一部分。这个国家的建立可追溯到公元1世纪，中国历史学家的说法是，该国最初是一个印度人开拓的。传统认为："扶南最初的统治者是一个名叫柳叶（Ye-liu）的女性。一位践行神秘祭祀的异国人士混填（Kauṇḍinya）梦见自己得到了一张弓和一支箭，并受到启示应从事贸易且要漂洋过海。后来他在一个寺庙中发现了弓，于是决定跟随商人出海。他到达并征服了扶南，与该国女王结姻。因而扶南早期的统治者都是这个印度人的后裔。"[③]

---

① 托勒密（约公元90~168年），古希腊天文学家、地理学家和光学家。——译者注
② 古代地名，大致指今越南河内地区，原文作 Tokin，为殖民时期河内的名称，对应汉语为"东京"。——译者注
③ 引文出自《梁书》卷54《列传第四十八·诸夷》，但略有改动，原文："扶南国俗本裸体，文身被发，不制衣裳。以女人为王，号曰柳叶。年少壮健，有似男子。其南有徼国，有事鬼神者字混填，梦神赐之弓，乘贾人舶入海。混填晨起即诣庙，于神树下得弓，便依梦乘船入海，遂入扶南外邑。柳叶人众见舶至，欲取之，混填即张弓射其舶，穿度一面，矢及侍者，柳叶大惧，举众降混填。混填乃教柳叶穿布贯头，形不复露，遂治其国，纳柳叶为妻，生子分王七邑。其后王混盘况以诈力间诸邑，令相疑阻，因举兵攻并之，乃遣子孙中分治诸邑，号曰小王。"（姚思廉撰：《梁书》，北京：中华书局，1973年，第788页）——译者注

6 世纪时，从印度新来的移民以扶南国为中心建立起了一个强大的甘孛智王国（Kambuja，柬埔寨 Cambodia）。在全盛时期，甘孛智的领土包括现在的柬埔寨和暹罗以及邻国的部分土地，它在远东政治和文化史上一直扮演着重要角色，这种情形一直持续到 12 世纪。婆罗门教是该国的法定宗教，佛教后来也被引入进来。印度字母系统被修改植入柬埔寨的语言，梵语也得到很大发展，用梵语刻录的碑文表明这个国家的梵语达到了很高的熟练程度。从 3 世纪开始，柬埔寨宫廷一直与中国有联系，并在 6 世纪时向中国派遣了大量的佛教传法僧。因此，可以肯定地说，柬埔寨在中印关系史上扮演了重要角色。

早在 2 世纪时，印度侨民就到过安南（Annam）的海岸地区，他们或者经由柬埔寨到达，或者是直接航海而至。在安南第一个由印度人建立的王国是占婆。与甘孛智移民不同的是，占婆的居民与其他国家的沟通更多的是借助海洋航行这种方式，他们将安南海岸的港口建设成通向海上交通的便利之地。占婆因而成为印度与中国之间海上线路中重要的一站。

在占婆最富饶昌盛的时期，其边界线在北部与中国的国界相接，那时越南的交趾还是中国的一个省。因此，占婆在陆路和水路都与中国有直接联系。印度侨民在来到这个国家时一并带来了印度的宗教和梵语文化。在将近 10 个世纪的时间里，占婆保持了对印度传统的忠守。梵语被定为官方语言[①]，该国的碑文都是用梵语刻写的。在这个国家，从国王到民众都信奉印度教。沿着安南海岸，岩石与悬崖上修建有很多寺庙，这些古迹俯瞰大海，依然见证着印度教在漫长岁月中曾经有过的辉煌。在占婆也有信奉佛教的信徒。中国的历史学家告诉我们，在 7 世纪初一次军事远征之后，中国带回了丰厚的战利品，其中包括 564 捆共计 1 350 部佛经抄本，这些书全部是用印度文字书写的。一个叫彦琮的中国佛学家，被委以将这

---

① 原文为 the language of culture。——译者注

些佛经翻译成汉语的任务。安南的海岸上形成了许多港口，例如宾童龙（Pāṇḍuraṇga，即藩朗 Phanrang）、毗阇耶（Vijaya，即平定 Bindinh）、芽庄（Nhatrang，亦作 Kauṭhāra）等，这些城市都是通往中国沿海的重要站点。

这一时期，在马来半岛以南的海洋上，有两个国家闻名遐迩，即耶婆提（Yavadvīpa）和室利佛逝。前者就是爪哇（Java），而室利佛逝在地理上的划分不太明确，大致相当于苏门答腊（Sumatra）的东部海岸。室利佛逝在繁荣的时候不仅包括爪哇，还囊括了马来半岛（Malay Peninsula）及周边邻近的岛屿。早在 2 世纪初，中国的编年史家们就曾提到过耶婆提（叶调）。同一时期，托勒密将耶婆提叫作"伊巴丢"（Ibadiu），并将之归于贯恒河印度区域之列。印度侨民似乎在这个时期之前就来到了这些岛屿，建立了一个印度教国家。5 世纪初，法显在从印度返回中国的路途中经过爪哇岛，当时此岛正是印度教文化的重要中心。大约在 6 世纪初期①，走海路前去中国的印度僧侣将佛教传到了当地。自那之后，爪哇及其邻近岛屿逐渐成为印度旅者前往中国的一个重要歇息地。

从 7 世纪开始，爪哇的闻名程度开始减弱，而室利佛逝作为一个强大的帝国开始声名远扬。室利佛逝的领土包括整个岛屿部分和半岛上与之毗邻的大片地区。早期的中国作家将这个国家称作"室利佛逝"，从 10 世纪末开始，改称为"三佛齐"。室利佛逝帝国和甘孛智一样，在印度的远东侨居史上扮演了重要角色。这一状况一直持续到 13 世纪，其时政治权力的中心转移到了爪哇岛。

室利佛逝一方面和印度有着非常亲密的关系，另一方面与中国的朝廷交往密切。著名的中国朝圣者义净于公元 7 世纪下半叶前往印度，途中曾在室利佛逝停留了 6 个月，他觉得这次停留颇有所获。从印度返回中国途中，他又在室利佛逝逗留了 4 年。② 他于 689 年回

---

① 此处时间不确，应为 5 世纪初，见《高僧传》卷三《求那跋摩传》。——译者注
② 一说两年。——译者注

到中国，但很快再次去了室利佛逝并长期旅居。^①从义净的记述看，这一时期的室利佛逝不仅是佛教研究的主要中心，同时也是研习梵语的核心地区。他说道："此佛逝廓下僧众千余，学问为怀，并多行钵；所有寻读，乃与中国不殊；沙门轨仪，悉皆无别。若其唐僧欲向西方为听读者，停斯一二载，习其法式，方进中天，亦是佳也。"^②这表明了室利佛逝作为印度文化东传的前沿哨站的重要性。

室利佛逝的官方语言是梵语，所有古老的碑文都是用梵语刻写的。在室利佛逝，印度教和佛教都受到国王和臣民们的追随和信奉。印度文学受到人们的尊重和学习，印度的风俗习惯受到推崇和效仿。由此，室利佛逝的传法僧很容易将印度文化墨守成规地传播至邻近国家和中国。

因此，从实际来看，整个印度支那半岛和印度群岛（Indian archipelago）^③的岛屿在逾千年的时间里形成了"大印度"（Greater India）^④。印度的侨民曾建立起繁荣的国家，印度的文化渗入到这些国家民众的生活中。频繁的海运将这些国家既与印度也与中国联系起来。随着航海的发展，这些海上线路对印中两国的贸易和商业往来起到越来越重要的作用。即使是中亚那些对佛教习俗不感兴趣的朝圣者，也认为这条线路更短而且走起来没有那么艰难。事实上，在7世纪后半叶中国失去对中亚的控制之后，海上线路成为中印之间联系的唯一途径。

印度西海岸的重要港口都曾维持海上线路的畅通，例如跋禄羯呫婆国（Bharukaccha，巴鲁奇 Broach）、苏尔帕拉加（Śūrpāraka，索帕拉 Sopara）、格利扬（Kalyān^⑤）以及其他相当多的城市。尽管

① 不确。义净于693年正式回国，695年抵洛，此后在长安、洛阳两地译经，直至终老。——译者注
②《根本说一切有部百一羯磨》卷五夹注，T.24, no.1453, c26-28。——译者注
③ 即马来群岛（Malay Archipelago）。——译者注
④ 大印度，也称为印度文化圈，指自古以来，在文化、语言、政治、宗教方面受印度影响的国家和地区，主要包括南亚次大陆和东南亚的大部分地区。——译者注
⑤ 此处有误。原文中"Kalyāṇa"位于今巴基斯坦信德省省会卡拉奇市内，但文中所指地区位于印度中南部的德干高原。此处应为"Kalyān"，即位于今孟买附近的格利扬。——译者注

这些城市早就停止了海上贸易,但古文献里关于印度商人航海的记录总是提到它们,这说明在古代的航海中它们扮演了重要角色。古典作家往往用"婆卢羯车(Barygaza)"来称呼跋禄羯呫婆国,这个城市以前是北印度的西大门。在许多世纪的时间里,印度北方和西北方的所有贸易路线在乌贾因(Ujjain)会合,乌贾因是西印度的主要城市,其商品货物被运送到跋禄羯呫婆国以便出口到国外。阿富汗、中亚地区以及中国的商品也通过同样的路线被运到跋禄羯呫婆国。古典作家将苏尔帕拉加和格利扬叫作"索帕拉"和"卡临那"(Calliena),它们是德干高原西部繁华的港口。

孟加拉湾地区有许多港口,其中至少有两个港口很早就受到关注。它们是高韦里河(Cauvery)河口的卡韦里帕蒂纳姆(Kaveripaṭṭanam,亦作 Puhar)以及恒河河口的耽摩立底(Tāmralipti,塔姆鲁克Tamluk),希腊水手称它们为"Khaberos"和"Tamalitis"。前者是南方国家最大的商业中心和与远东国家贸易往来的繁荣港口;耽摩立底则垄断了东印度的贸易,在孟加拉的经济史上占据着独特的地位,一直持续到 17 世纪。

这些城市是前往远东的重要港口。5 世纪初,法显返回中国时选择了走海路而不是陆路。他从华氏城(巴特那)出发,沿着恒河航线向东顺流而下,在河的南岸,他发现了瞻波大国(Bhagalpur)。

从此东行近五十由延到摩梨帝国,即是海口[……]于是载商人大舶泛海。西南行得冬初信风昼夜十四日到师子国[……]如是九十许日,乃到一国,名耶婆提。其国外道、婆罗门兴盛。佛法不足言[……]东北行趣广州[……]于时天多连阴,海师相望僻误,遂经七十余日。粮食、水浆欲尽,取海醎水作食。分好水,人可得二升,遂便欲尽。商人议言:'常行时政可五十日便到广州,今已过期多日,将无僻耶?'即便西北行求岸,昼夜十二日,到长广郡界[……]①

---

① 法显撰、章巽校注:《法显传校注》,北京:中华书局,2008 年,第 124~146 页。——译者注

早期商人大概没有像这样从锡兰直接抵达爪哇的长距离航行的习惯。他们选择了一条沿着孟加拉湾海岸的更为准确、安全的路线行驶，期间他们发现了位于马来半岛上的港口，由这个港口他们能够继续通过陆路到达暹罗和柬埔寨。这就是最早在托勒密的《地理志》（*Geography*）一书中提到的投拘利（Takkola）港。投拘利位于克拉地峡（Isthmus of Kra）附近，很早以前就消失了。马来半岛和柬埔寨的第一批移民应该就是沿着这条路线到达的。

　　印度水手对远东的情况非常熟悉，他们很快就开始围绕着半岛航行，一直到达越南的交趾。马来半岛上的狮子城（Siṁhapura，即新加坡 Singapore）以及安南海岸上的宾童龙、平定和芽庄逐渐成为印度人侨居的重要港口。

　　这条海上路线的第一站是交趾。交趾是中国一边的主要港口，所有从印度和南部海岛来的船只都在这里卸货。中国中央政府很快觉察到这样的贸易非常不便，因为交趾只是受保护地域，并不是中国整体的一部分。此后，外界与交趾的贸易被阻，国外的商船被强迫航行至广州，广州由此逐渐成为中国南方的主要港口。从 7 世纪开始，广州成为来自印度和南海诸岛的佛教传法僧的重要登陆地。

对佛教僧侣而言，现世只不过是无尽旅途中的一部分。只有历经无数次痛苦磨难的轮回，获取完美的精神知识时，无尽的旅途才会结束。实现这一目标的过程是困难而艰苦的。它取决于人们如何去承受旅途以及如何去表现。一旦下定决心，他将不得不放弃平静的定居生活。漂泊的生涯必然是一段充满慈悲与奉献的经历，僧侣必须恪守清净，还要具备无穷无尽的耐力，以便满怀信心与动力勇往直前。如此牺牲与辛勤的艰苦人生会使得轮回旅途的终点提早到来，反之则可能永无止境。正因如此，他一旦断绝与尘世的关联，并且立下誓言，则无论是高山、荒漠或者大海，任何事物也无法阻止他传播"慈悲"①（maitrī）的决心；而这"慈悲"的精神，正是佛陀向受苦的人类传授的。

这一理念启示了那些作为传法僧将印度文明远播至中亚和中国

①原文正文为 the message of love。——译者注

中国河南洛阳白马寺

的佛教僧侣们。不幸的是，古代印度并未留下任何关于他们的记录。然而，中国的历史学家却将传法僧们的事迹告诉了我们。这些伟大的印度子孙通过自己的无私奉献，在将近四分之三的亚洲大陆上构建出一个共同的文明。在穿越高山荒漠的旅程里，印度传法僧们将自己置身于艰险困苦之中。直到数百年之后的今天，他们的事迹仍然使我们不得不为之感动。这种牺牲之所以成为可能，是因为他们对这一伟大使命充满信心。

前文已经介绍过公元 1 世纪第三个二十五年来到中国的第一批印度传法僧——竺法护（Dharmarakṣa）[①] 和迦叶摩腾（Kāśyapa Matanga）。他们在中国都城 [②] 新建的白马寺中成功地集结了一大批仰慕者和追随者。中国的贵族开始对新来的传法僧和他们的宗教表现出兴趣，尽管他们并没有接受这种新的信仰，也没有给予其官方认可。他们的兴趣似乎或多或少限于知识和政治方面。此时佛教信仰已经在中亚的部分地区建立起来，他们非常明白，任何对佛教的赞同都会极大促进中国和这些国家之间的贸易与政治关系。

来自中亚的佛教学者

中国官方对佛教的礼遇鼓励了传法僧，他们开始从西域大量涌入中国。在这条线路上发挥首要作用的便是中亚各族，如安息人（Parthian）、月氏人（Yue-che）、粟特人（Sogdian）、龟兹人（Kuchean）、于阗人（Khotanese）等。在中印关系的第一个时期，这些人扮演着中介的角色。他们当中的传法僧为中国佛教的建立做出了最大贡献。在中国，他们对佛教的阐释激发了中国人对印度文化的极大兴趣以及内心深处对佛教的赞同，进而为中印之间的直接联系奠定了基础。

我们知道希腊（Hellenistic）势力和塞种人 (Śaka) 势力在印度终

[①] 此处有误，应为竺法兰（Dharmaratna）。——译者注
[②] 即洛阳。——译者注

结之后，安息人夺取了西北印度的一部分并且建立起一个短命的王国。他们在历史上被称为印度—安息人（Indo-Parthian）。印度与安息帝国之间的联系就此建立起来。因此我们完全可以设想，佛教信仰在大夏（Bactriana）和粟特立足的同时，也渗透到了安息帝国的其他地区。

到了 2 世纪中叶，一位改宗佛教的安息王子携带佛教经典出现在中国的西部边境。他的名字被中国的史家记载为安世高[①]（Ngan She-kao）而流传下来。安世高的确是安息王室的一位王子，可能来自于摇摇欲坠的阿萨息斯（Arsacidan）家族。安世高在年少时就已改信佛教，并将王位让给了自己的叔叔。关于他是否去过印度我们无从得知，也许他曾经在某些已有的佛教学习中心修习过佛学。由他翻译成中文的大量文献可以证明，安世高是一位知识渊博的佛教学者。他一来到中国的都城就居住在白马寺，并在那里用自己的余生翻译佛经、传播佛教。他所建立的翻译学派被中国人赞誉为"无与伦比"。他对自己的中国追随者产生了经久不衰的影响。与安世高合作的不仅仅有安息僧侣，还有很多粟特人。

古代粟特大致与现代的撒马尔罕（Samarcand）和布哈拉（Bokhara）相对应。粟特人是古代伊朗人的一个分支，他们占据了山间可以耕种的区域与天山（T'ien-shan）北麓的大草原。他们逐渐朝着东突厥所在[②]的方向移动，于公元初期在中亚建立起无数的定居点。佛教在很早的时候就已经传入他们当中，很有可能来自大夏。中亚的考古调查发现了粟特语佛教文献的残片。粟特僧侣也曾经到过中国，为佛教在那里的传播贡献了自己微薄的力量。一些前往中国的粟特佛经译师的名字也流传了下来，其中最重要的一位是康僧会（K'ang Seng-hui），"僧会"是对其法号"僧伽跋陀罗"（Sanghabhadra）的翻译。[③]

---

① "世高"在中文里的意思是"世界上最好的"（Lokottama）。"安"是对"安息"的简称，"安息"源于中国对"帕提亚人"（Parthian）的一般称呼。"安息"是统治者 Arsacides 王朝的名称，因此它被中国人用作对其国家的称呼。

② 即今新疆塔里木盆地。——译者注

③ "康"是康居的缩写，是中国人所熟悉的粟特国名。"康"被用在粟特人的名字中以表明他们的国籍。

康僧会生于交趾的一个粟特家庭。他的父母最初居住在印度，之后才移居到交趾。他出生于3世纪的第一个二十五年，他在父亲去世后出家为僧，并前往南京建立寺庙与佛教学派。他是第一位系统地将佛教理论带入中国南方的僧人。

贵霜帝国的建立不仅在印度和大夏确立了月氏人的霸权地位，在中亚的一些地区，极有可能在西域南道沿线[①]同样确立了他们的统治地位。月氏人的小规模定居点在印度边境至中国边陲的不同地方都有发现。在迦腻色伽时期，佛教几乎处于国教的地位。迦腻色伽对佛教法师们的支持可能使他个人产生了传播佛法于帝国之外的兴趣。公元1世纪，中国使者在月氏国家邀请到了第一批前往中国的两位传法僧。甚至在更早的时候，首次进献给中国皇帝的佛经就是来自月氏宫廷。

在二三世纪的时候，一些月氏传法僧来到中国。[②] 他们当中有一位伟大的人物，他便是昙摩罗刹（Dharmarakṣa），更为人熟知的是他的中文名字"法护"，意为"佛法的护持者"，他于公元3世纪中叶来到中国。竺法护出生于久居中国边疆敦煌的一个月氏家庭，他在敦煌接受印度老师的教育，并曾在中亚的许多地方旅行过。毫无疑问，他去过印度边境的一些国家。据我们所知，他掌握了包括梵语和汉语在内的36种不同语言。他渊博的佛学知识在大量由他翻译成中文的佛经中得到了印证。他前往中国的都城，在那里度过了自己整个活跃的弘扬佛法、梵经汉译的生涯。

公元初的几个世纪里，龟兹僧人们同样在佛教传播的过程中起到了相当大的作用。据我们所知，龟兹王国是中亚北部最为重要的佛教活动中心。在这一时期，一些龟兹僧人曾经去过中国。[③] 自4世纪起，龟兹传法僧成为向中国人阐释印度佛教的主力。这项事业从

---

① 此处可能指丝绸之路之西域南道。——译者注
② 中国作者们将他名字的第一个字写作"支"，即"月氏"的缩写，以此来表明他们的国籍。
③ 中国作者用"白"作为他们名字的第一个字，以此区分出他们的民族。"白"是白色的意思，中国作者用它来为龟兹人命名可能是由于他们是白种人。

伟大的鸠摩罗什（Kumārajīva）开始，一位中国将军^①在对龟兹的军事征服结束之后将鸠摩罗什以囚徒的身份带回了中国。

鸠摩罗什的父亲是一位名叫鸠摩罗炎（Kumārāyaṇa）的印度人。他所成长的家族拥有印度某邦国相位的继承权。不知出于何种原因，鸠摩罗炎放弃了自己家族的继承权，并离开该国。他在经历了一段穿越帕米尔高原的艰苦旅程之后来到龟兹，受到龟兹国王的热情欢迎。他很快被封为国师（Rājaguru）——"国王的导师"。此时，一位龟兹王室的公主——耆婆（Jīva）爱上了鸠摩罗炎，他们最终成婚，两人结合的结果便是鸠摩罗什。鸠摩罗什出生之后，耆婆很快便皈依佛教成为一名尼姑。鸠摩罗什在龟兹接受一些基础教育之后，他的母亲便带他前往罽宾接受深造，那时鸠摩罗什只有9岁。

在罽宾，鸠摩罗什随名为盘头达多（Bandhudatta）的导师学习佛教文献和哲学。经过若干年的课程学习，他精通了不同派别的佛学义理。在游历中亚地区的众多佛教中心之后，鸠摩罗什与自己的母亲返回了龟兹。此时他已声名显赫，吸引了来自于阗、喀什噶尔、莎车^②（Yarkand）等东突厥各地的佛教僧人。

然而，鸠摩罗什在龟兹的平静生活并没有持续多久。由于与中国的政治关系破裂，龟兹遭到一支庞大远征军的攻击，并在经过顽强的战斗之后被迫投降。鸠摩罗什这位已经被中国所熟知的人物在401年以囚犯的身份被押往中国。此后，他一直待在中国，直到413年去世。他为佛教在中国的传播开创了一个新纪元。早期传法僧所翻译的佛经并不能让人满意，因为他们当中没有人对佛教哲学有着深刻见解。而鸠摩罗什对佛教各派学说的熟知使其对于宗教经典的把握更加明晰。不仅梵文，他对中文亦同样精通。因此，他的佛经翻译显示出了早期传法僧译经水平的显著提升。

作为最具效率的佛经译师，鸠摩罗什在中国赢得了无与伦比的

---

① 即前秦将领吕光（337~399），十六国时期后凉的建立者。——译者注
② 莎车，今新疆叶尔羌。——译者注

声誉。中国各地的学者纷纷前来拜会，其中许多人成为他的弟子。关于他的性格我们并非一无所知。他在圆寂之时曾经告诫自己的弟子们不要将他的一生视作榜样。"接受我的工作，"他说，"但不要将我的一生视作榜样。莲花生于泥土，爱莲花而非泥土。"[①] 鸠摩罗什象征着印度与中亚文化结合的精神，同时也象征了这些国家的佛教学者为印度文化在中国的传播所做出的共同努力。

从 3 世纪初到大约 6 世纪末，在近三百年的时间里中国的政治饱受外来入侵者、内乱以及短命小王朝更迭的影响。但是该国的文化生活却没有动摇，各个方面都存在着这样一种使专门艺术领域产生杰作的趋势。佛教同样从这种普遍兴趣中受益，后者产生于在艺术、宗教以及文学上受过教育的人们，一些最优秀的中国知识分子发表言论与文字为佛教辩护。中国佛教已经不再满足于接受异邦传法僧的教导，他们渴望与印度建立直接联系。印度的佛教学者没有错过这种情形带来的优势，他们当中有数百人携带着中国没有的佛经通过陆路或海路前往中国。关于这些前往中国的印度先驱者们的传记被保存在中国历史当中，它向我们展现了佛教学者们所追随的理想，以及他们为中国所做的重要工作。

来自罽宾的学者

在佛教传统直接传入中国的过程中，罽宾扮演着重要角色。在这一阶段，自罽宾前往中国的佛教学者人数超过了印度其他地区前往中国的佛教学者人数之和。罽宾在当时是印度最为繁荣的佛教学术中心，是北印度最有实力的佛教派别——说一切有部（Sarvāstivāda）的中心，贵霜帝王对佛教的推动导致了后者在罽宾的繁荣。我们发现罽宾同样吸引了外来的学者，鸠摩罗什正是为了接受更高级的佛学知识才从遥远的龟兹来到罽宾。

---

① "譬如臭泥中生莲华，但采莲华勿取臭泥也。"（僧祐撰，苏晋仁、萧錬子点校：《出三藏记集》，北京：中华书局，1995 年，第535 页）——译者注

僧伽跋澄 [①]（Saṅghabhūti）是第一批前往中国的罽宾学者之一，于381年抵达中国北方的都城 [②]。他是否留在中国直至圆寂我们无从知晓。关于他的活动可以向后延续至384年。他受到了一些中国佛教领袖的热烈欢迎，并应后者请求将一些佛经翻译为中文，其中最重要的译作是说一切有部对律藏的注释集 [③]。

当僧伽跋澄在中国工作时，另一位更为出色的天才从罽宾来到中国的都城。他便是384年来到长安的瞿昙僧伽提婆（Gautama Saṅghadeva）。僧伽提婆的中文传记告诉我们，他知识渊博，且天生就是一位导师。他尤其擅长于佛教论藏，即"阿毗达磨"（Abhidharma）。他在中国北方驻留了若干年，校订之前的译本并向自己的中国朋友解释佛经。391年，僧伽提婆前往中国南方，粟特僧人康僧会在那里建立了影响深远的佛教学派，前文已有提及。此时，僧伽提婆受邀前往位于庐山的一所新建的佛学机构 [④]，该机构由慧远法师——这位在中国佛学之会通中扮演重要角色的中国佛教学者创建。僧伽提婆在庐山期间翻译了一些梵文经典。随后他于397年前往南京，给那里的官员留下了深刻印象。一位朝廷高官为他修建了寺庙。在他的中国朋友和罽宾信徒的协助下，僧伽提婆于此地翻译了若干部重要佛经，并可能一直居住在中国直至圆寂。

另两位罽宾学者——弗若多罗（Puṇyatrāta）和他的学生昙摩耶舍（Dharmayaśas）的名字也与一些重要的说一切有部经典的汉译相关，目前我们无法确定他们两位是否是一起来到中国。弗若多罗是鸠摩罗什在中国的合作者，但与他们有关的资料中并没有出现过昙摩耶舍的名字。中国的传记作者告诉我们，昙摩耶舍14岁时曾在罽宾接触过弗若多罗，并在其指导下学习经典，很快便精通佛教知识。

---

① "僧伽跋澄，此云众现，罽宾人。"（慧皎撰、汤用彤校注：《高僧传》，北京：中华书局，1992年，第33页）——译者注
② 此处指前秦都城长安。"苻坚建元十七年，来入关中。"（慧皎撰、汤用彤校注：《高僧传》，北京：中华书局，1992年，第33页）——译者注
③ 此处可能指《阿毗昙毗婆沙论》："罽宾国沙门僧伽跋澄来长安。译阿毗昙婆沙论。"（志磐撰、释道法校注：《佛祖统纪校注》，上海：上海古籍出版社，2012年，第829页）。不过，《阿毗昙毗婆沙论》是说一切有部对经藏而非律藏的注释集，疑为原文之误。——译者注
④ 即东林寺。——译者注

他在 30 岁时离开罽宾，在游历了众多中亚国家之后于 397~401 年抵达中国。他驻留于中国直到 424~453 年，期间有若干年在中国南方度过。他与自己的同胞合作完成了一些译作，之后又返回中亚，有可能回到了罽宾。与弗若多罗有关的信息则非常匮乏，据说他在 4 世纪末或 5 世纪初来到中国，并在 404 年与鸠摩罗什合作。当鸠摩罗什被带往中国时，弗若多罗很有可能就在龟兹。为了在翻译工作中帮助前者，弗若多罗跟随鸠摩罗什来到了中国。

龟兹与罽宾的关系在这一时期非常密切。这一点在鸠摩罗什身上尤有体现，他与罽宾学者们的合作非常密切。除了在中国的罽宾合作者之外，其他一些来自罽宾的著名学者亦被吸引至龟兹。在这些来到龟兹的学者中最为著名的便是佛陀耶舍（Buddhayaśas）。中国的传记作者们将他在中亚的全部活动情况保留了下来。毫无疑问，这些记录显示出印度学者在这一时期所扮演的重要的国际性角色。

佛陀耶舍出生于罽宾的一个婆罗门家庭。我们已知他的父亲不是佛教徒，有一次，他攻击了一名佛教僧人，遭到了双手瘫痪的报应。为了赎罪，他把自己曾经攻击过的僧人邀请过来给予礼遇，并将年仅 13 岁的儿子献给了后者。耶舍由此成为一名佛教僧侣，跟随自己的导师前往遥远的国家去接受佛学指导。他在 27 岁时完成学业，成为一名成熟的僧人。随后他离开罽宾前往外国，首先来到了疏勒（喀什噶尔）。当时，疏勒国王邀请了三千佛教僧侣来参加宗教集会，耶舍也是其中之一。他的言行修养极佳，给国王留下了深刻印象，后者邀请他居住在宫殿之中。此时鸠摩罗什借道疏勒前往龟兹，遇到了耶舍。鸠摩罗什停留了一段时间与耶舍一起学习经典，之后返回龟兹。龟兹在当时正遭受中国军队的入侵。[①] 龟兹王向疏勒王求援，后者留下年轻的王子，由耶舍代为照管，自己与军队一起前往龟兹。然而为时已晚，龟兹已在援军到来之前投降。鸠摩罗什以囚徒之身被带往中国。我们已知，当疏勒王将这一消息告知耶舍

---

① 前秦建元十八年（382），苻坚之大将吕光率兵七万伐龟兹。——译者注

时，耶舍异常悲痛。

耶舍在疏勒居住了十多年后前往龟兹。他在龟兹写信给鸠摩罗什，表达了自己前往中国首都与他合作的迫切愿望。一年之后，耶舍前往中国，在中国皇帝的介入下获准在长安与鸠摩罗什会合。他在那里与鸠摩罗什一起工作了一段时间，并且独立完成了一些中文译作。鸠摩罗什圆寂之后他返回罽宾。传记作者告诉我们他具有伟大的人格，当场谢绝了中国皇帝赠予的全部礼物[①]，认为佛教僧侣没有资格接受如此馈赠。

这一时期还有另一位曾与鸠摩罗什密切合作的罽宾学者——卑摩罗叉（Vimalākṣa），他首先来到龟兹与鸠摩罗什一同工作。此后鸠摩罗什被带去中国，他亦前往。406~413年，他在长安与鸠摩罗什合作。卑摩罗叉自己翻译了一些经文，并向中国的学者们讲解鸠摩罗什的译作。鸠摩罗什于413年圆寂之后，卑摩罗叉前往中国南方传法解经，度过了自己的余生。

另有不少罽宾僧侣在这一时期通过海路来到中国南方。佛陀什（Buddhajīva）便是其中之一，他于423年抵达南京[②]。佛陀什曾经是法显的合作者，后者在经历了一段漫长的印度旅程之后携带重要的梵文经典返回中国。佛陀什可能居住在中国直至圆寂。若干年后，一位更伟大的高僧——求那跋摩（Gunavarman）在游历爪哇之后经海路抵达南京。据说求那跋摩是罽宾王室的一位王子。他的祖父呵梨跋陀（Haribhadra）因高压统治而被驱逐出境，他的父亲僧伽阿难（Saṅghananda）在山泽中隐居度过了一生。[③] 求那跋摩可能在20岁时出家为僧，他很快便熟练掌握了大乘佛教的九部经典，通晓四阿含经并能背诵上千颂。经过几年学习之后，他得到了"三藏法师"

---

① "至十五年（413）解座，兴嚫耶舍布绢万匹，悉不受。"（慧皎撰、汤用彤校注：《高僧传》，北京：中华书局，1992年，第67页）——译者注

② "沙门佛陀什，宋言觉寿，罽宾国人。少受业于弥沙塞部，专精律品兼达禅要。以废帝义符景平元年癸亥七月届于杨都。"（《开元释教录》卷5，T. 55, no.2154, c15-17）——译者注

③ "沙门求那跋摩，宋言功德铠，本刹利种，累世为王治在罽宾国。祖父呵梨跋陀（此云师子贤）以刚直被徙，父僧伽阿难（此云众喜）因潜隐山泽。"（《开元释教录》卷5，T. 55, no.2154, a26-b1）——译者注

的头衔。在他 30 岁的时候，罽宾的国王去世且没有留下子嗣，大臣们邀请求那跋摩脱下僧袍继承王位。但他拒绝了这一提议，并在师父的准许下归隐山林，远离人世。①

过了一段时间，求那跋摩前往锡兰，受到那里佛教徒的热烈欢迎。他在锡兰传播佛法，帮助本地的法师提升他们的戒律水平。之后他前往爪哇岛，佛教正盛行于此。当地国王热情地接待了他，并邀请他留在该岛，皇室的所有成员都因为他而改信佛教。此时求那跋摩的名声传遍了邻近的岛屿，他受到了来自各地的邀请。一些来自南京的佛教僧人听闻求那跋摩的大德，将这一消息汇报给中国皇帝，并请旨邀请求那跋摩来华。正因如此，若干中国僧人被派往爪哇邀请求那跋摩前往南京。求那跋摩在中途各地游历数年之后，于 431 年抵达南京。中国皇帝亲自迎接了这位尊贵的大师。他被安置在与印度一所著名精舍同名的只洹寺居住②，于同年在此地圆寂。然而在这活动频繁的一年里，他至少将十二部经典由梵文译成了中文。

在南京的只洹寺里，求那跋摩可能遇到了另一位罽宾学者并与之一起工作。后者的名字叫昙摩蜜多（Dharmamitra），他是一位禅学（dhyāna）大师，将许多修行相关的经典介绍到了中国。他最初来到龟兹，那里的官员禁止他前往中国，这使他不得不秘密离开。之后他来到敦煌，建了一座精舍（vihāra）并种下上千棵树。他于 424 年抵达中国，并且一直居住到 442 年圆寂。他曾经过着平静的生活，向自己的弟子教授经典。直到 433 年他一直都在南京的只洹寺，并可能在此地于 431 年遇到了求那跋摩。

中国的历史学家们在一大批于此时期从罽宾到中国的学者当中存留了这几个为数不多的名字。但这足以证明在佛教向中国传播的过程中，罽宾扮演着主流的角色。这并非毫无理由，自公元初期到 5

① "至年二十，出家受戒，洞明九部，博晓四含，诵经百余万言，深达律品妙入禅要。时号曰三藏法师。至年三十，罽宾王薨，绝无绍嗣。众咸议曰：'跋摩帝室之胤，又才明德重，可请令还俗，以绍国位。'群臣数百再三固请，跋摩不纳，乃辞师违众，林栖谷饮，孤行山野，遁迹人世。"（《开元释教录》卷 5，T. 55, no. 2154, b10-16）——译者注
② "乃敕住只洹寺，供给隆厚。"（《开元释教录》卷 5，T.55, no.2154, a23）——译者注

世纪，那烂陀（Nālandā）开始吸引佛教学者，罽宾很可能是佛教和梵语学术的首要中心。这样，印度通过罽宾，再度与中亚和中国建立了联系，同时也奠定了罽宾在佛教传播史上的重要地位。

来自印度其他地区的学者

但是，印度其他地区同样也意识到了这项伟大的事业——缓慢而持续地将亚洲的两个伟大国家印度和中国联合在一起。许多来自印度其他地区的佛教学者也前往中国，他们当中的一些人在中国历史学家的眼中同样卓越。

一些去往中国的印度学者来自中天竺（Madhyadeśa）。中国作者钟情于古代佛教徒的说法，把从旁遮普（Panjab）到比哈尔（Bihar）的整个北印度称作中天竺。这也是为什么很难确切知道某个去中国的佛教学者究竟来自于该区域哪个地方的原因。那烂陀还没有成为一个重要的学术机构。阿逾陀①（Ayodhyā）和华氏城（Pāṭaliputra）是当时的两大都会，且都是原有的佛教学术中心。在这两座城市寺庙中居住的佛教徒可能听说过罽宾僧侣们的冒险经历，并受到这些榜样的启发。

昙无谶（Dharmakṣema）是一位中天竺僧人②。他年轻时曾修习小乘佛教，后又被这一时期普遍流行的大乘所吸引。他了解到罽宾是一个重要的学术中心，于是前往。然而罽宾的僧人仍然反对大乘，昙无谶的新学说并没有在那里获得多少成功。他来到龟兹，又从那里前往当时还是独立小国的中国西部。当地首领扣留了他，并强迫他定居下来。414~432年，他不停地工作，完成了许多翻译工作。之后他请求当地首领允许他返回印度，将由他译成中文的一部文献的剩余部分取来。由于担心他会前往与当地首领敌对的中国诸

① 位于今印度北方邦。——译者注
② "昙无谶，或云昙摩忏，或云昙无忏，盖取梵音不同也。其本中天竺人。"（慧皎撰、汤用彤校注：《高僧传》，北京：中华书局，1992年，第76页）——译者注

王国，这一请求被拒绝了。就像一位真正的佛教僧侣，他没有被官方的威胁所吓倒。昙无谶拒绝领命，并于433年开始了自己的旅程，结果被暴君派来的使者残忍地杀害在荒凉的沙漠中。瞿昙般若流支（Gautama Prajñāruci）是一位贝拿勒斯的佛教学者，于516年经陆路来华，定居在中国北方。他在中国一直居住到543年，其间曾在不同地方从事佛教文献工作，由他翻译的许多作品流传了下来。

另一位著名学者求那跋陀罗（Guṇabhadra）于435年经海路来华，并在中国南方活动。他出身中天竺婆罗门家族，最初修习婆罗门知识，之后转而学习佛教。尽管受到监护人的反对，他仍然秘密地加入了佛教组织，并与优秀的老师们一起学习佛教文献。他后来去了锡兰，又从那里经海路来到东方，于435年抵达广州。之后他被送往南朝的都城南京，被安排居住在只洹寺。求那跋陀罗居住在南京直到468年去世，见证了453~454年的一次重大政治变动①。然而他的工作并未受到政局动荡的影响，新的君主继续为其提供赞助，许多由他翻译的文献流传至今。

这一时期在中国北方活动的僧人中，我们发现有三位来自东天竺。中国作者所说的东天竺特指孟加拉和迦摩缕波（Kāmarūpa）。从这些国家前往中国的僧人有攘那跋陀罗（Jṛānabhadra）、阇那耶舍（Jinayaśas）以及耶舍崛多（Yaśogupta）。但不幸的是，关于他们的生平记载过于匮乏，只能知道6世纪下半叶的时候，他们都在中国北方活动。

月婆首那（Upaśūnya）与真谛②（Paramārtha）是这一时期来华的两位西印度学者，两位都来自当时重要的梵文学术中心——乌贾因。月婆首那经哪条路线来到中国无从得知，可能是通过海路，因为他定居于南京。月婆首那活跃于6世纪后半叶。真谛在同一时期来华，又被称作拘那罗陀（Guṇaratna）。他在佛教各派别的文献方面都训

---

① 指453年，南朝宋文帝刘义隆被太子刘劭杀死，三子刘骏起兵诛杀太子之后于同年即位，史称孝武帝。次年南郡王刘义宣起兵，被刘骏击败。——译者注

② "拘那罗陀，陈言亲依，或云波罗末陀，译云真谛，并梵文之名字也。"（《续高僧传》卷1，T. 50, no. 2060, c6-7）——译者注

练有素。真谛在完成学业之后来到北印度，极有可能居住在华氏城。当时有一位中国使者来到摩揭陀国（Magadha），请求国王派一位有名望的佛教学者赴华。根据该请求，真谛被派往中国。他经海路于546年抵达中国，途中可能有中国使者的陪同。真谛携带了大量佛经，并在中国皇帝①的要求下开始进行翻译工作。他不受干扰持续工作直到557年，之后政治纷争打乱了他的全部计划，有段时间他被迫东奔西走，甚至试图离开中国前往南洋诸岛。他曾抓住机会登上了一艘南下的船，不料风向不利迫使其返回广州。他在隐居中度过了自己生命中的最后几年，于569年去世。尽管真谛在中国经历了动荡时期，但他不懈译经，留下了约70部译作。

这一时期从西北印度来到中国的僧人中，有三位声名显赫。他们是佛驮跋陀罗（Buddhabhadra）、毗目智仙（Vimokṣasena）和阇那崛多（Jinagupta）。佛驮跋陀罗出生于那竭国（Nagarahāra），声称自己是佛陀的叔叔——甘露饭王（Amṛtodana）的直系后代。他在很小的时候就成了孤儿，后进入佛门，17岁时完成学习并前往罽宾。这时曾与法显（Fa-hien）在印度同行的智严（Che-yen）来到罽宾，请求那里的僧团派一位高僧大德前往中国。佛驮跋陀罗被选中，他本人也一直在找寻这样的机会。他立即与智严一起出发前往中国，徒步旅行了三年。他们并没有经过中亚路线，而是选了一条截然不同的新路线。有证据显示他们步行穿过缅甸来到交趾，并从那里乘船前往中国。当听说鸠摩罗什已经来到中国并且正在长安工作时，他立即启程前往长安与其会面。他们在罽宾时可能就已经相识。鸠摩罗什认可佛驮跋陀罗的才华，并在后者居于长安时向其请教咨询。

我们已经提及佛驮跋陀罗是位具有独立精神的佛教导师，这也正是为什么他从不考虑按照当时的习俗向皇帝致敬。在慧远的邀请下，他来到位于南方庐山的著名佛教寺院。皇帝通过慧远递来一份正式邀请，希望佛驮跋陀罗前往都城翻译佛经。佛驮跋陀罗接受了邀请，于

---

① 此处指梁武帝萧衍。——译者注

421年来到建业（南京），并且居住在那里直到429年圆寂。他在那里翻译了大量重要的经典，这些译作至今都在证明他那渊博的学识。

毗目智仙同样是一位迁居乌仗那国 [1]（Uḍḍiyāna）的释迦（Śākya）族王子。故事源自释迦族的领地迦毗罗卫（Kapilavastu）被憍萨罗国（Kośala）琉璃王（King Virūḍhaka）入侵并夷为平地的历史传说。根据佛陀的真道要求，释迦族成员决定不去战斗。然而有四位王子没有遵从佛陀的忠告而选择了抵抗敌人。随后他们被迫离开自己的国家，其中两位王子去了西北部，一位成为乌仗那国王，另一位则在巴米扬（Bamiyan）。毗目智仙是前者的后代，而我们已知出生于那竭国（贾拉拉巴德）的佛驮跋陀罗有可能是巴米扬王族的后代。毗目智仙有可能在罽宾接受教育，擅长"阿毗达摩"，即佛教中的论藏。541年他在中国北方将一些文献译成汉文。在极其有限的生平记载中，我们对他的所知仅有这些。

阇那崛多生于犍陀罗（Gandhāra），居住在布路沙布逻 [2]（Puruṣapura），此地在当时仍然是座大城市。他的父亲是一名政府官员。阇那崛多很小的时候就在父母的许可下皈依佛门，在名为大林寺（Mahāvanavihāra）的庙中隐居，跟随不同部派的高僧学习经典。27岁时，他决定与自己的老师们一起游历异国。其旅行路线经过了迦毕试 [3]（Kapiśā），他们在那里逗留了大约一年时间，随后翻越雪山来到当时由嚈哒人统治的国家。他们穿越了塔什库尔干 [4]（Tash Kurghan），并最终抵达于阗。他们并没有在于阗停留多久，而是沿着南道 [5] 前往中国。557年他们抵达甘肃。

阇那崛多与他的老师攘那跋陀罗（J'ānabhadra）和阇那耶舍（Jinayaśas）于559年抵达长安。中国皇帝特意下令为他们建造一座寺院。三位法师将大量佛经译成中文，但不幸的是，他们无法完成

---

① 位于今巴基斯坦斯瓦特河谷（Swat valley）。——译者注
② 又称沙富罗城，位于今巴基斯坦白沙瓦（Peshawar）。——译者注
③ 位于今阿富汗卡比萨省。——译者注
④ 位于帕米尔高原东部，今新疆维吾尔自治区塔什库尔干塔吉克自治县。——译者注
⑤ 指丝绸之路中段（葱岭至玉门关、阳关）南道，大致沿着塔里木盆地南部边缘、昆仑山北麓。——译者注

自己的全部工作。572 年爆发的政治动乱迫使他们离开中国，踏上返回印度之路。他们首先来到中亚的突厥国家，在突厥首领的请求下停留下来。阇那崛多的老师们在那里圆寂，一行之中仅剩他一人。他在突厥一直居住到 581 年，期间一直弘扬佛法，并可能促使当地学者加入到翻译佛教典籍的工作中。

中国的政治秩序于 581 年隋朝建立而得到恢复。此时阇那崛多受邀返回中国，这也正是他所乐意的。他在 585 年返回中国后再次将精力投入到翻译工作中。600 年，阇那崛多以高龄圆寂。

阇那崛多有幸参与了中国佛教研究的复兴。自 3 世纪的前二十五年时起，佛教在中国历经多次兴衰更替。隋朝的崛起给国家带来了政治统一和社会稳定，这种状况维持了两百多年。阇那崛多此时返回中国，把佛教僧人和学者的活动重新组织了起来。

其他印度学者也相继效仿，他们当中最为著名的是达摩笈多（Dharmagupta）。他出生于罗啰国①（Lāṭa），23 岁时来到曲女城②（Kānyakubja），住在名为究牟地僧伽啰磨③（Kaumudi-saṇghārāma）的寺庙，在高僧的指导下修习佛教经典。他 25 岁时受具足戒④，随后来到磔迦国⑤（Ṭakka），在名为提婆鼻何啰（Devavihāra）的皇家寺院居留了一段时间。正是在此地，他可能从一些中国的来访者那里听说了中国佛教兴盛的情况，于是决定前往中国。

由此，达摩笈多开启了自己的艰苦使命，向西行进，首先来到迦毕试国。他在迦毕试逗留了两年，这里是喜马拉雅山以北诸国的商队聚集的地方，达摩笈多从商人那里进一步收集到有关中国的信息。随后他徒步翻山越岭，穿越吐火罗⑥（Tukhāra）、巴达

---

① 位于今印度古吉拉特邦卡提瓦尔（Kathiawar）。——译者注
② 位于今印度北方邦卡瑙季（Kanauj）。——译者注
③ "年二十三，往中贤豆界羯拏究拨阇城，此云耳出，于究牟地（谓黄色花，因园以得名也）僧伽啰磨（此云众园，旧云僧伽蓝者讹略也）。"（《续高僧传》卷 2，T. 50, no. 2060, c26-29）——译者注
④ "年二十五方受具戒。"（《续高僧传》卷 2，T. 50, no. 2060, a1-2）——译者注
⑤ 位于今旁遮普北部。——译者注
⑥ 大致位于今阿富汗。——译者注

克山 ①（Badakshan）、瓦罕 ②（Wakhan）诸国，最终抵达塔什库尔干。达摩笈多在那里停留一年之后前往喀什噶尔。他在喀什噶尔的皇家寺院中度过了两年时光，随后经由北道 ③ 穿越中亚。这条道路将他带到龟兹，在那儿他又与当地的佛教学者一起度过了两年时间。达摩笈多所到之处在当时都是佛教盛行的中心。那个时候，每个地方都有热心的学者急于抓住印度博学之士来访的机会。因此，达摩笈多和他的同胞一样，在通往中国的道路上不得不在沿途每一处重要的地方度过相当长的时间。龟兹国王希望达摩笈多能留在他的都城，但后者急于前往中国，在国王未知的情况下便离开了龟兹。他穿越了焉耆（Agnideśa）、吐鲁番以及哈密，这些地方都是北道上重要的佛教中心，因此达摩笈多在每个地方都得停留一两年时间。在历经命中注定的长途跋涉之后，达摩笈多于 590 年到达长安。

达摩笈多在长安居住了数年，随后与中国皇帝一同来到新迁往的都城——洛阳，于 619 年圆寂。达摩笈多将大量重要文献译成中文，并为中国佛教文学传统的复兴提供了重要帮助。据记载，他曾经撰写过一部著作 ④，内容是关于他所到访过的诸国。现在这本书已经散失；然而一旦它在中国某个人迹罕至的角落被重新发现，将会是一件伟大的事情。该书涉及了那些始终被古代印度作者所忽略的东西。这本书有十个部分，名称分别如下：①物产，②气候，③房屋与居住类型，④政权体制，⑤仪式与习俗，⑥食物与饮料，⑦着装，⑧教育，⑨资源与商品，⑩山川河流、国家城市与著名人物。⑤甚至像玄奘这样最为敏锐的观察家都未能注意到这么多关于中亚诸国的事物。

---

① 今阿富汗东北部巴达赫尚。——译者注
② 位于今帕米尔高原瓦罕走廊。——译者注
③ 指丝绸之路中段北道，大致沿着塔里木盆地北部边缘、天山南麓。——译者注
④ 指《大隋西国传》，见《续高僧传》卷 2。——译者注
⑤ "因著《大隋西国传》一部，凡十篇：本传一，方物二，时候三，居处四，国政五，学教六，礼仪七，饮食八，服章九，宝货十，盛列山河国邑人物。"（《续高僧传》卷 2，T. 50, no. 2060, c21-24）疑作者对原文句读释读有误，故所列十篇名称不确。——译者注

唐代来访的印度学者

618 年，中国的政权平稳地转移到了唐代。该王朝执掌帝位直至 10 世纪初，在大约二百年的时间里毫无争议地支配着整个中国。无论从哪一方面来看，这都是中国有史以来最为辉煌的时代。佛教处在一个繁荣发展的状态，尽管遭到了中国正统士大夫（literati）的猛烈抨击。中国与印度之间的政治和文化关系在这一时期也最为密切，在中国的都会城市中侨居着数以千计的印度人，其中有许多是商人，有些可能是普通的访客，另有相当数量的佛教僧人和学者。

著名的那烂陀寺于 5 世纪出现在比哈尔，在笈多帝王的支持赞助下很快崛起成最为重要的佛教学术中心。远近各地的学者开始来到那烂陀，大量学生聚集在其周围接受最高效的佛学指导。自 7 世纪初起，这座伟大的机构便开始在中国的佛教传播中扮演着与罽宾在前一个时期里所扮演的相同角色。在整个唐代以及之后的时间里，那烂陀所吸引的中国来访者的数量超过了印度其他地方，来自印度其他地方的佛教学者也都会把没在那烂陀寺住留过视作自身教育的缺憾。

作为那烂陀寺最为著名的学者之一，波罗颇迦罗蜜多罗（Prabhā-karamitra）是唐代第一位自西天来中土的高僧。他出生于中天竺王族，10 岁出家并跟随有才能的师父修习佛法。经过几年的学习之后他取得了很大的进步，已经能够背诵十万偈大乘经典。随后波罗颇迦罗蜜多罗受具足戒，开始学习律藏。然而他个性喜好禅修，于是又在诸位高僧的指导下修习禅定。迁往那烂陀寺之后，他跟随当时最伟大的佛学大师戒贤（Silabhadra）学习义理经典。随后受命于那烂陀寺教授佛教论藏。他很快便拥有了若干聪慧弟子，这些弟子在日后成为那烂陀寺的著名论师。①

① 这段记叙参见以下叙述："沙门波罗颇迦罗蜜多罗，唐言作明知识，略云朋友。或一云波颇，唐言光智。中印度人也。本刹利王种，姓刹帝利。十岁出家随师习学，诵一洛叉大乘经可十万偈，受具已后便学律藏。既通戒网心乐禅思，又随胜德修习定业。因循不舍经十二年。末复南游摩伽陀国那兰陀寺。值戒贤论师盛弘十七地论，因复听采。以此论中兼明小教，又诵一洛叉偈小乘诸论。波颇识度通敏智宇冲邃，博通内外研精大小，传灯教授同侣所推。承化门人般若因陀罗跋摩等。"（《开元释教录》卷 8，T. 55, no.2154,b3-13）——译者注

波罗颇迦罗蜜多罗非常渴望游历异国。他听说北方的蛮族（吐蕃？）没有皈依佛教，于是便带着十名弟子启程前往北方。向北辗转行走之后，他们抵达了西突厥可汗[①]的牙帐。波罗颇迦罗蜜多罗向可汗传授佛法，使后者对这一外来宗教产生了巨大兴趣。626 年，在唐朝驻突厥使臣的邀请下，波罗颇迦罗蜜多罗决定前往中国。然而突厥可汗并不允许其离开。最终，在中国皇帝的要求下，波罗颇迦罗蜜多罗获得许可启程来华。他在 627 年底来到中国的首都，居住在为他专门指定的寺庙中。中国皇帝被波罗颇迦罗蜜多罗的智慧与学识所深深吸引，请求后者将一些经文译成汉语。波罗颇迦罗蜜多罗将许多经文翻译成汉语，它们一直流传到了今天。然而儒家士大夫无法容忍皇帝对波罗颇迦罗蜜多罗的尊敬与赞赏，他们开始对波罗颇迦罗蜜多罗发起猛烈的抨击，并最终达到了预期的效果。不久，皇帝便不再对波罗颇迦罗蜜多罗有任何兴趣，后者亦对译经再无半点热情，于 533 年[②]郁郁而终。[③]

不过，帝国对佛教的政策很快发生了改变。为了与中亚诸王国及印度建立更为良好的关系，对佛教给予一些赞助是十分必要的，这会给中国以西的国家带来良好印象。这一政策改变使得那些之后来华的印度学者获益良多。

菩提流志（Bodhiruci）是政策改变之后来华者中最为著名的高僧之一。他是一位南天竺僧人，12 岁离家，最初加入婆罗门教，专攻婆罗门教哲学与科学，诸如数论（Sāṅkhya）、声明、占星、数学、医方等。在古代，这些学者的结业考试包括在公众场合与其他学派的学者辩论。在与名为耶舍瞿沙（Yaśaghoṣa）的佛教长老辩论时，菩提流志被

---

① 此处可能指西突厥可汗统叶护（618 年至 628 年在位），"乃与道俗十人展转北行，达西面可汗叶护衙所。"（《开元释教录》卷 8，T.55，no.2154，b16-18）——译者注

② 此处应为 633 年。——译者注

③ 这段记叙参见以下叙述："时为太子染患，众治无效。下敕延颇入内一百余日，亲问承对不亏帝旨。疾既渐降，辞出本寺，赐绫帛等六十段并及时服十具。颇誓传法化，不惮艰危。远度葱河，来归震旦。经途所亘，四万有余。躬赍梵文，望并翻尽。不言英彦，有坠纶言。大志颓然，雅怀莫诉。因而遘疾，自知不救，分散衣资，造诸净业。端坐观佛，遗表施身。下敕特听。寻尔而卒于胜光寺，春秋六十有九。"（《开元释教录》卷 8，T. 55，no. 2154，c24-p.554，a3）——译者注

这位佛教大师的才华深深折服，由此皈依佛门开始学习佛教经典。①

一位中国使者极有可能是在 692 年来到遮娄其（Chalukya）王朝②的宫廷，请求菩提流志前往中国。菩提流志欣然接受邀请，经海路于 693 年抵达中国，同年开始着手翻译工作。当时正在中国的中印度国王的使节僧人梵摩（Brahama）参与了梵本宣读工作；另一位名为战陀（Canda）的居士和一位来自西北印度的婆罗门（Brāhmaṇa）翻译梵文词语；中国僧人慧智（Hui-Che）验证翻译，处一（Chu-yi）和其他人记录译文；思玄（Sse-hiuan）和另一些人组织词句篇章；圆测（Yuan-ts'ie）和其他人证义。③ 如此，一个成熟的团队被建立了起来，以便在工作中协助菩提流志。

706 年，菩提流志随中国皇帝来到都城（长安），居住于西崇福寺（Si-chong-fu）。他在那里翻译了大乘佛教最为宏大的经典之一——《宝积经》（Ratnakūwa）。玄奘将该部经典自印度带到中国并准备着手翻译，然而翻译工作并未进行多少，玄奘便过世。菩提流志于 706 年开始翻译此经，于 713 年完成。中国传记作家告诉我们，译经完成时，皇帝④亲临，并亲笔将注释记录下来。百官以及后妃宫女均在旁观摩，此般盛况独一无二。⑤ 协助菩提流志的团队包括印中双方的佛教学者，在这些印度人当中有当时正在中国宫廷的东印度首领伊舍罗（Iśvara）、印度佛教僧人达摩（Dharma）、南印度人般若丘多（Prajñāgupra）等。⑥

① 这段记叙参见以下叙述："沙门菩提流志，本名达摩流支，唐言法希，天后改为菩提流志，唐云觉爱。南印度人，婆罗门种，姓迦叶氏。聪睿绝伦，风神爽异。生年十二外道出家，师禀波罗奢罗，学彼经术，遂洞晓声明，尤娴数论，阴阳、历数、地理、天文、咒术、医方皆如指掌。年登耳顺，自谓孤行，撩僧论议，货（居委）以身事。时有大乘上座部三藏，厥号耶舍瞿沙，知其根熟，遂与交论。未越几关，词理俱屈，始知佛日高明，匪萤灯并照，法海深广，岂涓滴等润。于是没身敬事，专学佛乘。"（《开元释教录》卷 9，T. 55，no. 2154，p.570，a3-12）——译者注
② 遮娄其人于公元 6~11 世纪在印度中部和南部建立的王朝。——译者注
③ "中印度王使沙门梵摩同宣梵本，沙门战陀、居士婆罗门李无谄译语，沙门慧智证译语，沙门处一等笔受，沙门思玄等缀文，沙门圆测、神英等证义。"（《开元释教录》卷 9，T. 55，no. 2154，a17-20）——译者注
④ 此处指唐睿宗李旦（662~716）。——译者注
⑤ "创发题日，于大内佛光殿，和帝亲御法筵笔受经旨，百僚侍坐，妃后同观。求之古人无以加也。"（《开元释教录》卷 9，T55，no. 2154，p.570，b26-28）——译者注
⑥ "并沙门思忠及东印度大首领伊舍罗直中书省颇具等译梵文，北印度沙门达摩，南印度沙门波若丘多等证梵义。"（《开元释教录》卷 9，T.55，no.2154，b29-c3）——译者注

菩提流志一共翻译了 53 卷佛经。《宝积经》是他最后一部译作，完成这项工作之后，他余生中的大部分时间都在禅修中度过。724 年他随皇帝来到洛阳，727 年在那里去世。传记作者告诉我们，他活了在今天都令人难以置信的 156 岁。我们又进一步得知，他在弥留之际曾经告诉自己的弟子们："泡幻之身日就衰朽，纵然久住终归磨灭。吾生年摄养，冀免衰弊。今渐迟暮，徒更延时。"①此后他斋戒了 55 天，再嘱弟子让他一人独处："吾暂就静，汝勿喧声。"随后他在弟子、朋友和仰慕者的簇拥下安详地离开了人世。

善无畏 (Śubhākarasiṃha) 是另一位这时期前往中国的伟大佛教学者。他自称是释迦牟尼（Buddha Śākyamuni）的叔叔甘露饭王（Amṛtodana）的后裔②，最初在那烂陀寺学习不同部派的佛教经典。他渴望在外国弘扬佛法，于是便踏上了前往中国的危险旅程。他首先来到东方蛮族（突厥人？）的国家，之后受到前往中国的邀请。他接受邀请并携带大量梵文抄本于 716 年抵达长安，将其呈献给中国皇帝。随后他与皇帝一道前往洛阳。善无畏显然与菩提流志在一起，后者也在同年随皇帝前往洛阳。善无畏翻译了一些经典，于 735 年去世，时年 99 岁。作为一位大师，他在中国享有极高的声望，他将一种特殊的佛教宗派——密宗传入中国。

金刚智（Vajrabodhi）及其弟子不空③（Amoghavajra）是最后一批前往中国的印度大师。无论是在中国还是在印度，他们两位都被认为具有伟大的人格。金刚智是伊舍那靺摩（Īśānavarman）——一位中天竺国王的第三个儿子。④他 10 岁出家入那烂陀寺修习，并在那里生活了五年；随后他又在西天竺度过了四年，很可能是去了当

①《开元释教录》卷 9，T. 55, no.2154, c18-20。——译者注
②"释善无畏，本中印度人也，释迦如来季父甘露饭王之后，梵名戍婆揭罗僧诃，华言净师子，义翻为善无畏。"（赞宁撰、范祥雍点校：《宋高僧传》，北京：中华书局，1987 年，第 17 页）——译者注
③"释不空，梵名阿目佉跋折罗，华言不空金刚。"（赞宁撰、范祥雍点校：《宋高僧传》，北京：中华书局，1987 年，第 6 页）。——译者注
④"和上本中天竺国刹利王伊舍那靺摩第三子也。"（《贞元新定释教目录》卷 14，T.55, no.2157, b1-2）——译者注

时重要的佛学中心——伐腊毗 ①（Valabhī）。返回那烂陀寺之后他继续学习了六年。这以后他来到南印度，在建志 ②（Kāñcī）作为帕拉瓦 ③（Pallava）国王捺罗僧伽补多赫摩 ④（Narasiṁha Potavarman）的老师度过了一段时间。接下来他来到锡兰，并陪同锡兰国王的一个使团前往中国觐见中国皇帝，呈献《大般若经》（Mahāprajñāpāramitā-sūtra）的抄本及其他珍贵礼品。720 年，金刚智抵达广州。他在中国招收了许多弟子，其中最为著名的是印度人不空。金刚智在 723~730 年翻译了许多密教经典，他对密教教义的宣讲获得了极大成功，两京之地 ⑤ 有许多人修习，无论是佛教居士还是僧人都无法不受这股新教义的影响。金刚智于 732 年圆寂于洛阳。

作为金刚智最重要的弟子，阿目祛跋折罗的中文名字"不空"在中国更为人所熟知。他出生于锡兰的婆罗门家庭 ⑥，15 岁师从金刚智皈依佛教，在后者的指导下修习密教。724~731 年，他与师父一起住留洛阳，并受后者委托返回印度收集佛经。但 732 年金刚智圆寂，推迟了他的回印计划。不空于 736 年离开中国，在经过艰苦的海上航行之后抵达锡兰。他在锡兰待了三年时间，于佛牙寺（Dantavihāra）学习了五个不同部别的密教教义。⑦ 此时，锡兰国王委托他将一些佛经赠予中国皇帝。746 年，不空怀着这一使命返回中国。从那时起直到 774 年圆寂，他一直都在中国弘扬密教。他翻译了该宗派的大量佛经，并将密教实践传授给中国的弟子们。圆寂前不久的 771 年，不空上表中国皇帝："我自幼追随我的师父金刚智，凡 14 年（719~732），在他的传授下修习瑜伽。之后我返回印度收集

①　大致位于今印度卡提瓦半岛。——译者注
②　又称建志补罗，位于今印度泰米尔纳德邦甘吉布勒姆。——译者注
③　南印度古国名称，都城为建志。——译者注
④　"其后南天三年亢旱，其王捺罗僧伽补多赫摩遣使迎请和上。"（《贞元新定释教目录》卷 14，T. 55, no. 2157, b14-16）——译者注
⑤　指长安、洛阳西东二京。——译者注
⑥　此处作者可能参考了《贞元新定释教目录》的记载。《宋高僧传》记载为北天竺婆罗门，"本北天竺婆罗门族"。（赞宁撰、范祥雍点校：《宋高僧传》，北京：中华书局，1987 年，第 6 页）——译者注
⑦　"授与五部《灌顶护摩阿阇梨法》"。（赞宁撰、范祥雍点校：《宋高僧传》，北京：中华书局，1987 年，第 7 页）——译者注

了 500 部经书，并将它们带回中国。746 年我回到中国，从那时起直到现在，我已经翻译了 77 部共计 120 卷经书。"①

这些便是最为卓越的印度学者，他们为了传播佛教与佛经在唐代来到中国。另外还有许许多多不那么重要但却为了同一个目标共同努力的人，有关他们的记录非常少，许多人只传下了名字。为了保存与传播佛教经典，居住在于阗、爪哇以及其他印度以外地方的杰出印度法师，也都在这一时期参与了这项正在进行中的宏伟事业。

最后的印度传法僧

唐代后期统治混乱，陆路交通上的中印往来已经中断，海上的交通也受到限制。中印交往的黄金时期实际上已经落下帷幕。宋代的统治者曾经效仿唐代，试图复兴早期的佛教传统，他们在 10 世纪末至 11 世纪初的一些活动引人注目。然而它就像灯火的最后一次闪烁，转瞬即逝。

尽管已进入在印度的最后阶段，佛教仍然具有影响。那烂陀寺虽然已失去往昔的光辉，也不再吸引一流学者，但它仍然是无数虔诚僧侣的中心。宋代有大量印度僧人来到中国，延续旧的传统。972年，印度僧人可智（K'o-che）、法见（Fa-k'ien）、真理（Chen-Li）、苏葛陀（Su-ko-t'o）②与另外 40 名西天竺僧人③一起来到长安④。973年，中国皇帝接见了一位名叫法天（Dharmadeva）的那烂陀僧人，

---

① 完整引文为："六年十月二日，帝诞节，进所译之经表云：'爰自幼年，承事先师三藏十有四载，禀受瑜伽法门。复游五印求所未授者，并诸经论，计五百余卷，天宝五载却至上都。上皇诏入内立灌顶道场，所赍梵经尽许翻度。肃宗于内立护摩及灌顶法。累奉二圣令鸠聚先代外国梵文，或缘索脱落者修，未译者译。陛下恭遵遗旨，再使翻传，利济群品。起于天宝迄今大历六年，凡一百二十余卷，七十七部。"（赞宁撰、范祥雍点校：《宋高僧传》，北京：中华书局，1987 年，第 9、10 页）——译者注
② "西天竺沙门可智、法见、真理三人来朝，赐紫方袍。西天竺沙门苏葛陀来，贡舍利、文殊花，赐紫服、金币。"（志磐撰、释道法校注：《佛祖统纪校注》，上海：上海古籍出版社，2012 年，第 1023 页）——译者注
③ 据《佛祖统纪》记载此处应为 14 人："西天竺沙门弥罗等十四人来朝并赐紫服。"（志磐撰、释道法校注：《佛祖统纪校注》，上海：上海古籍出版社，2012 年，第 1023 页）——译者注
④ 此处应为北宋都城东京（开封）。——译者注

给予他极高的礼遇。^①法天是这一时期最伟大的译师，他将大量梵语文献译成汉语，1001 年他圆寂于中国。971 年，一位名为曼殊室利（Mañjuśrī）的西天竺王子来到中国；^②来自印度同一地区的吉祥（Ki-siang）于 997 年来到中国并将大量经文译成中文。^③同一时期，迦湿弥罗^④人天息灾（T'ien-si-tsai）、乌仗那国^⑤（Uḍḍiyāna）的施护（She-hu）以及中天竺僧人护罗（Hu-lo）来到都城，前两位将大量经文译成中文。982 年皇帝任命了一个以法天、天息灾和施护三人为首的译师团队，^⑥也许正是由于他们的工作，汉文的佛教藏经在 982~1011 年增加了 201 卷。无数的梵文抄本被来华的印度人以及去印度朝圣的中国人带到中国，但由于缺乏优秀的印度译师，这些经文当中的大部分都没能被翻译过来，其中的一些梵文抄本或许某天就会在那些偏远难及的中国寺庙中被发现。

许多宋朝时期来华的印度人都被记录在《中华佛教百科全书》（*Chinese Buddhist Encyclopedia*）中，但该书并没有给出他们的详细信息。他们是：984 年至 987 年来华的永世^⑦（Yong-she），989 年来华的那烂陀僧人补陀吃多^⑧（Buddhakīrti），995 年来华的中天竺人迦罗扇帝^⑨（Kālaśānti? Śāntikara），999 年来华的中天竺人儞尾抳（Ni-wei-ni）和西天竺人佛护（Buddharakṣa）^⑩，1004 年来华的西天竺人法

① "中天竺三藏法天至，译《圣无量寿经》《七佛赞》，河中府梵学沙门法进执笔缀文，龟从润色。诏法天赴阙，召见慰问，赐紫方袍。"（志磐撰、释道法校注：《佛祖统纪校注》，上海：上海古籍出版社，2012 年，第 1023 页）——译者注
② "沙门建盛自西竺还，诣阙进贝叶梵经，同梵僧曼殊室利偕来。室利者，中天竺王子也。"（志磐撰、释道法校注：《佛祖统纪校注》，上海：上海古籍出版社，2012 年，第 1022 页）——译者注
③ "西天沙门吉祥来，进贝叶梵经。"（志磐撰、释道法校注：《佛祖统纪校注》，上海：上海古籍出版社，2012 年，第 1027 页）——译者注
④ 即克什米尔，前文中的罽宾。——译者注
⑤ 《佛祖统纪》中作乌填曩国。——译者注
⑥ "二月，北天竺迦湿弥罗国三藏天息灾、乌填曩国三藏施护来。召见赐紫衣，勅二师同阅梵焚。时上盛意翻译，乃诏中使郑守均于太平兴国寺西建译经院，为三堂，中为译经，东序为润文，西序为证义。五月，中天竺沙门护罗来，献贝叶梵经，敕赐紫服。"（磐撰、释道法校注：《佛祖统纪校注》，上海：上海古籍出版社，2012 年，第 1029 页）——译者注
⑦ 《宋史》卷 490《天竺传》，北京：中华书局，1977 年，第 14105 页。——译者注
⑧ "二年，中天竺那烂陀寺沙门补陀吃多来朝。"（磐撰、释道法校注：《佛祖统纪校注》，上海：上海古籍出版社，2012 年，第 1039 页）——译者注
⑨ "至道元年，中天竺沙门迦罗扇帝来朝。"（磐撰、释道法校注：《佛祖统纪校注》，上海：上海古籍出版社，2012 年，第 1041 页）——译者注
⑩ "咸平元年，中天竺沙门儞尾抳等来朝，进佛舍利、梵经、菩提树叶、菩提子数珠，赐紫衣。西天竺沙门佛护来朝进梵经，赐紫衣。"（磐撰、释道法校注：《佛祖统纪校注》，上海：上海古籍出版社，2012 年，第 1043、1044 页）——译者注

护（Dharmarakṣa）和北天竺人戒贤（Kie-hien）[①]，1005 年来华的迦湿弥罗人目罗失稽（Mu-lo-she-ki）与西天竺人达磨波（Ta-mo-po）[②]，1010 年的西天竺人众德（Chong-to）和中天竺人觉戒（Kio-kie）[③]，1016 年的西天竺人知贤（Che-hien）、优填曩国[④]的天觉（T'ien-kio）、锡兰人妙德（Miao-to）、中天竺人童寿（T'ong-shuo）、孟加拉缚邻捺国（Varendra）的普积（P'u-tsi）以及许多其他僧人。中国的编年史家告诉我们，中国朝廷从来没有像宋朝那样有如此多的印度僧人。1024 年来自西天竺的爱贤智（Ngai-hien-che）、信护（Sin-hu）及其同伴[⑤]，1027 年的法吉祥（Fa-ki-siang）等 5 位僧人以及 1036 年的善称（Shan-ch'eng）等 8 位僧人[⑥]是最后一批来华的印度人。[⑦]

1036 年之后，中国的编年史上再也没有出现过任何印度人抵达中国宫廷的记录，[⑧]往日的辉煌岁月已经终结。在婆罗门教（Brahmanism）势力大举侵蚀的情况下，佛教在它的诞生地陷入了岌岌可危的状态。印度分裂成许多小国，它们的统治者对于伟大的佛教机构不再有任何兴趣，后者不仅在印度的学术和宗教历史中占有重要位置，实际上在整个东亚亦是如此。佛教信仰的内在力量已经衰落，个人的神秘主义削弱了僧团，连接信众的纽带不再牢不可破，信众们也无力做出伟大的决策。随着佛教的式微，其国际主义已经失去了存在的理由，使印度向中国及其他亚洲国家靠近的这股力量也不再起作用。

[①] "景德元年，日本国沙门寂照来进无量寿佛像、金字法华经、水晶数珠，赐紫方袍。西天三藏法护来，进佛舍利、贝叶梵经，赐紫衣来帛，馆于译经院。北天沙门戒贤来，进梵经，赐紫服。"（《古今图书集成》释教部汇考》卷 3，X77, no. 1521, c16-21 // Z 2B:6, d3-8 // R133, b3-8）——译者注

[②] "二年三月，迦湿弥罗国沙门目罗失稽来，进梵经、菩提树叶。七月，西天沙门达磨波来，进梵经，赐紫服。"（志磐撰、释道法校注：《佛祖统纪校注》，上海：上海古籍出版社，2012 年，第 1046 页）——译者注

[③] "西天沙门众德来朝，进舍利、梵经、菩提印。中天竺沙门觉称、法戒来朝，进舍利、梵夹、金刚座真容、菩提树叶，召见便殿，尉劳甚厚，馆于译经院。"（志磐撰、释道法校注：《佛祖统纪校注》，上海：上海古籍出版社，2012 年，第 1054 页）——译者注

[④] 即前文的乌仗那国。——译者注

[⑤] 此处应为爱贤、智信护。"天圣二年九月，西印度僧爱贤、智信护等来献梵经，各赐紫方袍、束帛。"（《正史佛教资料类编》卷 6，ZS01, no. 1, a4-5）——译者注

[⑥] "五年二月，僧法吉祥等五人以梵书来献，赐紫方袍。景祐三年正月，僧善称等九人贡梵经、佛骨及铜牙菩萨像，赐以束帛。"（《正史佛教资料类编》卷 6，ZS01, no. 1, a5-6）——译者注

[⑦] 这些印度僧人的名字都以中文形式给出。其中一些是印度人名的音译，一些是意译，但原名已经不可能被还原出来。从某种程度上，印度僧人可能已经接受了纯中文名。

[⑧] 该结论不确，此后还有若干来华印度僧人，而到中国西藏的更多。——译者注

　　如前文所述，中国早在公元前 1 世纪已经和印度有所联系，但是直到约公元 4 世纪末才有中国人前往印度的记载。根据玄奘的记载，当贵霜帝国的国王迦腻色伽在中亚击败了中国人后，曾经有多位中国的王子被送往贵霜帝国作为人质。他们被安置在旁遮普北部，这一地区因此被称为至那仆底（Cīnabbūkti）或者"中国封地"①。玄奘在公元 7 世纪造访了这一地区。该地被认为是现在阿姆利则附近名为奇尼亚理（Chiniyari）的村子。中国王子们冬天住在旁遮普，夏天住在于阗。我们进一步得知，正是这些王子将当时还不为印度人所知的"桃子"和"梨"传入印度。因此，这两种水果也被称为"中国公主"和"中国王子"②。这个故事的真实性已经无法考证。可以确定的是贵霜和中国曾经在中亚发生冲突，但是具体的历史仍然

---

① 《大唐西域记》原文夹注为"汉封"，参见下页注①。——译者注
② 《大唐西域记》原文夹注为"汉持来"和"汉王子"，参见下页注①。——译者注

被迷雾所笼罩。[①]

自张骞以来，来自中国西南部的商人应该已经开始定期地造访印度。尽管我们还不了解相应的历史，但是他们应该将不少东西传入了印度。中国丝绸是其中最昂贵的货物，在早期梵语文献中被称为"中国布"（cināṁśuka）。此外，中国商人还将朱砂、竹制品和其他许多东西一起传入了印度。朱砂在梵语中有一个中文名字——Sindūra，这个名字似乎由中文的"秦彤"[②]，也就是"中国铅"演变而来。朱砂的另一个梵语名字是 nāgarakta，也就是"龙血"。这样一个富有神话色彩的有关朱砂起源的故事应该是出自美好的龙之国度的商人之口。梵语中还有一个用于描述生长在丘陵地带的竹子的词汇也同样源自中文，kīcaka，应该由中文的"紫竹"（ki-chok）[③]演变而来。许多从外部传入印度的商品的名字背后都有一段有关中国商人的历史——他们带着商队或不畏艰险穿过缅甸、阿萨姆山地，或经过中亚的沙漠地带抵达北印度。

当这些商人开始循着艰难的道路迈向印度时，中国的知识分子依然对印度漠不关心。在中印交流的第一阶段，中国态度冷漠，这也很容易理解。当时，佛教由中亚传入中国，而这一地区在当时依然被中国人视为"蛮夷之地"。最早的传法僧也是从中亚前往中国的。中印知识界并没有建立起直接的联系。因此，当时中国人对佛教和印度文化并不十分感兴趣。这一点可以从6世纪一名反对佛教

---

① 这一段所说的故事见诸《大唐西域记》的卷一和卷4，具体文字如下："闻诸先志曰：昔健驮逻国迦腻色伽王威被邻国，化洽远方，治兵广地，至葱岭东，河西蕃维畏威送质。迦腻色伽王既得质子，特加礼命，寒暑改馆，冬居印度诸国，夏还迦毕试国，春、秋止健驮逻国。"（玄奘、辩机原著，季羡林等校注：《大唐西域记校注》，北京：中华书局，2000年，第138、139页）"昔迦腻色伽王之御宇也，声振邻国，威被殊俗，河西蕃维，畏威送质。迦腻色伽王既得质子，赏遇隆厚，三时易馆，四兵警卫。此国则冬所居也，故曰至那仆底（唐言汉封）。质子所居，因为国号。此境已往，泊诸印度，土无梨、桃，质子所植，因谓桃曰至那尔（唐言汉持来），梨曰至那罗阇弗呾逻（唐言汉王子）。故此国人深敬东土，更相指语：'是我先王本国人也。'"（玄奘、辩机原著，季羡林等校注：《大唐西域记校注》，北京：中华书局，2000年，第367页）可以看出，根据《大唐西域记》的说法，西域诸国，而非汉朝中央朝廷曾慑于迦腻色伽的威势，向贵霜朝廷派出了人质，由于印度将包括西域诸国以及汉朝中央朝廷都视为"支那"，故有了相关记载和说法。——译者注

② 原文拼音为 ts'in-t'ung，疑为"秦彤"，即"中国红"之意，作者此处误将此"彤"作"铅"解——译者注

③ 此处对音存疑。——译者注

的儒生上书皇帝的话中看出。他在上书中写道："佛教以一种奇怪、野蛮的面目自塔里木盆地渗透进中国，当时佛教的危害性还较小。但是随着汉代以来印度的佛经被译成中文，佛教的影响力已经开始对王公贵族的信仰造成了负面影响。"①

或是为了学习第一手的佛教经典，或是为了拜访佛陀圣地，3世纪时，中国僧人开始零星地尝试前往印度。根据古老的编年史料记载，我们可以确定一位名叫朱士行的中国僧人的事迹。他很小就皈依了佛教，并且早年在洛阳，很有可能是著名的白马寺学习佛经。为了能够在更加胜任的老师指导下进一步研习佛法，朱士行决定前往印度。他于260年出发，在游历了中亚诸国后，最终于于阗住了下来。当时，于阗和罽宾交往频繁，朱士行得以在那里找到造诣高深的印度老师和梵文佛经。因此，他并没有进一步前往印度，而是在于阗度过了余生。他正是从于阗派他的一些弟子将一系列梵文抄本送到中国。

不过，3世纪时有中国僧人抵达印度这一点是确认无疑的。根据7世纪义净的记载，3世纪中叶，20名中国僧人通过滇缅道的陆路前往印度朝圣。当时的室利笈多国王在菩提迦耶附近特意为这些中国僧人修建了一座佛寺。这位室利笈多国王正是后来笈多王朝帝王们的祖先。室利笈多修建的这座佛寺被称为支那僧伽蓝，意即"中国佛寺"。7世纪前往印度的中国旅行者据称还拜访了这座为他们的同胞修建的寺庙的遗迹。②

到4世纪后期，中国的佛教徒对印度和印度文化的兴趣日益浓厚。这种对印度文化的兴趣应当归功于一名伟大的中国学者——道安。道安出身于书香门第，深受儒家经典的熏陶。然而，道安却倾心于佛教并在少年时皈依了佛教。他在洛阳由非常优秀的老师教授

① 此处引文出处不详，疑出自傅奕《请除释教疏》："佛在西域，言妖路远。汉译胡书，恣其假托。故使不忠不孝，削发而揖君亲；游手游食，易服以逃租赋……"（刘昫等撰：《旧唐书》，北京：中华书局，1975年，第2716页）。——译者注

② "去此寺不远，有一故寺，但有砖基，厥号支那寺。古老相传云是昔室利笈多大王为支那国僧所造。"（义净著、王邦维校注：《大唐西域求法高僧传校注》，北京：中华书局，1988年，第103页）——译者注

佛教文献并且很快在中国佛教界确立了自己独一无二的地位。他的周围聚集了一群中国最优秀的学者，他们从道安那里获得了最好的佛教训练，然后被道安派往全国不同地区严格按照佛教戒律的要求传播佛教。道安自己是一名伟大的佛教学者、严格的批评家。他第一个以批判的眼光重新校对了佛经的汉译本，并且撰写了一系列评论，从而将佛教教义的内在含义展示给中国人。据我们所知，早期的翻译有时是错误的，道安通过其一生的努力排除了种种困难，理解了那些文献的深刻含义。

在道安的努力下，中国思想界掀起了一股新的理解佛教文化的浪潮。他率先自中亚邀请了许多印度学者前来中国，并且还撰写了一部有关印度的书[①]，以鼓励中国僧人前往印度，以第一手资料学习佛教。由于他的弟子遍布全国，因此通过他们，道安得以对全国许多佛教社团施加巨大的影响。

法显的时代

道安的努力没有白费。在他于 385 年过世后不久，中国涌现出了一批新的倾慕、敬仰佛教的学者和僧人，他们将承担起前往印度的艰难使命。

在这些富有开拓精神的僧人中，法显是最早的一位。法显于 399 年启程前往印度，发愿去印度搜集佛教戒律，以祛除汉地佛教为人所诟病的戒律残缺问题。法显与其他四名中国僧人慧景、道整、慧应、慧嵬结伴同行。当他们行至中国边境时，一行人又遇到了另一批怀着类似目标计划前往印度的僧人。这一批僧人中包括智严、慧简、僧绍、宝云和僧景。两伙人于是结伴同行，穿过了中亚，其间他们得到了敦煌官方的帮助。

法显和他的同伴们循北道到达了阿耆尼国（Agnideśa），然后穿过沙漠到达于阗（Khotan）。据传，他们跋山涉水、穿过沙漠，

---

① 可能指《西域记》，已佚。——译者注

所经历的磨难是常人无法想象的。从于阗，他们又沿途经过叶城（Karghalik）、塔什库尔干（Tash-kurghan），穿过崇山峻岭到达了罽宾诸国。

在北印度期间，法显拜访了几乎所有重要的佛教中心和圣地。这些地方包括：乌仗那国（斯瓦特河谷）、宿呵多国（斯瓦特）、犍陀罗国（白沙瓦）、竺刹尸罗国（塔克希拉）、那竭国（贾拉拉巴德①）、摩头罗国②、曲女城（卡瑙季）。此外，法显还走访了东印度的佛陀圣地——拘萨罗国（奥德地区③）、舍卫城、迦毗罗卫国④、毗舍离国和摩揭陀国（比哈尔）。在摩揭陀国，法显拜访了华氏城（巴特那）、王舍城、迦耶城和贝拿勒斯。法显在华氏城学习了佛教戒律并搜集了一部重要的戒律经典《摩诃僧只律》（*Mahāsāṅghika-vinaya*）的抄本。法显最后去了瞻波国（巴格尔普尔）和耽摩立底国，后者就是今天孟加拉的著名港口坦姆拉克。法显在坦姆拉克的佛寺停留了两年，他用这两年时间抄写佛经、临摹佛像。

法显从耽摩立底国登上了一艘大商船向西南方向出发，14天后抵达锡兰。驻留锡兰期间，法显在佛庙里聆听了许多大师的教导，并抄录了许多神圣的佛经。两年后，法显随一艘大商船返回中国。法显栩栩如生地记录了他这趟为期90天的危险航程。在克服海上风暴、商船漏水事故等磨难后，法显抵达了爪哇。这时的爪哇并非佛教中心，当地的统治宗教是婆罗门教，因此法显并没有在爪哇停留多久。他再一次搭上了一艘前往中国港口的商船。这趟航行也十分艰难。法显甚至一度要被其他人中途遗弃，不过最终在另一名维护他的乘客的干涉下留在了船上。法显这样说道："一月余日，夜鼓二时，遇黑风暴雨。商人、贾客皆悉惶怖，法显而时亦一心念观世音及汉地僧众。蒙威神佑，得至天晓。晓已，诸婆罗门议言：'坐载此

---

① 位于今阿富汗东部，与巴基斯坦接壤。——译者注
② 今译为"马图拉"。——译者注
③ 奥德，历史上指印度中北部的广大地区，大致在伯勒杰地区以东、孟加拉地区以西。——译者注
④ 即《大唐西域记》中所载"迦比罗伐窣堵国"。——译者注

沙门，使我不利，遭此大苦。当下比丘置海岛边。不可为一人令我等危险。'"① 因一位颇有影响力的乘客的干涉，婆罗门的提议没有被接受。由于大风，商船迷失了方向。最终，法显只能在远离目的地的山东登陆。

法显于 399 年启程西行，于 414 年回到中国。他的西行之路虽然不是前无古人，但在当时依然不为中国人所熟知，旅途中的种种磨难更是足以令任何其他旅行者气馁。但是完成宗教使命的伟大理想为他提供了源源不断的精神力量。法显对自己西行的回顾令人感慨："顾寻所经，不觉心动汗流。所以乘危履险，不惜此形者，盖是志有所存，专其愚直，故投命于不必全之地，以达万一之冀。"② 这一伟大理想激励了所有在此后的岁月中前往印度的中国朝圣者。

法显留下的有关中亚和印度的记录对佛教来说十分宝贵。法显只对佛教寺庙和圣典感兴趣，尤其是那些当时中国还没有的佛教戒律。他借助梵语和印度的佛教学者们进行交流。他的梵语水平很高，这一点可以从他翻译的属于一个重要佛教部派大众部的大部头律典看出来。当时，印度被中国人认为是佛陀的国家（佛国），因此法显的游记也被称为《佛国记》，也就是"在佛陀的国家所做的记录"。

陪同法显西行的僧人中，中国编年史只留下了宝云一人的记录。可以确定的是，宝云较法显更早一些，于 397 年独立启程西行。宝云在前往中亚的路上遇到了法显一行。他与法显一同完成了漫长的旅行。在印度期间，宝云学习了梵语，并在回到中国后翻译了不少佛经。他同样留下了游记《游历外国传》，但随后佚失了。

就在宝云和法显启程前往印度后不久（404 年），另一位富有开拓精神的中国僧人智猛也从长安开始了他的印度之行。智猛一行共有 14 名中国僧人。他们途经中亚的鄯善（罗布泊附近）、龟兹和于阗。智猛一行人从于阗继续向西南方向前行，他们历经重重磨难跨过帕米尔高原，抵达了罽宾附近的波仑国。攀越帕米尔吓退了智猛的 9

① 法显撰、章巽校注：《法显传校注》，北京：中华书局，2008 年，第 145 页。——译者注

② 同上，第 153 页。——译者注

位同伴。此外，一位可能是向导的印度僧人也因为筋疲力尽而逝世。但没有什么能让智猛气馁，他继续和留下来的 4 位同伴穿过印度河，抵达了罽宾。随后，他前往北印度主要的佛教圣地，比如迦毗罗卫国、华氏城（巴特那古城）并在那里搜集了不少佛教文献。他于 424 年循原路返回中国。他的 4 名同伴中有 3 人在途中过世。439 年，他撰写了有关自己中亚和中国[①]之行的详细游记，可惜后来佚失了。

420 年，另一名中国僧人法勇[②]与 25 名中国僧人启程前往印度。他们循着西域北道经过吐鲁番、龟兹和喀什，然后翻过帕米尔高原，沿着吉尔吉特山谷抵达罽宾。据说法勇在帕米尔逗留了一年多时间以学习梵语和佛教文献。然后，法勇启程前往北印度所有重要的佛教圣地，直至孟加拉地区，最终由海路返回中国。有关他印度之行的细节由于他的游记佚失已不得而知。

这一时期，其他为我们所知的前往印度的中国旅行者还包括道普[③]、法盛[④]、法维[⑤]、道药[⑥]和道泰[⑦]。道普奉皇帝之命前往印度搜集佛经。与他同行的还有 10 名随从，以协助他抄录佛经。道普由海路前往印度但却不幸遭遇海难身亡。[⑧]法盛和道普身处同一时代，据说他也曾经前往西方的佛国并留下了记录。但是他的记录已经佚失，因此无法确定他是否曾经到过印度。在其他僧人中，我们唯一可以确定的是道药曾经在 424~451 年到达过印度。他甚至远至僧伽施，距离现在的塔内斯瓦尔不远。他也曾留下游记，但之后佚失了。

法显之后前往印度的僧人都未能在声望上超越他，但他们和法

---

① 此处中国疑为印度，恐为原书笔误。——译者注

② 即昙无竭。——译者注

③ "宋世高昌沙门道普经游大夏，四塔道树灵迹通谒，别有大传。又高昌法盛者，亦经往佛国，著传四卷。"（《释迦方志》卷 2，T. 51, no. 2088, c7-9）——译者注

④ 同上注。

⑤ "又有竺法维、释僧表并经往佛国云云。"（慧皎撰、汤用彤校注：《高僧传》，北京：中华书局，1992 年，第 81 页）——译者注

⑥ "后魏太武末年，沙门道药从疏勒入经悬度到僧伽施国，及返还寻故道。著传一卷。"（《释迦方志》卷 2，T. 51, no. 2088, c4-6）——译者注

⑦ "先有沙门道泰，志用强果，少游葱右，遍历诸国。得《毗婆沙》梵本十有万偈。还至姑臧，侧席虚衿，企待明匠，闻跋摩游心此论，请为翻译。"（慧皎撰、汤用彤校注：《高僧传》，北京：中华书局，1992 年，第 97 页）——译者注

⑧ "道场慧观法师，志欲重寻《涅盘后分》，乃启宋太祖资给，遣沙门道普，将书吏十人，西行寻经。至长广郡，舶破伤足，因疾而卒。"（慧皎撰、汤用彤校注：《高僧传》，北京：中华书局，1992 年，第 80 页）——译者注

显怀着同样高尚的理想。他们前往印度并非为了观光。他们唯一的目的是学习"一手佛教",并尽可能多地将正宗的佛教文献带回中国。此外,借由造访佛教圣地而获得功德可能也是藏在他们脑海中的一个动机。如前文所述,他们所选择的旅途充满了艰险,许多人由于筋疲力尽付出了生命的代价,也有许多人半途而废,但还是有一些人不顾艰难险阻,到达了目的地。他们中的大多数人都在没有官方支持下完成了自己的印度之行。

这些最初的旅行者们付出的心血没有白费。他们成功地让中国的皇帝们意识到派遣佛教学者前往印度的重要性。6世纪初(518年),北魏的一位太后①派遣了一个官方使团前往印度,以向佛教圣地献礼,并取回佛经。官方使者宋云由一名僧人慧生陪同。宋云和他的随从们循西域南道,经过鄯善(罗布泊附近)、左末(即今天的且末)和于阗,到达叶城、瓦罕和奇特拉尔。他们随后循亚辛山谷和吉尔吉特河谷前进,最终到达罽宾西北部的波仑国。宋云之行仅限于印度西北部,尤其是乌仗那国(斯瓦特河谷)和犍陀罗国(白沙瓦)。宋云于522年返回中国并留下游记,但现已佚失。

唐代的朝圣者——玄奘

之后,中国朝圣者的事迹有一段大约四分之三个世纪的空白。笃信佛教的北魏统治者在535年被推翻,而新的统治者对佛教并不十分热衷。由此,再也没有听说有官方组织佛教学者前往印度,也鲜有证据显示当时中国僧人依旧以个人努力来维系这一两国之间持续了近一百年的联系。我们注意到这一时期依然有印度僧人时不时地来到中国,但是朝廷对他们的接待已经大不如前。

然而,这种碌碌无为的状态并没有持续太久。在这个世纪即将结束的时候(586年),中国发生了影响深远的政局变动。在历经了

---

① 北魏神龟元年(公元518年),北魏胡太后遣僧慧生与宋云等赴西域求经。——译者注

四个世纪的动荡之后，新的朝代隋为这个国家带来了久违的政治统一。隋朝是短命的，但它在短暂的统治期间开始努力恢复与印度的关系。隋炀帝（605~616）[1]向中亚和印度派遣了一个使团。使团由韦节（Wei-tsie）和杜行满（Tu Hing-man）率领，[2]据说除了中亚诸国，他们由陆路抵达了印度并到访了印度的许多地方，包括罽宾、王舍城等。遗憾的是，他们的游记佚失了。

伟大的唐朝在618年取代了隋朝。唐进一步巩固了中央的政治权威，中国国民生活的方方面面都开启了一个新的纪元。佛教同样受益于这一全方位的复兴。7世纪，有如此众多的中国僧人和官方使团前往印度，中国历史上再没有哪一个历史时期可以与之相提并论。在当时中国佛教徒的心中有一股热忱的愿望，希望前往印度，并到当时印度佛教最高学府那烂陀大学学习佛教和佛教文献。他们同样还致力于在印度搜寻梵语抄本并带回国内，内容也不仅限于大部头的佛教文献，还包括佛像和其他文物。他们还对印度思想的其他分支，比如婆罗门教哲学、数学、天文学、医学等表现出了兴趣。唐代的皇帝们明确鼓励僧人西行并尽可能为他们提供便利条件。

玄奘所扮演的角色在整个而非只是唐代中印文化交流史上都至为重要。他非常成功地将统治者的注意力引向了那些中国旅行者为了获取中印之间的完美了解所做出的贡献上。他的祖先是中国的贵族。他的父亲学识渊博，是一位受人尊敬的正统儒士。他出生于600年，是家中四个儿子中最小的。他和兄弟一起由父亲按照传统方式进行了出色的教育。据我们所知，他很早熟，很小便显现出了的聪慧。作为一名儒生，他学习了有关孝的经典以及同一学派的其他权威经典。随着他的一名兄长出家为僧，他也立志出家为僧。他20岁那年正式出家，此后一段时间内他四处云游，遍访国内许多佛寺。他在杰出的僧人指导下学习佛教文献，并很快以其博学和雄辩而闻

---

① 隋炀帝杨广生于569年，604年即位，卒于618年。——译者注
② "炀帝时，遣侍御史韦节、司隶从事杜行满使于西蕃诸国。"（魏征、令狐德棻撰：《隋书》，北京：中华书局，1973年，第1841页）——译者注

名全国。

玄奘渴望前往印度，以拜访圣地、深入学习佛教文献。他对当时佛教文献的汉译本并不满意。然而，他却被迫潜出国境。由于当时中国与中亚关系紧张，唐朝的臣民在没有获得官方许可的情况下不可出境。出于对前往印度的热切希望，玄奘没有冒险去申请很可能被拒绝的出境许可。[①]

玄奘于 629 年开始他的旅程。他从长安出发，经过凉州、甘州和敦煌，循北道穿过沙漠。他先抵达了高昌国（吐鲁番），从那里吐鲁番国王推荐他走新开辟的道路，即循天山山脉北麓穿越高昌国的盟友西突厥。当时，西突厥统治从锡尔河到印度河的广袤土地。高昌国王为玄奘的朝圣做了很好的安排，由于他的帮助，玄奘得以继续西行。他先后经过了阿耆尼国、龟兹[②]、跋禄迦国，然后穿过天山抵达突厥诸部位于托克马克附近的王庭（即今哈萨克斯坦托克马克）。

在此之前的几年，一位名叫波罗颇迦罗蜜多罗（Prabhakaramitra）的那烂陀学者在前往中国的途中曾拜访这里的突厥首领，并使他对佛教产生了兴趣。因此，玄奘在这里受到了款待，突厥首领也表示将进一步支持玄奘西行。在突厥的帮助下，朝圣者穿过了粟特和吐火罗斯坦，最终抵达后者的首府昆都士。随后，他从昆都士经过巴尔赫、巴米扬、迦毕试国（喀布尔地区）前往印度。

玄奘在印度驻留了约 16 年。他遍访了南北印度几乎所有主要王国，并搜集了有关他不曾去过的尼泊尔、锡兰等遥远地方的信息。他与两位印度强大的君王建立了良好的个人关系，其中一位是卡瑙季的戒日王，另一位是戒日王的盟友迦摩缕波国（阿萨姆）国王婆塞羯罗伐摩。他用了 5 年时间在那烂陀大学师从当时最伟大的佛教导师、那烂陀住持戒贤，学习佛教最为精妙的哲学——唯识。此外，他也结识了印度其他国王，尤其是迦毕试国国王以及各地佛教大师。

---

① 据记载，贞观元年（627）玄奘结侣陈表，请允西行求法，但未获批准。见《大唐故三藏玄奘法师行状》，《卍续藏》第 150 册第 152 页上。——译者注
②《大唐西域记》作"屈支国"。——译者注

日本奈良药师寺藏元代玄奘取经图

回国时，玄奘沿西域南道经喀什、于阗、左末和鄯善（罗布泊附近）穿过中亚。

玄奘于 645 年回到中国。在于阗时，玄奘上表皇帝，为这次未经皇帝批准的私自出国正名。他在上表中说：

是知儒林近术，古人犹且远求，况诸佛处物之元踪，三藏解缠之妙说，敢惮途遥，而无寻慕者也。元奘往以佛兴西域，遗教东传。然则胜典虽来，而圆宗尚阙，常思访学，无顾身命，遂以贞观三年四月，冒越宪章，私往天竺。践流沙之浩浩，陟雪岭之巍巍，铁门巉岭之涂，热海波涛之路。始自长安神邑，终于王舍新城，中间所经，五万余里。虽风俗千别，艰危万重，而凭恃天威，所至无鲠，仍蒙厚礼，身不苦辛，心愿获从，遂得观耆阇崛山，礼菩提之树，见不见迹，闻未闻经，穷宇宙之灵奇，尽阴阳之化育，宣皇风之德泽，发殊俗之钦思。①

如我们所知，皇帝非常重视这一上表，很快给予了答复，并且下令于阗的官员尽力协助这位伟大的朝圣者。玄奘回国时，他受到了热烈欢迎。玄奘传记的作者这样写道：

在中国的历史上从未有佛教僧人受到这样隆重的欢迎。皇帝、文武大臣、商人和所有百姓都休业欢庆。街上挤满了热情的男男女女，华丽的旗帜和美妙的音乐令他们印象深刻。上天同样……与她的儿女们产生了共鸣，欢迎着朝圣者的归来。空气中弥漫着欢愉之气，而非电闪雷鸣。朝圣者的一棵老松树②也用点头和摇曳欢迎着他的归来。玄奘出发时曾与老松树道别，老松树在玄奘朝圣求法期间一直向西，也就是玄奘求法的方向，不过，现在玄奘回来了，老松

---

① 《全唐文》卷 906，玄奘：《还至于阗国进表》，北京：中华书局，1983 年，第 9448 页。——译者注
② 此处作者指玄奘曾经讲法的寺庙中的一棵松树。——译者注

树也信守诺言将他所有枝叶转向了东面。[①]

　　此后，玄奘一直十分忙碌。他广收门徒，致力于将带回的佛经翻译成中文，直至664年过世。他对中国佛教的影响是多方面的。他是当时最杰出的佛教论师，他以自己在印度多年所学在中国创立了一个学派。[②] 他所撰写的游记，也就是著名的《西域记》——"有关西方诸国的记录"启发了许多有关印度的作品，进一步提升了中国对印度文化的兴趣。他与皇帝关系良好，很有可能参与了制定与印度统治者建立政治联系的帝国新政，而这一政策在唐代的大部分时间里均得到了遵循。

　　他与印度学者的个人联系甚至在他回国之后也没有中断。时至今日，有两封自梵文原本翻译成中文的信件依然在中国佛教的诸多文物中占有独特的位置。那是玄奘和他的印度朋友之间通信联络的例子。其中一封信是摩诃菩提寺的一位佛教学者慧天大德于654年写给玄奘的。从这封信中，我们首次得知玄奘有一个梵文名字，叫 Mokṣācārya（木叉阿遮利耶）[③]。此外，玄奘还有另一个梵文名字 Mahāyānadeva（大乘天）。慧天在信中写道：

---

　　① 作者没有标注这一段描述的出处，然这一段叙述与历史记载有一定出入。《大唐大慈恩寺三藏法师传》记载："道俗迎之阗城溢郭。锵锵济济亦一期之盛也。及谒见天子劳问殷勤。爰命有司墨令宣译。人百敬奉难以具言。至如氏族簪缨捐亲入道。游践远迩中外赞扬。……是日有司颁诸寺具帐舆花幡等拟送经像于弘福寺。人皆欣踊各竞庄严。翌日大会于朱雀街之南。"无疑，玄奘回国受到了热烈的欢迎，但当时太宗正在洛阳，玄奘抵达长安之后立即前往洛阳觐见，而非太宗携文武欢迎。此外，有关松树的神迹也未见诸正史记载。不过，唐代李亢所著《独异志》卷上却收录了一段与本书所述类似的故事："唐初有僧玄奘往西域取经，一去十七年。始去之日，于齐州灵岩寺院，有松一本立于庭，奘以手摩其枝曰：吾西去求佛教，汝可西长。若归，即此枝东向，使吾门人弟子知之。及去，年年西指，约长数丈。一年忽东向指，门人弟子曰：教主归矣。乃西迎之。奘果还归，得佛经六百部。至今众谓之摩顶松。"此外，吴承恩所著《西游记》也记录了这一神迹："却说那长安唐僧旧住的洪福寺大小僧人，看见几株松树一颗颗头俱向东，惊讶道：'怪哉！怪哉！今夜未曾刮风，如何这树头都扭过来了？'内有三藏的旧徒道：'快拿衣服来！取经的老师父来了！'众僧问道：'你何以知之？'旧徒曰：'当年师父去时，曾有言道：我去之后，或三五年，或六七年，但看松树枝头若是东向，我即回矣。'我师父佛口圣言，故此知之。'急披衣而出，至西街时，早已有人传播说：'取经的人适才方到，万岁爷爷接入城来了。'众僧听说，又急急跑来，却就遇着，一见大驾，不敢近前，随后跟至朝门之外。唐僧下马，同众进朝。"考虑到《西游记》等以玄奘求法为原型的传奇小说及民间故事流传范围之广，此处不难排除作者是误将相关文学创作视为历史记载了。——译者注
　　② 即法相宗。——译者注
　　③ 字面义为"解脱师"。——译者注

微妙吉祥世尊金刚座所摩诃菩提寺诸多闻众所共围绕上座慧天，致书摩诃支那国于无量经律论妙尽精微木叉阿遮利耶，敬问无量，少病少恼。我慧天苾刍今造佛大神变赞颂及诸经论比量智等，今附苾刍法长将往，此无量多闻老大德阿遮利耶智光亦同前致问，邬波索迦日授稽首和南。今共寄白氎一双，示不空心，路远莫怪其少，愿领。彼须经论，录名附来，当为抄送木叉阿遮利耶，愿知。①

玄奘在他的回信中写道：

又往年使还，承正法藏大法师无常，奉问摧割，不能已已。呜呼！可谓苦海舟沈，天人眼灭，迁夺之痛，何期速欤！……玄奘所将经论，已翻《瑜伽师地论》等大小三十余部，其《俱舍》、《顺正理》，见译未周，今年必了。[……]又前渡信渡河失经一驮，今录名如后，有信请为附来。并有片物供养，愿垂纳受。路远不得多，莫嫌鲜薄。玄奘和南。②

王玄策

玄奘回国后不久，皇帝于634年派遣使节李义表出使戒日王国。③ 这是对之前戒日王派遣使者的回访，派遣使者时玄奘可能正在戒日王的宫廷。李义表的副手是一位名叫王玄策的中国官员。他们在经过9个月的旅途之后抵达了摩揭陀。在完成出访任务之后，他们拜访了包括王舍城、灵鹫山和摩诃菩提寺等佛教圣地，并且在灵鹫山和菩提迦耶留下了虔诚的汉字碑铭。他们于647年返回中国。

---

① 《大唐大慈恩寺三藏法师传》卷7，T. 50, no.2053, b8-17——译者注
② 《大唐大慈恩寺三藏法师传》卷7，T.50, no. 2053, 261b。然而，根据《大唐慈恩寺三藏法师传》的记载，本书所载的内容是当时玄奘给与慧天同时来信的智光的回信。该信在开头写明了"大唐国苾刍玄奘谨修书中印度摩揭陀国三藏智光法师座前"。玄奘给慧天写的回信是另一封，信中没有提及戒贤大师（正法藏大法师）之事。——译者注
③ 此处不确。根据史书记载，643年太宗派李义表为正使，王玄策为副使回访戒日王，而玄奘直到645年方回到长安。——译者注

同年（647年），王玄策再一次被派往摩揭陀。当他抵达戒日王国的首都时，戒日王已经过世，他的大臣篡夺了王位。篡位者未能善待中国使节。王玄策的护卫遇害，随行的珍贵礼物也被抢夺一空。王玄策连夜独自逃到了尼泊尔，后者当时是中国的盟友。当时的吐蕃国王松赞干布分别迎娶了一位中国公主和一位尼泊尔公主，使得中国、吐蕃、尼泊尔成为盟友。王玄策向吐蕃和尼泊尔借兵征讨摩揭陀，打败了篡位者并将他押送到中国。

657年，王玄策第三次出访印度，并把一名方士（密教修持者？）送回印度。这名方士之前由某印度王公按照中国皇帝的要求送到中国。这名婆罗门出身的方士自称了解长生不老的方法，但却未能令中国皇帝信服他的能力。王玄策同时也携带着皇帝的礼物拜访了佛教圣地，这次他前往了摩诃菩提寺。①

王玄策于664年第四次出使印度，这次出访的目的是为了将上次出访时在印度遇见的朝圣者玄照带回中国。很快，这位大使就带着玄照经由尼泊尔、吐蕃返回了中国。王玄策写作了一部自己多次出访印度的游记，但现在已经散佚，我们只能在他人的作品引文中略见一二。从这些片段中我们可以猜想原作应该会和《西域记》一样吸引人。

中国的文献资料保存了7世纪下半叶前往印度的60名僧人的传记。②这些僧人中有一些是在中国接受教育并前往印度的朝鲜人和中亚人。玄奘所树立的榜样点燃了他们心中对印度的向往。他们中的一些人循陆路前往印度，另有一些人则从海路前往，因为后来陆路逐渐被阿拉伯和吐蕃入侵者切断。其中一些僧人没有返回中国，他们选择

---

① 本书这段叙述与中国史料所载有出入。根据中国史料记载："五月庚子，右卫率长史王玄策击帝那伏帝国，大破之，获其王阿罗那顺及王妃、子等，虏男女万二千人、牛马二万余以诣阙。使方士那罗迩娑婆于金飚门造延年之药。"（刘昫等撰：《旧唐书》，北京：中华书局，1975年，第61页）可见，方士是由王玄策在第二次出使时俘获并带回的。两年后，太宗即因为"饵天竺胡僧长生之药，暴疾崩"。（《唐会要》卷52，《识量》下）关于王玄策第三次出使印度的记载中也没有提及是否将胡僧带回，只提到"王玄策送佛袈裟回天竺"。（《法苑珠林》卷16）。——译者注
② 此处可能是指义净所著《大唐西域求法高僧传》，书中共记载了57位前往印度的僧人事迹。——译者注

在印度的寺庙中与印度僧人为伴，终了一生。他们这么做显然并非出于强制，而是出于喜悦之情。其中最有名的就是玄照，他本人并不愿意回国，而是皇帝专门下旨召回，并由王玄策陪同回到了中国。

玄照在大兴善寺接受了教育，而大兴善寺正是玄奘所在之处。他可能是在那里遇见了这位尊贵的长者，并且受到了玄奘有关印度的谈话的鼓舞。他在之后的 650 年启程经西域道前往印度。他在路上经过了粟特、吐火罗和其他国家，并穿过了吐蕃。但是他并没有从尼泊尔进入印度，而是经过什普奇拉山口抵达阇兰陀国。他先走访了北印度许多地方，随后前往摩揭陀。他最终在那烂陀住下，学习佛教义理。王玄策在第三次出访时遇见玄照，回国后向皇帝上表称颂了玄照。

王玄策在 664 年奉皇帝的圣旨将玄照接回国。回国后，皇帝接见了玄照，并详细听取了他到访诸国的情况。玄照并没有在国内停留太久，很快就被皇帝派遣护送一个来自罽宾的婆罗门回国。这次玄照途大夏、迦毕试国、信德，最终抵达罗荼（卡提瓦亚半岛）。他在那里住了四年。随后，他启程前往南印度为皇帝采集珍贵药材。返回中国之前，他再一次前往菩提迦耶和那烂陀向他的老师和朋友道别。然而，这一次他最终没回到中国。当时吐蕃已经向唐朝宣战，阿拉伯人也阻断了中亚的陆上交通要道。他最终在北印度一所寺院中平静地度过了余生。

义净

中国最后一名伟大的朝圣者是义净。他是玄奘之后中国最伟大的佛教学者。他很早出家，15 岁时就萌发了前往印度的念头。他十分钦佩法显的坚毅和玄奘的热忱。不过他和玄奘秉性不同，他对佛教义理并不感兴趣，而是和法显一样，更加重视僧伽戒律。

不过直到 671 年，义净才得以踏上前往印度的旅途，当年他 37 岁。他聚集了一批志同道合的僧人，但在一名商人答应搭载他们西行时，他的同伴们都因为畏惧而退缩，他不得不只身出发。他没有直接前往印度，而是在室利佛逝国（苏门答腊）停留了几年，当时的室利佛逝国在山帝朝（Śailendra）诸王治下已经成为当时最重要的佛教中心。义净认真学习了该国的佛教知识，他所著的《南海寄归内法传》记录了当地信奉佛教的状况。

随后，义净到达印度，走访了耽摩立底国、王舍城、吠舍离、拘尸那迦、鹿野苑、那烂陀等地。他在那烂陀停留的十年间学习和抄录了大量佛教文献。695 年返回中国时，他随身携带了 400 部梵语抄本。在回国后忙碌的生活中，他最大的工作是翻译了佛教根本说一切有部（Mūlasarvāstivāda）的戒律 ①。他还编写了一部梵语—汉语小词典 ② 供希望学习梵语的中国僧人使用。

唐代最后一名来到印度求法的僧人是悟空。他于 751 年离开中国时依然是一名居士。当时，他被指派护送来自迦毕试国的印度使臣回国。他途经龟兹、喀什和帕米尔的施格南并通过瓦罕，借由亚辛和吉尔吉特河谷抵达印度河流域。他首先到达了当时在迦毕试国治下的乌仗那和犍陀罗，在那里皈依了佛教。他可能在罽宾停留了数年学习佛教文献。随后，他走访了印度各个佛教圣地，并在 790 年返回中国。回国时他依然通过中亚，并在龟兹停留了一段时间。有关他西行的记录也被收录在佛教典籍中，篇幅并不长。

在 643~758 年的一百多年中，中国也与印度的不同王国建立了政治关系，例如锡兰、伯尔蒂斯坦、迦毕试、乌仗那、犍陀罗、摩揭陀、罽宾等。为了维持这些关系，朝廷先后派遣许多帝国使节前往印度，但是他们的旅行并没有留下系统的记录。

宋代的朝圣者

进入 8 世纪中叶，中印关系的伟大时代实际上已经开始落下帷

---

① 即《根本说一切有部毗奈耶》。——译者注
② 即《梵语千字文》，对这部辞书是否是义净所著学界存在争议。——译者注

幕，但是直到 11 世纪中叶，中国僧人依然时不时地前往印度。唐朝末年乏善可陈，中国陷入内乱，中亚也不再为中国中央政权所控制，前往印度的陆路被阻断。

950~1039 年，不少中国僧人到达印度。佛教百科全书《佛祖统纪》中留下了他们的名字，但并没有详细的游记。他们前往印度仅仅为了朝觐圣地，对印度并没有更加深入的兴趣。玄奘和义净的时代已经远去了，两个伟大国家之间的文化互通结束了，但虔诚之心依然触动着许多中国僧人的心灵。这段时期来到印度的中国僧人数量依然令人印象深刻。据说，964 年，300 名中国僧人启程前往印度。他们在海外停留了 12 年，其中一名僧人继业留下一份简短的游记。966 年，157 人奉皇帝诏令前往印度的圣地代表皇室朝拜。1031 年，僧人怀问第三次前往印度，也为这一历史画上了句号。他于 1039 年回到中国。

在菩提迦耶发现了五件中国旅行者留下的碑铭。第一件落款为中国僧人志义，他曾在 947~951 年前往印度。他为了记录自己这一虔诚的行为而留下了碑铭。第二件碑铭刻于 1022 年，由僧人蕴述 ① 所立。第三、四件碑铭出自同一年（1022 年），分别由中国僧人义清和绍频所立。第五件碑铭为怀问 1033 年所立。当时他奉诏前往印度以中国皇帝和皇太后的名义在菩提迦耶建立两座供奉佛陀的佛塔。

最后一件碑铭由怀问在 1033 年所立。它仿佛一座墓碑，标志着一段千年历史的终结。在这千年中，地球上两个最大的人类族群保持了密切的关系，并以他们所取得的灿烂文明昭示世人。怀问的到访也是统一的中国最后一次向这位印度的天才致敬，即便是大自然的风刀霜剑也未能在其后的九个世纪中将这触动人心的话语磨灭。

---

① 对僧人的名字学者之间有争议，师觉月的这一观点与法国汉学家沙畹（E. Chavannes）一致，即"蕴述"。我国学者周达甫则认为僧人的名字是"可蕴"。参见周达甫：《改正法国汉学家沙畹对印度出土汉文碑的误释》，《历史研究》1957 年第 6 期，第 79~82 页。——译者注

菩提迦耶的汉文碑铭①

第一碑中国僧人志义所立碑铭（约950年）②

大汉国的僧人志义首先发愿规劝三十万人为了获得"上生"而修行，布施三十万部与"上生"相关的经书，并诵读三十万卷，以此功德将回向于佛道同生兜率内院。现在来到了摩揭陀国，得以瞻仰了金刚座，并谦恭地走过了唯识。方丈归宝和一众值得尊敬的僧人一同发愿往生兜率内院。在三十万人中，归宝为首，志义第二，广峰第三，此后众人按照顺序分别是：慧严、重达、全遵、缘述（音）③、惠秀、智永、奉升、清蕴等。他们一同渴望敬奉慈悲而威严的弥勒菩萨。现在刻上七佛像，一并予以记录。

---

① 有关菩提迦耶的汉文碑的内容，法国汉学家沙畹（E. Chavannes）、荷兰汉学家施考德（G. Schlegel）以及我国的周达甫之间均有很大分歧。作者可能主要参考了沙畹整理的碑文内容，但又有所不同。由于各种主、客观原因，作者对碑文中一些佛教术语的理解和描述与其本意可能有出入。对此，译者将不做特殊处理，而是对应地以白话文形式呈现作者描述的碑文内容，以保留著作原貌。另在脚注中附上相关学者整理的碑文内容，供读者参考。——译者注

② 沙畹整理的碑文如下：

> 大汉国僧志义，先发愿劝三十万人修上生行，施三十万卷上生经，自诵三十万卷：如上功德，回向同生内院。今至摩竭国，望金刚座，伏过唯识座，主归宝与诸大德等，同发愿往生内院。三十万人中，归宝为第一人，志义第二，广峯第三，下依烈功事，惠山品……重建仝道工缘，其义日进。……惠秀、智永、奉升、清蕴等，并愿亲奉刊勒慈尊。今结良缘，成此七佛已，为□□。

施考德整理的碑文如下：

> 大汉国僧志义，先发愿劝三十万人修上生行，施三十万卷上生经，自诵三十万卷：如上功德，回迥同生内院，眭金（以上第一行）
> 刚座，伏过唯识座，主归宝与诸大德等，同发愿往生内院。三十万人中，归宝为第一人，志义第二，广峯第三，下依殊功第惠嵩（以上第二行）
> □□等愿缠建金道上缘其日进……惠秀、智永、奉升、清蕴等，并愿亲奉弥勒慈尊。今结良缘，成此七仏，已为记念。（以上第三行）

周达甫整理的碑文如下：

> 大汉国僧志义，先发愿劝三十万人修上生行，施三十万卷上生经，自诵三十万卷：如上功德，回向同生内陀。今至摩竭国，瞻金（以上第一行）
> 刚座，伏遇唯识座，主归宝与诸大德等，同发愿往生内陀。三十万人中，归宝为第一人，志义第二，广峯第三，下依品次第：惠巖、（以上第二行）
> ……重达、全遵、缘真、义暹……惠秀、智永、奉升、清蕴等，并愿亲奉弥勒慈尊。今结良缘，成此七佛已，为记之。（以上第三行）——译者注

③ 缘述，原文为 Yuan-shu，此处作者与沙畹、施考德、周达甫三人的辨识皆不相同。——译者注

第二碑中国僧人蕴述^① 所立碑铭（1022 年）^②

——————————
① 蕴述，原文为 Yun-shu，作者与沙畹、施考德均认为此处为僧人名字，周达甫认为实际上铭文是，可一蕴述，"述"在此处是动词，僧人名字为可蕴。——译者注
② 施考德整理的碑文如下：

> 大宋国传经讲论西河僧蕴述赞佛身座记。蕴述别帝乡，来瞻佛境，既亲异跡灵踪，宁无福善钦赞者乎？蕴述竭馀资，于道树北三十馀步刻镌千佛石塔一百所，遐标三会安足之方。财巖不足以写心，法施克恭而须腹。聊申荒句，以赞无生。赞觉座真容曰：大雄慈氏，悲物留真。虽无宣演，些有灵神。羣邪启仰，动识咸亲。二千年久，月面常新。又赞曰：四八亲无尽，威颜象好鲜。顶山盘碧玉，目海秀青莲。万字匈金聚，双眉毫云缠。奇哉神异手，衣体绝尘烟。因歌影体，备赞真身。佛身有三，一一具赞。赞化身曰：悲深月面真，曾救火中人。为子留医法，系珠作友亲。三车开觉路，五教拂迷尘。懊恼沉沦日，不逢物外身。赞报身曰：万行僧只满，超凡出爱关。根尘周淨秒，相好纳江山。佛体身无碍，心二境绝攀。永抛三有海，自利体闲闲。赞法身曰：绝原周法界，妙好遍沙尘。湛湛无生灭，冥冥纯果因。居凡时不俗，在圣处非真。我赞心言竭，始逢清淨身。三身既赞，座亦须扬。赞化身座曰：五天有异跡，六合内中生。深透金轮底，高升地面平。尘劳终不杂，水火岂能更。时殄魔军力，安然狮子鸣。赞报身座曰：座高三界外，色顶上天居。劫火终难到，世工岂易模。花王名异远，妙觉到堪都。宝门尘沙数，长生缊太虚。赞法身座曰：无始无生灭，纵横绝去来。凝然含五趣，寂静纳三灾。般若偈潘演，劳怨障密摧。虽经百万劫，杳杳离尘埃。我将有相之荒词，用赞无生之妙理。似持蚊睫，揆度穹窿。岂知高下，微表归仰之怀。今将赞颂三身妙备，兼及刻镌千佛殊勋，并用奉福我本国明王，遐资圣寿。大宋皇帝伏愿：命等天池之水，滔滔而无减无增。神如神岳之山，岌岌而惟高唯峻。我王更愿：此地当来位继蠊佉之位，他方后世名标月盖之名。更有赞诵异跡灵蹤，备录行记。时大宋天禧年，岁次壬戌，乙巳月，标记之耳。同礼佛僧，东京右街兴教禅院义清、义璘二人，同持金襕袈裟一条，与摩诃菩提佛座上被挂已迄，寄标于此方。右记之。

周达甫整理的碑文如下：

> 大宋国传经讲论西河僧^可_蕴述赞佛身座记。^可_蕴远别帝乡，来瞻佛境，既亲异跡灵蹤，宁无福善钦赞者乎？^可_蕴遂竭馀资，于道树北三十馀步刻镌千佛石塔一所，遐标三会安足之方，财巖不足以写心，法施克恭而须腹，聊申荒句，以赞无生。赞觉座真容曰：大雄慈氏，悲物留真，虽无宣演，些有灵神，羣邪启仰，动识咸亲，三千年久，月面常新。又赞曰：四八亲无尽，威颜象好鲜，顶山盘碧玉，目海秀青莲。万字胸金聚，双眉毫云缠，奇哉神异手，衣体绝尘烟。因歌影体，备赞真身，佛身有三，一一具赞。赞化身曰：悲深月面真，曾救火中人，为子留医法，系珠作友亲，三车开觉路，五教拂迷尘，懊恼沉沦日，不逢物外身。赞报身曰：万行僧只满，超凡出爱关，根尘周淨秒，相好纳江山，佛体身无碍，心心境绝攀，永抛三有海，自利体闲闲。赞法身曰：绝原周法界，妙好遍沙尘，湛湛无生灭，冥冥纯果因，居凡时不俗，在圣处非真，我赞心言竭，始逢清淨身。三身既赞，座亦须扬。赞化身座曰：五天有异跡，六合内中生，深透金轮底，高升地面平，尘劳终不杂，水火岂能更，时殄魔军力，安然狮子鸣。赞报身座曰：座高三界外，色顶上天居，劫火终难到，世工岂易模，花王名异远，妙觉到堪都，宝门尘沙数，长生边太虚。赞法身座曰：无始无生灭，纵横绝去来，凝然含五趣，寂静纳三灾，般若偈潘演，劳怨障密摧，虽经百万劫，杳杳离尘埃。我将有相之荒词，用赞无生之妙理，似持蚊睫，揆度穹窿，岂知高下，微表归仰之怀。今将赞颂三身妙备，兼及刻镌千佛殊勋，并用奉福我本国明王，遐资圣寿。<u>大宋</u>皇帝伏愿：命等天池之水，滔滔而无减无增；神如神岳之山，岌岌而惟高惟峻。我王更愿：此地当来，位继蠊佉之位；他方后世，名标月盖之名。更有赞诵异跡灵蹤，备<u>录行记</u>。时<u>大宋天禧年</u>，岁次壬戌，乙巳月，标记之耳。同礼佛僧、<u>东京右街兴教禅院义清</u>、<u>义璘</u>二人，同持金襕袈裟一条，与<u>摩诃菩提</u>佛座上被挂已迄；寄标于此，万古记之。——译者注

大宋帝国一位出生于西河的传经讲论的僧人蕴述对佛陀三身和宝座的追思：

　　蕴述离开了帝国的土地，来瞻仰佛陀的国家。当他目睹了非凡而神圣的遗迹之后，他如何能够抑制自己尊敬地赞颂佛陀令人愉悦的殊胜之处呢？蕴述用尽了他剩下的所有资财在菩提树向北三十步的地方修建了一座镌刻有千佛像的美丽石塔。他在弥勒佛将要迈出三步的地方树立了一座坚实的纪念碑。尽管他不足以用文字描述他的心绪，佛法的仁慈如此伟大，以至于他的内在自我已经完全为它所控。他尝试以不庄重的几行文字来为无生庆祝。

　　他以以下言辞来赞颂菩提之主的真正容颜：

　　哦，伟大者呀，你对众生怀有慈悲之情，你支持真理，

　　尽管你不向外界展现自己的形相，你那超自然的影响依然存在。

　　所有错误的教条在你的面前被展现、剖析——所有这些行为和知识都属于你。

　　尽管已有两千年的历史——但是你的月容依然如新生一般。

　　他同时赞颂道：

　　纵使沉思四八妙相（三十二吉相）依然不够——你那庄严面容的多重（特点）美丽而稀有。

　　你的头顶盘旋着，像一片绿色的玉；你的眼睛如海一般（深邃），好像蓝色的莲花。

　　你胸前的万字好像黄金团聚；你的眉毛看起来像是层叠的云朵。[①]

　　你那神圣而超凡的臂膀值得称赞；你的躯体的物质超越了烟尘。

　　于是，他歌颂（佛）的影像之体，从而来赞颂真身。佛的三身——他分别先后予以赞颂。

　　他以以下言辞赞颂化身：

　　慈悲的深度是你的如月容颜（所讲述的）真理；你曾经多次从

---

　　① 你的眉毛看起来像是层叠的云朵，原文为 thy eye-brows look the accumulation of clouds，沙畹、施考德、周达甫整理的碑文均为"双眉毫云缠"，这里作者译文可能有误。——译者注

火中救人。

为了孩子们，你赐予了治疗的方法；你用珍珠打造了一副念珠，用它来维持友谊和亲情。

三车开启了觉悟的道路，五教扫除了黑暗的尘埃。

当有人沉溺于仇恨与情欲之中时，他就不能看到人力所及之外的身体。

他以下言辞赞颂报身：

在无尽的劫波中渡过了十万次，他的一切都超出了人类的情感。

最初的灰尘都已经被净化，所有不净都已经被去除，相互和谐贯穿高山大河。

对所有佛来说，这具身体没有任何阻碍；对所有心来说，这一境地隔绝了所有试图达到这里的尝试。

人永远地抛弃三界之海；自私自利的本质被完全摧毁。

他以下言辞赞颂法身：

知识的平原与法的领域接壤；微妙的好深入到了所有的沙尘之中。

他是强有力的，无生无死——神秘，并且超越了因果。

他永远在世界之中，却又不属于世界；即便在这个神圣的地方也丝毫找不到他。

当我这赞美之心的表达已经穷尽之时，我方才第一次得到了一个纯洁平静的身体。

既然赞颂了三身，接下来就赞颂属于这三身的三个宝座：

他以下言辞赞颂属于化身的宝座：

五天竺都有他非凡的遗迹，他诞生于六个方位的中央。

他向下深入到金轮的底部，向上高出大地的表面。

尘土和痛苦永远不能碰到他，水火又如何能够影响到他呢？

一次，他击败了摩罗的军队，他的狮子吼也得以平复。

他以下言辞赞颂属于报身的宝座：

这座宝座远远超越了三界，他的威名直抵神界。

劫火难以靠近，这个世界的艺术家们又如何能轻易地仿制他呢？

花王的非凡美名远播，教义中包含了无与伦比的知识，强大而辉煌。

就好像一枚宝石掉入了沙尘之中，他被赐予长寿进入了大虚空的每一处。

他以以下言辞赞颂属于法身的宝座：

无始，无生，无终，他的足迹完全超过了过去和未来的影响。

尽管静止不动，他其中包含了五条道路；尽管寂静无声，他吸纳了三灾。

般若的偈颂秘密地流传，移除了例如苦难和仇恨的阻碍。

尽管渡过了无数个劫波，他的内心依然绝于世俗的尘埃。

我从我庸俗的表达之中选取了看起来最好的，我用它们来赞颂无生的美丽原则。

我好像是在用蚊子的眼睛丈量天际，我怎么可能知道天有多高呢！我无力地表达我的情感和赞美之心。

我现在用对三身的美妙绝伦所做的赞颂以及所雕刻的千佛超凡动态的塑像，祈愿为我国伟大的皇帝赐福，愿他得到长寿。

大宋朝的皇帝谦恭地希望他的命运能够和天湖中的水一样，既不会干涸，也不会增加，他的福运也像神山高耸的山峰一样，永远高耸而威严。我的皇帝希望未来在这个国家有人能够继续延续蠰佉王之位，其他地方的后世之人能够有如月盖一样的美名，从今往后若有人留下赞颂非凡之树和圣迹的颂歌，他应当留心写下来并写成行传。

这一庆典庆祝于大宋朝天禧年，壬戌年（1022），乙巳月。[①]

第三碑僧人义清所立碑铭（1022年）[②]

---

① 沙畹、施考德、周达甫整理的碑文在此后均还有一段，此处可能是作者遗漏了。
② 周达甫整理的碑文如下：

大宋国东京兴教禅院僧义清、师弟义璘，
奉为四恩三有，送金襕袈裟一条，
西天佛座上被挂讫，并建石塔一
所。天禧六年四月日，和尚辨正大师。——译者注大宋帝国东都兴教禅院僧人义清以及师弟义璘为了表达对四恩三有的感激之情，敬献一件由金线织成的袈裟。将袈裟披在印度佛座之上，并修建了一座石塔。天禧六年（1022）四月四日，辨正大师主持了（这场仪式）。

第四碑僧人绍频所立碑铭（1022 年）[①]

大宋帝国东都启圣院僧人绍频带来了一件由金线缝制而成的袈裟。向佛座敬献并披上袈裟之后，他又为了确认四恩三有，修建了一座石塔。将此功德善行回向佛道，愿生值龙华法会。写于天禧六年（1022）四月四日。

第五碑怀问所立碑铭（1033 年）[②]

为了纪念太宗皇帝，由大宋皇帝和太后修建佛塔一座：

大宋朝圣文睿武仁明孝德皇帝以及应元宗德仁寿慈圣皇太后尊敬地派遣僧人怀问前往摩揭陀国，令他在金刚座边为至仁应道神功圣德文武睿烈大明广孝皇帝太宗修建一座佛塔。

---

① 周达甫整理的碑文如下：

  大宋国东京启圣院僧绍频送金
  襕袈裟一条，佛坐上被挂讫，并建
  石塔一所，奉达四恩三有：迴斯福善，
  愿值龙华。天禧六年四月日记。——译者注

② 周达甫整理的碑文如下：

  大宋
  圣文睿武仁明孝德皇帝、
  应元宗德仁寿慈圣皇太后，谨遣僧怀问诣摩伽陀
  大宋皇帝国奉为资荐
  皇太后为太宗至仁应道神功圣德文武睿烈大明广孝皇帝
  太宗皇帝于金刚座侧建塔一座。
  建塔壹座太宗皇帝伏愿高步天宫，亲承
  佛记，书证真仙之位，常居
  释梵之尊，诞锡威灵，永隆
  基业。时明道二年，岁次癸酉，正月十九日几，丙子一日刊。——译者注

太宗皇帝谦恭地渴望能够升入天神的官殿，能够亲自领受佛陀的教诲并与经书相印证，能够得到好圣人的居所并永居于此，从而使他能够获得一份伟大的回馈，即能够膜拜帝释天和梵天，并借助这种威严和超自然的影响力促使他的王朝蒸蒸日上。

写于明道十二年[①]，岁在癸酉，正月十九日。

---

① 明道年号始于 1032 年，终于 1033 年，此处应为"明道二年"，而非"明道十二年"，具体参见上页注②。——译者注

第四章 佛教在中国

前面提到的"明帝感梦"只是一个基于信仰的虚构。这个故事是后来佛教徒的伪托，是为了提高这个外来宗教的威望，而这种威望恰是在佛教初入中国之时所缺乏的。长期以来，中国人接受儒家的思想灌输，维护一个以祖先和皇帝为中心的社会秩序。皇帝被认为是上天派来统治社会的，称为"天子"。任何一种信仰，如果有悖于上述观念，阻止民众对邻里、亲戚、祖先、皇帝履行义务，就会受到知识分子阶层的公开反对，外来宗教则更甚之。

在最初阶段，佛教不太可能被中国人欣然接纳。一定程度上佛教被视作一种新奇事物，可能不受崇敬，但至少不受鄙视。传教者必须做大量工作以使中国人对佛教产生兴趣。我们知道最初的两位传教者是迦叶摩腾（Kāśyapa Mātaṇga）和竺法兰（Dharmarakṣa）。二人翻译了一些佛经，以便于向中国人传达一个佛教的基本印象。他们的作品概括了佛陀的降生、童年、授记及其教法的基本原则，还有一个文本是关于出家苦行追求精神圆满的。有一部名为

《四十二章经》的文献存留至今，明显是一部向外国人传播佛教所用的教义手册。这些精心的经典选编就是为了引起中国人对佛教信仰的兴趣。

二三世纪时安世高及其合译者翻译了大量的佛教经典。他们的努力使得中国人对佛教产生了认同感，这正是传教所需要的。有179部经典署为安世高所译。除了译经，这些佛教僧人在中国的生活方式也给中国人留下良好的印象，吸引着他们进入这一外来宗教。当时的佛教是相当纯洁的。传教者们受崇高理想的感召，穿越西域的沙漠长途跋涉而来。在这一崇高理想的引导下，他们遵循佛教的普遍原则，过着清修的生活。

他们的牺牲不是徒劳。中国的知识分子不久便拿起笔杆维护佛教并推美其伟大，其中最早的是活跃于2世纪末的牟子。在比较了儒家和佛教的教义之后，牟子说道：

> 观三代之遗风，览乎儒墨之道术，［……］崇仁义，视清洁，乡人传业，名誉洋溢，此中士所施行，恬淡者所不恤。［……］沙门修道德以易游世之乐，反淑贤以贸妻子之欢，是不为奇，孰与为奇？是不为异，孰与为异哉？[①]

牟子精通中国古典学，其语言风格雄辩有力，他提出的支持佛教的论点很具说服力。像他这样的人一定会大大推动佛教的传播，这就是为什么佛教首次传入中国之后就逐渐繁盛。越来越多的传教者不畏艰险取道中亚来到中国。

其后是诸个小王朝统治中国，皇室成员对佛教似乎都未有抵触。他们对于佛教的传播究竟抱有什么样的兴趣，我们已不得而知。中国的历史记载告诉我们，他们在中国各地兴建寺院。到了晋代佛教已经成为中国人生活中的一个重要组成部分。晋武帝（265~290）对

---

① 引自《牟子理惑论》，见《弘明集》卷1（T.52, no.2102, 3a13-22）。——译者注

佛教十分热衷，并在各地敕建大量寺院，晋愍帝（313~316）也在长安建造了通灵寺和白马寺。据记载，在这两代帝王的统治时期仅长安和南京两城之中就有180座宗教建筑，而这一时期的佛教僧人共有3 700人。这一数字似乎较为保守，其记载也似可信。

在其后的时代，佛教同样得到了统治者的支持。刘宋定都在南方，在其统治者的支持下，佛教在南方大为兴盛。据官方记载，晋元帝（317~322）在南京建造了两座大型寺院瓦官寺和龙官寺，各养僧人一千。晋明帝（322~325）修建了皇兴寺①和道场寺，并召集义学沙门百余人。晋成帝（326~342）修建中兴寺和鹿野寺，各养僧人一千。简文帝（371~372）广造佛像、寺院。孝武帝（373~396）建皇泰寺和本起寺。晋安帝（397~417）建大石寺。在这些帝王统治的104年间，各地兴建大小寺院17 068座，翻译佛经263卷。我们不知道上述数字有多么精确，但至少翻译佛经的数量是准确的。

北魏佛教

北魏时期的北方统治者对佛教采取明确的支持态度。魏朝（拓跋）由北方少数民族于386年建立，统治到6世纪中期。北魏是中国佛教艺术史上最辉煌的时期之一。后面我们将会讨论北魏对中国艺术发展的贡献。后赵皇帝②石虎曾于335年下书谓：

度议云："佛是外国之神，非天子诸华所可宜奉。"朕生自边壤，忝当期运，君临诸夏。至于飨祀，应兼从本俗。佛是戎神，正所应奉。夫制由上行，永世作则，苟事无亏，何拘前代？其夷赵百蛮有舍其淫祀，乐事佛者，悉听为道。③

---

① 原书误作 Ming hing sse。——译者注
② 原书作 one of the founders of the Wei supremacy，误。——译者注
③ 慧皎撰、汤用彤校注：《高僧传》，北京：中华书局，1992年，第352页。——译者注

这就是北魏统治者采用的政策，它必定对佛教在北方的传播产生巨大的推动作用。官方记载中北朝统治者对佛教的资助虽有夸大之嫌，却也能展现佛教的繁盛之貌。这些记载有：

元魏太祖道武皇帝（386~407，[……]又于虞虢之地，造十五级浮图，起开泰、定国二寺，写一切经，铸千金像，召三百名僧，每月法集。

[……]

魏高宗文成皇帝（453~465），[……]重兴佛教，修复寺宇。[……]凡度僧尼三万许人。

魏显祖献文皇帝（465~476），[……]造招隐寺，召坐禅僧。

魏高祖孝文皇帝（476~499[1]），造安养寺。[……]善谈庄老，尤敦释义。[……]所度僧尼一万四千人。

魏世宗宣武皇帝（499~515），于式干殿为诸僧朝臣讲维摩经。[……]造普通、大定等四寺，供养三学千僧。

魏肃宗孝明皇帝（515~528），[……]仍于邺下造大觉寺。

[……]

魏敬宗孝庄皇帝，[……]造五精舍。刻万石像。

西魏武皇帝（532~534），[……]永熙元年于长安造陟岵寺，供养二百名僧，四时讲诵略无弃日。

魏文皇帝（534~551），[……]大统元年造般若寺，拯济孤老，供给病僧，口诵《法花》，身持净戒。

[……]

魏君临一十七帝，一百七十年，国家大寺四十七所。又于北代恒安治西，旁各上下三十余里，镌石置龛遍罗佛像。[……]其王公贵室五等诸侯寺八百三十九所，百姓造寺三万余所，总度僧尼二百万人。[2]

---

① 原书误作479。——译者注
② 引自《辩正论》卷3（T.52, no.2110, 506c12-507c1）。——译者注

在北魏的资助之下，洛阳和长安成为中国最大的佛教中心。前面已经介绍过的名僧道安，就生活在这个时代并多有撰述①。这时的统治者在热衷佛教艺术的同时，也对佛教学问产生了兴趣，这就应归功于道安。道安的徒弟对佛教的热情更超前代，他们深入内陆传播这一新的信仰。道安也起到了吸引印度僧人来华的作用。很多伟大的佛教翻译家都在这一时期来到中国，如鸠摩罗什（Kumārajīva）、佛陀耶舍（Buddhayaśas）、弗若多罗（Puṇyatrāta）和菩提流支（Bodhiruci）等。他们的个人影响和译著使得佛教在中国稳固建立。

佛教在中国获得巨大成功，得益于诸多因素，包括220年汉末中华帝国的分裂，对佛教有认同感的民族的入侵，以及主要依赖于中央集权的中国知识分子的力量削弱，等等。另外，中国缺乏足以抗衡佛教的宗教，也有助于佛教在如此短期内迅速传播。

普通民众有宗教的切实需求。而且，受道家影响的一部分中国人已经有了神秘主义倾向，当他们发现佛教中与道家思想类似的神秘主义成分之后，便十分痴迷。

庐山社

佛教的首次成功征服很快到来。中国僧人开始将佛教视作安身立命的宗教。在这一时期，一个由中国僧人建立的社团在南方地区凸显出其重要性，这一组织在中国早期佛教史上扮演了重要角色。这就是庐山的寺院，由道安的徒弟慧远建立。慧远于334年生于楼烦，今山西北部的代州。

慧远年少好学儒道，原想到南方就学于名儒，适值战事，不能成行，便止于长安学习佛教②，很快脱颖而出。离开他的老师道安之后，他先是住在荆州上明寺，381年转至江西庐山。庐山是一座僻静

① 道安卒于北魏建立之前的385年。综合前文来看，原著者似乎将"魏"误作北朝统称。——译者注
② 原文误。354年慧远南行不成，便往太行恒山（今河北曲阳）就学于道安，365年随之南下襄阳。378年前秦攻陷襄阳，执道安于长安，慧远便南下荆州。——译者注

的山林，风景如画，适宜僧人隐居。386年江州刺史在庐山为慧远建寺，访学者很快涌向此地，据说有3 000人之众。当时慧远有徒弟123人，他从中选出17位贤人，共结"白莲社"。在这17贤人之中，有两位印度学者，即来自罽宾的佛陀耶舍（Buddhayaśas）和出身释迦族的佛陀跋陀罗（Buddhabhadra），两人前面都已经介绍过。

慧远建立的社团将弥陀信仰引入中国。甚至到现在，这一信仰在远东地区的佛教之中也还是主流。而在当时这是一个新形态的佛教信仰，稍后我们会再论及。

慧远精通梵语，却未翻译任何典籍。他只是撰写了一系列注疏，而将主要精力投入组织工作之中。正是在他的建议下，说一切有部律典被译成了汉语。当时他由于年事已高无法北上亲会鸠摩罗什，便派遣多位学者跟随罗什学习，并且与罗什交换书信。他还派遣弟子法净、法领等人远越沙漠雪山，访求梵本。数年后他们带回了梵本，这些梵本后来被译成了汉语。

庐山社不是一个从印度移植来的佛教宗派，而完全是中国佛教徒的贡献。中国的学者当时正致力于更加深刻地理解佛教。

由此可见，从5世纪开始，佛教在中国不再被视作一个新奇的外来宗教，而是成为活跃在中国民众生活之中的一股生力军，而且对中国文化产生着深远的影响，在艺术和文学领域尤为凸显。

印度佛教的变革

佛教在其发源地则正经历着一场深刻变革。最初释迦牟尼本人关注的问题主要是，随降生于恶世而带来的个人痛苦，痛苦的原因和断除苦因的方法。而这时的印度佛教不再是对释迦牟尼佛本人的单纯信仰，不再只是以精严苦修断除苦因得罗汉果的实证主义观念，而是变成了一个更为复杂的宗教。

一种新的思想观念正在产生。历史的佛陀在佛教中已不占主位，他被认为只是曾经短暂降世的众多佛陀中的一位，只是终极真实的暂时化现，这个终极真实称为"法身"（Dharmakāya）。过去诸佛也教导过同样的恒常、周遍、无异的真实。过去的佛教世系之中不仅有佛，也有菩萨，他们是即将成佛者、阿罗汉或普通僧人，等等。高级阶位的菩萨则有弥勒（Maitreya）、观音（Avalokiteśvara）等。再如阿弥陀等，则像神一样具有大慈悲，愿意接引苦难中的虔诚信徒进入净土或天界，而每个净土都有一位主宰。仅为个人解脱而修行不再被视作最益的方式，为苦难众生的福祉而牺牲才是最理想的生活，选择这种生活方式的人被称作行菩萨道（Bodhisattvayāna）。这一新观念被称为"大乘"（Mahāyāna），而此前的佛教则别称为"小乘"（Hīnayāna）。

大乘佛教更易于广泛传播。只需创造一个新的菩萨，任何信仰体系都可以被其同化吸收。印度教的神祇，诸如那罗延（Nārāyaṇa）、毗湿奴（Viṣṇu）、湿婆(Śiva）等，都被安立新名之后引入了佛教的万神殿。甚至伊朗人的神祇密特拉（Mithra）也被称为"阿弥陀"（Amitābha，意即无量光）而接纳。大量的有神论就这样被引入了原本是无神论的佛教。人格化的神适于崇拜和见证。观想是见证的基础，观想包含了一系列称为"瑜伽"的精神实践。因此，瑜伽也被当时的佛教所接纳。

然而，这一思想的发展也并未与佛教的原始教义背道而驰。真正的佛是法身佛，真如（tathatā）也就是终极真实是不可言诠的。现象世界被认为是无常或虚幻的，我们的个体存在也是这样。终极的目标就是要证悟我们个体自我的虚幻性。正是这一证悟能够引向痛苦止息和法身成就，也就是至福。弥勒、阿弥陀等所有的佛菩萨，则向我们指示了到达这一目标的道路。

大乘佛教发展出两大哲学体系。其一是中观派（Mādhyamika），由活跃于公元1世纪的与迦腻色伽王同时代的龙树（Nāgārjuna）所创建[①]；另一体系称为瑜伽行派，由4世纪或稍晚的无著（Asaṅga）、世亲

---

① 现代学术界一般认为龙树活跃于公元二三世纪。——译者注

（Vasubandhu）两兄弟建立。龙树的哲学被称为"空论"（Śūnyavāda），其主要观点是现象世界纯是幻象，实则既无主观也无客观，时间的概念也是虚幻。而瑜伽行派的观点是，现象世界是精神幻象，是"识"（citta, vij'āna）的虚构，因此这一思想体系也称为"唯识"（Vij'ānavāda）。两派都认同禅修对于证悟真理的必要性。证悟真理，就是明了一切皆是幻象，而终极真实处于幻象之外。

这种在宗教和哲学两方面上都有所创新的佛教形态，在贵霜王朝时期开始流行，而且是 7 世纪之前整个印度佛教的主流形态。作为一个宗教，它所具备的特性足以吸引与印度有交流的外族，例如伊朗人、月氏人、于阗人等，他们都处于古代伊朗宗教影响之下，相互之间有熟识的成分。作为一门哲学，它吸引了中国最精英的知识分子，这些人得益于自己的逻辑体系，能够在很大程度上理解它。

因此就可以理解，为什么大乘兴起之后佛教在中国更为繁盛。虽然大乘佛教在印度起源很早，在中国最早系统讲授大乘的人是鸠摩罗什。他首次翻译了最为艰深的大乘哲学典籍。他的译作的主体就是大乘经论，涉及菩萨道、修行阶位以及中观派哲学。前面说到的慧远所受的影响，不仅来自大乘的宗教层面，也包括哲学层面。

菩提达摩在中国

有一个印度和尚对中国大乘佛教禅修的传播给予了巨大推动，此人在东亚地区几乎已经成为传奇神话，他就是菩提达摩（Bodhidharma），中国一般称之为"达摩"，日语则读为 Daruma。其画像在中国和日本很常见，他被画作长满胡须，肩扛一个挂着囊袋的木杖。在中国再没有其他印度和尚像达摩这样著名。后来他的追随者在他身上添加了很多神异事迹，这也就是为什么他成为妇孺皆知的人物。

据中国的传述，达摩是印度国王的第三子，这位国王很可能属

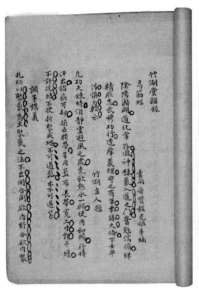

《易筋经》（清手写本）
书首绘有《达摩祖师面壁图》一幅

于印度南部的建志（Kāñcī）。达摩首先到达南海（印度尼西亚），在那里进入禅门，并获得了巨大成功，承袭释迦牟尼衣钵成为付法藏第二十八祖①，随后乘船来到了中国南部。

达摩受到了梁武帝的接见，他们的对话有记述：

帝问："朕即位以来，造寺、写经、度僧不可胜数，有何功德？"师曰："并无功德。"帝曰："何以并无？"师曰："人天小果有漏之因，虽有非实。"帝曰："何谓真功德？"师曰："净智妙明，体自空寂，如是功德不于世求。"帝曰："何为圣谛第一义？"曰："廓然无圣。"帝曰："对朕者谁？"曰："不识。"②

由这段对话记录我们可以看出，达摩是以龙树的语言作答，而这一套语言是中国帝王所不知的，帝王的思维局限于做功德而得美誉的虚荣之中。达摩不想留在南方，他去了魏统治之下的北方，隐居在嵩山少林寺。

达摩被赋予了很多神迹。北上时他折一苇而渡长江，在少林寺他结跏趺坐而面壁九年。据说他被毒害于少林寺并埋葬在那里，而几年之后，求法者从印度归来，在葱岭遇到了衣着如素肩负只履的达摩。

神话传说把史实挤到了幕后，于是我们得到了至少达摩来华的四个时间：486，520，526，527，他的卒年则有：495，527，528，535，536。尽管时间上有诸多不一致，可以基本肯定的是，6 世纪的第二个二十五年菩提达摩是在中国度过的。据一部几乎同时代的作于 534 年的撰述③，菩提达摩对一座 516 年建于洛阳的名刹永宁寺大赞其美，谓："年一百五十岁，历涉诸国，靡不周遍，而此寺精丽，阎浮所无也。"④

---

① 此处记述多有错乱。——译者注
② 引自《景德传灯录》卷 3（T.51, no.2076, 219a21-28）。——译者注
③ 指《洛阳伽蓝记》，此处 534 年有误，应为 547 年。——译者注
④《洛阳伽蓝记》卷 1，（T.51, no.2092, 1000b22-23）——译者注

这个半神话式人物的最大贡献，是将大乘佛教的禅修引入中国，在中国被称为"禅宗"，源自梵语的 dhyāna（禅修）。这一宗派在中国繁荣持久，并且传入日本，以 Zen 之名而兴盛至今。这一宗派主张摒弃外物与事行，只有心性的禅修才能引向解脱。悟到心性本净则见实相，因此应使内心彻底脱离外物牵绊，达到这一点须通过对"空"的禅修体悟。我们知道，这正是龙树所创的中观派诸师所倡导的道路。

天台宗

菩提达摩在中国的践行者是慧思和智顗。前者循其师说而传教，后者则发展创立了一个新的中国佛教宗派——天台宗。这一宗派是以智顗驻锡地而得名，在杭州东南约 180 英里①。智顗试图融汇他所知的所有形态的佛教，这一点至关重要。当时大量佛教典籍已经翻译成汉语，印度高僧带来了不同形态的佛教思想，然而却没有一个成型的系统用以解释多样性背后的统一性。

智顗于 531 年生于颍川，17 岁出家为僧。初循达摩教法而修禅，曾于南京说法而名声大噪。后来决意归隐静处，皇帝不忍分离而劝阻。他最终还是违背了皇帝的意愿，离开南京去往天台。当时的天台是一个偏远荒芜、人迹未至的山谷，他修建了一座寺庙，开始整日禅修。而达摩禅法并不能使他满足，对于经典的深厚造诣使得他很快创立了一个新的体系，用以解释佛陀诸多教法中存在的明显分歧和矛盾。

他的著名论断是：

众生的机缘差异很大，教法理论多种多样，而旨归却只有一个，即灭除诸恶，证入真理和实现至善。通过哪一条道路并不重要，每

---

① 原文作 mile，据现代距离测算，此处作"千米"更为合适。——译者注

一条道路都能到达，能至则足矣。不解于此的人就会对比和讨论不同宗派的教法，明了于此的人则整体认同并融会贯通。[①]

佛教典籍不断积累，到智顗之时已经具备相当规模，为了将其中包含的佛陀教法清晰展现，他将佛法分为五时。

1. 第一时。指佛陀菩提树下成道最初的 21 日，为下凡礼佛的诸天说法，教法最极深细，包含凡夫所不能了解的最胜义谛。此一时教法含摄在华严部类经典之中。

2. 第二时。佛陀传教的最初 12 年间，为了利益普通徒众而说法，这一时期的教法包含于《阿含经》(Āgama) 之中，即小乘的经藏。

3. 第三时。在其后的 8 年间，佛陀仍然为了利益普通徒众而说法，同时也解析法义以驱除受其他教派影响而产生的疑惑。因此佛陀经常说及大乘的甚深法义，这一混合形态的教法包含在方等类经典之中。

4. 第四时。其后的 22 年间，佛陀遇到了其他思想派别的攻击，必须宣说大乘甚深教法以回应，这些说教包含在般若部类之中。

5. 第五时。是佛陀在其生命最后 8 年间的教导，是关于更高层次的宗教实践，即菩萨道。菩萨就是在佛灭之后能够救度众生的修行者。这一时的教法属于大乘，包含于涅槃部类之中。

这就是智顗阐发出的体系概略。他认为大乘佛教包含佛陀的最高教法，大乘与小乘中的明显相违之处，须以佛陀是在不同时机对不同根器的徒众而说法这一假设来解释。这一假设并不新鲜。印度诸师也都表达了相同的观点用以解释大小乘的不同，却未获得同样的成功。智顗的判教在中国获得了成功，而在印度却是不可能的。

---

① 译者在智顗的著述中没有找到与该段完全吻合的文句。作者可能是对下面一段话的略译。

夫众生机缘不一，是以教门种种不同。经云："自从得道夜乃至泥洹夜，所说之法皆实不虚，仰寻斯旨，弥有攸致。"所以言之，夫道绝二途，毕竟者常乐，法唯一味，寂灭为真。然鹿野鹤林之文，七处八会之教，岂非无顿、渐之异，不定、秘密之殊？是以近代诸师各为理释，今所立义意异前规，故略撰四门，用通大师渐、顿、不定、秘密之踪。若能达斯旨者，则如来权实信矣。无方至人本迹渊裁难究，况复此渐、顿、不定、秘密之迹，皆无滞也。(《四教义》卷1，T. 46, no. 1929, 721a6-16)——译者注智顗曾上过庐山，当时慧远早已去世而其著述尚存。我们无法得知智顗从庐山之行得到了什么，他可能是想要看一下庐山社的学说在多大程度上与自己的体系相匹配。智顗用力精勤，写了很多著作以维护自己的学说体系，并且教授了数量众多的徒众，这些人在他死后将其著述留传下来。智顗卒于 6 世纪末年。

智顗的思想体系在中国获得了巨大成功，它为所有的佛教社团所接受。智顗对佛教经典的分类方法为其后所有的著述者所采纳，并传至今日。自此以后，中国的佛教徒开始毫无心理障碍地学习所有门类的文献，包括小乘和大乘。他们清楚地认识到每一门类的典籍都有其重要性而不应被忽视。智顗的学说也被传至日本并且获得成功。现在所有的日本佛教宗派仍然遵循智顗的判教。

唐代佛教

从 7 世纪初开始，佛教在中国进入了一个新阶段。慧远和智顗完成了早期的传教者所没有成功做到的事业。于是佛教不再是一个外来宗教，而是深深植根于中国大地。一个同化融合的时期开始了，佛教激发了中国的思想创新。在数百年的战争之后唐朝掌握了政权并且统一了全中国，这时的佛教开始进入其在中国历史上最为辉煌的时期。

然而佛教的发展并非一帆风顺。佛教在中国逐渐取得的声望以及帝王对佛教的关心引起了文人们的嫉妒。在帝国统治恢复之后，文人阶层再次获得了力量，他们不能再无动于衷。一场猛烈的反佛运动开始了，并且持续贯穿了整个唐代。这场运动的领导者傅奕（555~639）在朝中有很大的影响，他在 624 年向皇帝呈交了一份有力的反佛奏章，包含下述文字：

佛在西域，言妖路远。汉译胡书，恣其假托。故使不忠不孝，削发而揖君亲；游手游食，易服以逃租赋。演其妖书，述其邪法；

伪启三途，谬张六道。[……] 洎于苻石，羌胡乱华。主庸臣佞，政虐祚短，皆由佛教致灾也。[……] 今之僧尼，请令匹配，即成十万余户。产育男女，十年长养，一纪教训，自然益国，可以足兵。①

在文人们的鼓动下，佛教曾经历短暂的迫害，但是皇帝很快意识到了自己的错误。压迫势必会在国内招致反对，而且还会影响到外交关系。当时的突厥人已经接受了佛教。佛教兴盛于中亚各地，日益独立强大的吐蕃也奉之为国教，并且与印度关系亲近。刚建立不久的大唐帝国不敢忽视与周边邻国的关系，这是出于其政治版图的考虑，也因为与外国通商是其繁荣的基础。而在世界范围内联系广泛的佛教，正是维护这些因素的最有效手段。大唐统治者的上述政策决定了他们对佛教的态度。文人们的反对虽然猛烈，却并未获得期望的效果。

著名的求法者玄奘成功地拉近了印度和中国的距离，在印度统治者和中国朝廷之间建立了联系。唐代对待佛教的政策也受此促进。这一时期印中之间频繁的使节往来对贵族和官员产生了正面的印象，于是他们开始顺应时势资助佛教，佛教已经成为服务于国家利益的事物。大量寺院开始在中国重要城镇之中修建，译经者受到鼓励，皇帝本人以及一些贵族也开始对宣扬佛教信仰的经典产生兴趣。

经 16 年游历之后，玄奘于 645 年归国，受到民众盛大欢迎。虽然他是违令出境而去的印度，但皇帝在他刚一回国就予以赦免，并且接见了他。玄奘回国后，皇帝经常与他见面，听他讲述外国的故事。玄奘于 664 年逝世，被赐以国葬。在玄奘活着的时候，中国佛教徒称之为"现世释迦牟尼"。

玄奘游历的主要记录保存在他的《大唐西域记》之中。除此之外，其弟子慧立所立传记②中也有记述。另一个弟子③也根据《大唐

① 引自《请除释教疏》，见《旧唐书傅奕传》。——译者注
② 即慧立著、彦悰笺：《大慈恩寺三藏法师传》。——译者注
③ 指道宣。——译者注

西域记》撰写了《释迦方志》。这些作品生动地描述了中亚和印度的佛教流布区域，也使得佛教在中国获得了前所未有的广泛关注。

玄奘遵循了天台宗的传统。虽然他是一个忠实的大乘信徒，并且固守瑜伽行派，但他仍把小乘佛教看得相当重要。在他翻译的著作中，两种佛教形式的典籍都有。即便说他没有创立任何一个宗派的话，他至少激发了三个宗派的建立。[1]

新兴佛教宗派

首先是玄奘本人归属的宗派，即瑜伽行派或唯识派。我们知道该派于四五世纪起于印度。玄奘在那烂陀寺跟随当时最著名的瑜伽论师戒贤学习了 5 年的该派义理。玄奘几乎翻译了这一派别的所有文献，并且将该派九家不同论师的注疏糅译于自己的注解之中[2]。在很大程度上这是一个求法者的个人努力。而这些典籍成为一个中国新兴宗派的基础，即法相宗，法相（Dharmalakṣaṇa），义为客观世界的真相。该宗在日本被称为 Hosso（法相）。法相宗是佛教义理中唯心主义宗派的诠释者。据其教义，"识"（vijñāna）是唯一的真实，现象世界只是识的投影。识有八种，最后一个识称为"阿赖耶识"（Ālayavijñāna），它是一种潜意识，包含了所有事物的种子。现象都是幻觉，唯有识是真实。玄奘之后法相宗的代表人物是其弟子窥基，他也被认为是东亚地区法相宗义理的最佳倡导者。

玄奘同样也是另一个宗派——俱舍宗的建立者。俱舍（kośa）宗的名字源于一部印度著作——《阿毗达磨俱舍论》（Abhidharmakośa），该著作中包含了小乘说一切有部的义理阐释，其作者是世亲。世亲也是大乘唯识派的创立者。《俱舍论》以说一切有部的七部义理论典为基础，玄奘将这七论中的大部分翻译成了汉语。这位求法者想要普及俱舍宗的思想，因为它们有助于正确理解唯识。事实上，世亲

---

① 此处三个宗派分别指法相宗、俱舍宗和律宗。——译者注
② 即玄奘纂译《成唯识论》，实际是将九家学说糅译于护法的注疏之中。——译者注

本人也将其著名的《俱舍论》视作唯识学的踏板。俱舍宗的义理是一种唯物主义。该宗遵循佛陀的最初教义，认为我（Ātman）不是客观真实，而是五蕴（skandha）的暂时和合，然而这五蕴是真实的，它们由独立存在的极微（paramāṇu）组成。只有极微是真实的，它们的和合是虚妄不实的。玄奘之后，他的有些弟子坚持宣讲俱舍宗学说。俱舍宗传入了日本，被称为 Kusha（俱舍）。

还有一个由玄奘弟子道宣创建的宗派，称为律宗。在日本被称为 Riotsu（律宗）。在创制律宗教义上道宣受到了玄奘多大程度的影响，已不得而知。在这一时期，中国佛教论师的态度已经不再分歧。根据天台宗教义，佛教文献的各个门类都各有其重要性。处在这一主流思想之中，道宣主张律学不应被忽略，在进入清净圣洁生活的准备阶段，律学至关重要。一个人如果不经历严格的寺院戒律生活，就不能塑造人格，无法达到禅修的高级阶段而有所成就。在初级准备阶段，道宣推荐法藏部的律典，也称为《四分律》。其他部派的律也被翻译成了汉语，但是由于包含了许多戒律以外的内容，内容十分广博，因此道宣选择了法藏部律来引导其追随者。

在其创立者去世以后，这些宗派仍然发挥着重要作用，继续传承了很多年。法相宗的传承在中国没有消失，而所有这些宗派在日本依然在传。

佛教在中国一直兴盛到 8 世纪初年。我们前面提到过这一时期西行求法的中国僧人所开展的事业，其中最为杰出者是义净，他极力强调对戒行的恪守，并翻译了最大的一部律典《根本说一切有部律》。这一时期，中国和外国僧人翻译成汉语的典籍数量十分巨大。

密教

然而佛教在中国很快进入了一个新时期，在此之前，中国尚对这一佛教形式一无所知，这就是密教。佛教在印度缓慢演变，密教在婆罗门教的影响下发展起来，它通常被称为续部（Tantrayāna），但包括不同形式的密教，有金刚乘（Vajrayāna）、时轮乘（Kālacakrayāna）和俱生乘（Sahajayāna）[①]，等等。那烂陀也同样是这种佛教新形式的中心。密教远离了所有早期的实践，引入了许多新的男神、女神崇拜。这些崇拜形式同样十分神秘，包括某些形式的瑜伽、神秘手印和符号的运用，以及对声音的神秘力量的冥想，等等。

这种形式的佛教由金刚智（Vajrabodhi）传入中国，由其徒弟不空（Amoghavajra）发扬光大。我们已经说过这两位法师。所有这一时期以及宋代的其他法师都属于这一宗派，他们翻译了该宗的文献。该宗在日本被称为"真言宗"（Shingon）。据该宗教义，其本尊是大日如来（Mahāvairocana），等同于显宗的真如（Bhūtatathatā），即佛的法身（dharmakāya）。该宗的教义包含身、口、意三密，存在于有情众生和无情事物之中。自然界的种种形式都是这三密的表现。人的三密与佛陀的三密是同一的，因此所有的人都能成佛。这一成佛的前进过程包含了一个系统，即通过功德的积累来升华精神。这一系统也许看起来是新出的，却也是龙树中观哲学系统的合理产物。

密教在东亚地区取得了巨大成功，在中国影响到了宋代的儒家思想。9世纪初，密教由空海大师引入日本。在那里，密教以其所传的甚深见地，至今仍被奉为佛教的最优形式。

金刚智传来的密教代表着一个新的发展，对于印中两国都有其历史价值，却也使得佛教在两国之中迅速衰退。历史性的佛陀在密教中没有位置，教团已不再重要，因为宗教信仰已经高度个体化，密教信徒的精神提升不再需要同修之谊。在印度，一直都很强大的婆罗门系统当时已经发展出一种相类似的神秘主义趋向，在这种情况下便轻易地同化吸收了当时的印度佛教。印度已经不再有任何东西可以输送给中国，佛教的创造精神曾使印度文化的跨民族性得以展现，这种精神如今走到了尽头。

唐末宋初，中国的僧人仍然去往印度，却不是以求法为目的，

---

① 又作"易行乘"。——译者注

而只不过是履行虔诚使命——朝圣、收集舍利、奉敕在菩提迦耶立塔，等等。我们再也遇不到玄奘或义净一样的人。除了几个翻译者之外，这一时期去中国的印度人多数都是普通僧侣，而不再像他们的前辈那样有明确的目标要在中国实现。在中国，宗教的深刻层面被弃之幕后，形式主义走到了前台。佛教早期所享有的威望，很快被知识分子重新发起的攻击所毁坏。此外，从 11 世纪中叶开始，印中两国完全断绝了关系，使得佛教在中国几乎孤立无援，很快便在国民生活中失去了活力。

蒙古统治下的佛教

佛教在中国最终覆灭之前，[①] 在 13 世纪蒙古统治者的支持下又获得了新的胜利。这就是从吐蕃传入的喇嘛教。12 世纪末时成吉思汗的军事征服使得蒙古人的权力在亚洲处于显赫地位。他的后继者忽必烈将蒙古的统治扩张至整个中国。1259 年忽必烈的执政标志着佛教历史上的一个新时期——完全消失之前的短暂辉煌。[②]

这一时期佛教处在一个艰难的境地。道士逐渐壮大成为佛教僧人的危险对手，他们侵吞庙产并将之改成道士居所。成吉思汗当时征战四处，最初佛教徒们并没有成功地向其表达自己的不满。道士们一段时间以来都在利用佛教徒的无助，而这种情形在蒙哥可汗统治时发生了改变。1254 年 5 月 30 日，在哈拉和林（Karakorum）[③]举办了一场盛大的宗教辩论，参加的三位代表分别是基督徒、伊斯兰教徒和佛教徒。著名的天主教修士鲁布鲁克（Friar William of Rubruck）参加了这场辩法，他站在了景教一边。他们和伊斯兰教徒一起成功地证明了唯一真神的存在，佛教徒当时沉默了，却没有立刻放弃希望。

---

① 原文作 final overthrow，不确。佛教在中国未"覆灭"。——译者注
② 原文作 complete extinction，不确。佛教在中国并未"完全消失"。——译者注
③ 当时蒙古帝国首都，今蒙古国乌兰巴托西南。——译者注

1255 年，一场新的会议在哈拉和林举行。蒙哥可汗亲自率令官员参加此次会议。少林寺住持福裕代表佛教徒，道士们被打败了，并且被敕令归还所霸占的佛教产业。但是道士们没有履行圣旨，所以次年（1256）蒙哥可汗召集了另一场会议，最著名的佛教僧侣悉数前来参加这次会议，而道士们却没有出现，蒙哥可汗认为这是其无能的表现，并且以这样的表述认可了佛教的优越地位——"譬如五指皆从掌出，佛门如掌，余皆如指"。[1]

蒙哥可汗疲于这些神学争论，于 1258 年委托其弟忽必烈来做最终裁决。忽必烈于 1258 年召集了一场盛大的宗教会议，有三百佛僧和两百道士参加，由两百儒家学者担任裁判。在佛教徒中，有少林寺的住持、那摩国师、西蕃国师，以及著名的吐蕃僧人八思巴（1239~1280）。后者是萨迦班智达的侄子，虽然当时他只有 19 岁，却在大会上发挥了决定性作用。由于八思巴对佛教富于雄辩的阐述，佛教徒取得了胜利。道士失败了，他们中的 17 位领头人不得不遵照先约削发为僧。佛教夺回了曾经失去的 237 处庙产。忽必烈认可了佛教的优胜地位，并下令焚烧了诋毁佛教的道经。

八思巴于 1260 年被封为国师，成为忽必烈治下辽阔帝国中正式的佛教领袖。通过喇嘛教的宗教统治，忽必烈在吐蕃和朝廷之间建立了一种特殊的关系。从那时起，吐蕃的僧人开始统领中国和蒙古的所有佛教事务。八思巴发明了一个字母系统，用来译写蒙古帝国中所有的语言——蒙古语、汉语、藏语，等等。[2] 这种字母系统以发音为基础，是藏语字母的改编，而后者则借自印度。

忽必烈下令新编了一部汉、藏、梵三语佛典目录[3]，其主体上是一部汉文大藏经目录，包含了与藏文大藏经的勘同。

忽必烈可能怀有一个宏伟的构想——将多种元素统一于其治下的

---

① 见《辩伪录》卷 3（T.52, no.2116, 770c17-18）。——译者注
② 至元六年（1269），忽必烈下诏推行八思巴文，用来"译写一切文字"，其后，官方采取一系列措施以扩大其使用范围，但在民间最终没能取代汉字等原有文字，而是主要用于官方文件。——译者注
③ 指《至元法宝勘同总录》。——译者注

辽阔帝国之中，使之同一时间只有一种文化、一种文字、一个宗教。这个宗教不再是久已死去的早期佛教，而是藏地喇嘛教，在这一构想之中，印度已经没有任何地位。忽必烈的帝国在他死后就瓦解了，佛教以这种新形式经历了短暂的辉煌之后，再次在中国彻底失去机遇。

现在佛教在中国实际上是一个垂死的宗教①，但它对中国人生活的各个领域依然有着巨大影响。这种影响也见证着印度和中国这两个亚洲主要国家为建起一个共同的文明曾付出的伟大努力。

① 原文作 dying religion，不确。事实上并非如此。——译者注

第五章　中国的佛教文献

　　佛教拥有大量文献，但这些文献仅在印度境外得以留存。即便是通常被错误地认定为佛教唯一正统经典的巴利语文献也主要保存在锡兰、缅甸和暹罗，而非印度。佛教中梵语经典的体量庞大，其中的一些经文已经在尼泊尔境内常人难以企及的山谷中被发现。此外，在阿富汗残破的佛教石窟和中亚沙漠地带的佛寺废墟中也出土了梵语经典的残卷。只有在藏地和汉地，梵语经典才以大量古代译本卷集的形式被完整地保存下来。

　　汉传佛教大藏经（Tripiṭaka）是一部主要从印度原典译出的文献。最新的日本版大藏经共包含 2 184 部、7 000 余卷佛经，其中一些是由汉传佛教作者编纂的评释、注疏和辞书，但更大一部分是对印度佛经的翻译，其中绝大多数的原典已经佚失。这些经文被译介到中国的时间集中于公元后的第一个千年，其中一部分属于蒙古王朝①（Mongol dynasty）短暂统治下的 13 世纪，但它们是从藏语佛教

---

　　① 即元朝。——译者注

经文翻译而来的，而非印度语佛经。

最初将佛经译成中文的作者是安息、粟特、大夏、龟兹、于阗等中亚国家的来华佛僧。尽管这些外国僧侣翻译的作品无论在印度人还是中国人看来都不尽如人意，但它们在相当程度上将中国学者的注意力吸引到佛教上来。中国的佛教学者很快意识到，他们需要对印度佛经进行更好、更权威的翻译。与此同时，大批印度学者自4世纪初开始陆续来到中国，中国学者转而向他们寻求合作。鸠摩罗什是一位兼通梵、汉两种语言的学者，他的译作开创了一个新纪元。不仅如此，他对精妙的佛教义理也有深刻的洞见。

佛经翻译史上第二阶段的标志，是中国佛教学者在创作方面扮演着越来越重要的角色。他们不仅和印度学者合作翻译佛经，还进行独立翻译。中国学者在印度学者的帮助下开始修习梵语，他们为此使用的汉梵辞典一直流传至今。

玄奘的出现标志着佛经翻译史上的第三阶段，也是成果最为丰硕的一个时期。玄奘是一位孜孜不倦的译经者，他翻译的佛典共计75部，约1 300卷。他似乎是个造诣颇高的梵语学者，对佛教哲学也有深入了解，大量典籍都是他从最为艰深的论著翻译而来。玄奘之后的中国译经家无不将他视为典范，并受其启发。他们决心使自己的翻译在被中国佛教徒理解的同时，还能体现佛教学说中最准确的观点。

如此庞大的工程绝非依靠一己之力能够完成，而要通过组织完善的团体方可实现。据说，从初唐（618年）开始就经常有一些译场组建起来。那烂陀（Nālandā）的一位佛教学者波罗颇迦罗蜜多罗（Prabhākaramitra）曾去往中国，他是这一时期的首位译经家。629年，当他在长安开始翻译工作时，当地高官奉命尽可能多地向他提供便利。

官员们召集了19名天资过人的学者协助波罗颇迦罗[①]

---

① 此处的波罗颇迦罗和前文的波罗颇迦罗蜜多罗为同一人。——译者注

（Prabhākara）。译经工作始于长安大兴善寺（Tahing-sse）[①]，沙门玄谟（Hiuan-wu）、僧伽（Seng-kia，巴、梵: Saṇgha）等人负责译语，通晓三藏的持律师（Vinayadhara）崛多（Kiu-to）负责证译，沙门法琳（Fa-lin）、惠明（Hui-ming）、惠颐（Hui-che）、慧净（Hui-tsing）等人执笔，沙门慧乘（Hui-sheng）、法常（Fa-ch'ang）、惠朗（Hui-lang）、昙藏（T'an-tsang）、智解（Che-kiai）、智首（Che-shou）、僧辩（Seng-pien）、僧珍（Seng-tsong）、道岳（Tao-yu）、灵佳（Lin-kia）、文顺（Wen-shuan）等人证义。皇帝[②]命令高级官员审核译文，并执行监督。[③]从 629 年三月开始，到次年 4 月为止，10 卷的翻译工作遂得以完成。

该记载使我们了解到唐代完整的译场组织体系。首席翻译者不一定必须是优秀的中国学者，在当时的中国，有些印度译经家完全有能力将印度翻译者给出的梵语解释转述成中文。这些组织完善的译场极大地推动了优质、权威佛经译本的产生，花费的时间也比过去大为缩减。

古代的经集和经录

从一开始，根据已有译本编制经集的官方和非官方组织就已出现。人们时不时地把能够得到的译本进行编目，并把这些译本小心翼翼地保存起来，以造福后人。尽管如此，很多早期译本还是散佚了。虽然它们在古经录中曾被提及，但在流传至今的官方经集中却无迹可寻。在近代考古勘探中，失传译本中的一小部分在中亚被找

---

① 应作"Ta-hing-shan-sse"。——译者注
② 指唐太宗。——译者注
③ "诏所司搜剔硕德，兼闲三教，备举十科者一十九人，于大兴善寺创开传译。沙门玄谟、僧伽等语译，及三藏同学崛多律师证义。沙门法琳、惠明、惠颐、惠净等执笔承旨，殷勤详覆审定名义，具成意文。沙门慧乘、法常、惠朗、昙藏、智解、智首、僧辩、僧珍、道岳、灵佳、文顺等证义，又敕上柱国沿书左朴射、邦国公房玄龄、散骑常侍太子詹事杜正伦、礼部尚书赵郡王、李孝恭等参助诠定。右光禄大夫太府卿赵陵男、萧璟总知监护。百司供送，四事丰华。至四年四月译宝罗经论。"（《贞元新定释教目录》卷 11，T. 55,no. 2157, 0853 a20-b01）——译者注

到，但其中的绝大多数仍有待进一步发现。一些古译本渐渐被人们忽视，主要因为其本身质量较差，或后期出现了同一经文的更好译本。甚至在今天的佛教经集中，不少佛经都有一个以上的译本；而另一些译本之所以失传，是因为早期不同僧团组织之间缺乏良好的沟通。

在汉传佛教文献中一共提到过 46 种不同的佛经译本目录，这些目录意味着各种译本曾被不时地收编成藏。在这些目录中，有 24 种早在 597 年以前就已佚失。597 年，官方制定了一份经录，此时有 3 种古目录仍在使用之中。随后，另有三种目录沿用至 730 年，即唐代第一部官方经录^①编纂完成的时间。其余 16 种目录一直传承至今，使我们得以对不同藏经有所了解。

现存最早的汉传佛教经录是由一位名叫僧祐（Seng-yu）的中国佛教学者于 6 世纪第一个二十五年间私人编纂的。^②这份经录共提及经作 2 213 部，其中许多已经失传。几乎在同一时期，宝唱（Pao-ch'ang）也编订了一份官方经录。据说，当朝的隋代^③皇帝笃信佛教，并于华林园^④（Hua-lin Garden）编制了一部大约包含 5 400 卷佛经的庞大藏经。518 年，宝唱为这部皇家造立的藏经编订了目录，但这份目录后来佚失了。

6 世纪编纂的另外三份目录也流传到了今天。第一份由法经（Fa-king）于 594 年编订，涉及经作 2 257 部、5 310 卷。^⑤在这份经录中，首次采用了将大藏经分为经（Sūtra）、律（Vinaya）、阿毗达磨（Abhidharma）三藏的传统。第二份经录是僧人费长房（Fei Chang-

---

① 即智升编撰的《大唐开元释教录》。——译者注
② 即《出三藏记集》。——译者注
③ 宝唱为南朝梁代名僧，当朝皇帝为笃信佛法的梁武帝（502~549 年在位），此处"隋代"有误。——译者注
④ 为南北朝时期南朝之宫苑，位于江苏江宁县。齐武帝永明元年（483）曾于此园设八关斋。永元元年（499），敕请三十僧入华林园夏讲，推举成实论之硕学僧旻为法主。梁武帝天监五年（506），僧旻再游帝都，帝厚遇之，并与法宠、法云等于华林园讲论道义，因之僧旻道誉益隆。十四年，武帝敕令安乐寺僧绍撰华林佛殿众经目录四卷，未契帝意。十七年更诏请宝唱改订僧绍之目录，新编为经录四卷，世称"宝唱录"，武帝大为嘉赏，敕掌华林园宝云经藏。——译者注
⑤ 即《大隋众经目录》。——译者注

fang)^① 奉旨于 597 年编撰的，也是现存最好的经录之一。^② 在这份经录中，大藏经被主要分为大乘和小乘两部分，每部分都包含经、律、阿毗达磨三种传统类别。该经录共收录佛经 1 076 部、3 325 卷，并在头几个章节中第一次尝试从佛陀诞生之时起勾勒一段连贯的佛教史。6 世纪最后几年，隋文帝颁布了编写新版经录的令旨。彦琮（Yen-ts'ong）和长安大兴善寺的其他几名佛教学者奉敕于 602 年编订了这份新录。^③ 该经录涉及各类佛典 2 109 部、5 058 卷。经录作者们采用了一种新方案，并试图编撰出一份严谨的工作成果。他们第一次尝试将真经从伪经中辨出，据他们记载，伪经共计 209 部，另有 402 部失传佛典。

不少唐代编撰的重要经录一直传承下来，其中一些至今仍是我们现有的最为可靠的研究指南。在这些经录中，最早的一部是由玄奘的著名弟子——道宣（Tao-siuan）于 664 年编纂的。^④ 唐高宗下令让长安西明寺（Si-ming-sse）的僧侣们编制一部新版权威大藏经，并将藏经的编目工作委托给道宣。该经录第一部分是对译者及其译作的载录，共提及佛经 2 487 部、8 476 卷。在第二部分中，我们可以得到一份当时存世佛经的名录，其数量为 799 部、3 364 卷，共计 45 626 页。730 年，有人创作了一份补充经录，作者姓名不详。这一时期还有另外三份经录问世，其一是 645 年靖迈（Ts'ing-mai）编写的版本；其二是 730 年智升（Che-sheng）撰写的经录，该经录长度较短，是对前者的补充；其三是明佺（Ming-ts'iuan）于 695 年奉圣旨编纂的经录。

迄今为止最好的经录——《大唐开元释教录》（*Ta t'ang k'ai yuan she kiao lu*）是长安西崇福寺（Monastery of Si-ch'ong-fu）佛教学者智升（Che-sheng）于 730 年编撰的。这也是有史以来最严谨、最全面的经录。作者不仅利用了所有古经录，还用批判的方法对它们进行验

---

① 此人隋朝时已经还俗。——译者注
② 即《开皇三宝录》。——译者注
③ 即《众经目录》。——译者注
④ 即《大唐内典录》。——译者注

证，并将其科学分类。他列举了 1 124 部、5 048 卷完整佛经，同时从中分出 1 531 部据称是残经或伪经的佛经。在当时，已有 1 148 部早期翻译的佛经失传。794 年，圆照（Yuan-chao）对该经录进行了一次补充①。799 年，他几乎完全在智升版本的基础上编制了一份新录②，但其中基本没有任何原创的内容，仅仅是对智升文本的复制。

最后一份具有一定重要性的经录是 1264~1294 年由元朝皇帝忽必烈下令编纂的。③ 这是一份收录了汉传和藏传佛教典籍的综合性经录。此后，更多的经录被编订出来，但它们的价值都无法与之前的经录相提并论。中国最后一次编制佛教三藏是在明太祖的敕令下完成的。著名的日本学者南条文雄（Buniyo Nanjio）正是以这部藏经的汉语目录为基础，编写出第一部英文版经录，并于 1883 年出版。

前文记述的藏经和经录让我们了解到中国不同时期的官方和非官方团体在保护佛教译作方面所付出的巨大努力。尽管一些译作已经散失，但由于这些努力，佛教文献仍然被相当完整地保存下来。

大藏经的刻本

大藏经的印刻最早可以追溯到木版印刷高度发展的时期。要不是这些木版印制的古本，汉传佛教的藏经或许到我们这一代已经彻底失传了。大藏经的第一个刻板是在宋代制成的。971 年，宋太宗④命令一些要员前往四川益州（今成都），用木版印刷法印制大藏经⑤。该令于 972 年执行，佛经被刻印在金银之上。工程结束时，制成的 13 万块木版呈给皇上。该刻板的部分印本在日本仍能找到。

11 和 12 世纪，大藏经的两个刻本先后在福建制成。两版均为私人团体所做，一个由东禅寺（Tong-ch'an-sse）僧人刻作⑥，另一个由

---

① 即《大唐贞元续开元释教录》。——译者注
② 即《贞元新定释教目录》。——译者注
③ 即《至元法宝勘同总录》。——译者注
④ 应为宋太祖。——译者注
⑤ 该版因始刻于北宋开宝四年，后世遂称《开宝藏》。——译者注
⑥ 福州东禅寺本大藏经，又称《崇宁藏》。——译者注

开元寺（K'ai-yuan-sse）僧人完成[①]。前者包括564函、6 087卷，于1080~1104年木版雕成。1172年再版时，皇帝下令对这部藏经进行补充。后者也包括564函，但由6 117卷组成，于12世纪中叶木版雕刻而成。这些印本仍保存在日本，它们被称作汉传佛教大藏经的"宋版"。

另一个"宋版"大藏经由548函、5 900卷组成，可能于12世纪中叶开始创作，13世纪中叶完工，最有可能刊刻于湖州。[②]该版的两套印本保存在日本。

蒙古帝国（元代）也用木版印刷法刊刻了一版大藏经。[③]该版本由杭州南山大普宁寺（Ta-p'u-ning sse）刻制，在对最后一个"宋版"进行复制的同时，也做了一定的补充。这个版本的印本也保存在日本。

另一个木版印刻的版本是于14世纪初（1301~1306年）在苏州制成的，[④]但该版后来失传了。同一时期，高丽也在"宋版"基础上刻制了一版大藏经，[⑤]后来被毁。1251年再次雕刻了一版高丽藏经[⑥]，该版本的印本保存在日本。1643年，在天台宗僧众的支持下雕刻了最后一个汉文大藏经版本。[⑦]该版也被称作"明版"，其印本保存在日本。

很显然，这些木版雕刻的汉文大藏经版本为保存中国佛教文献做出了巨大的贡献。日本出版的现代版大藏经主要以宋、元、明、高丽四个版本为底本。如果这些版本的印本没有保存至今，编制一版综合大藏经是毫无可能的。日本修订的最新版大藏经——《大正藏》（*Taisho*）虽然包含从其他来源发现的文本，但其主要来源还是那些保存在日本的古代汉译本的印本。只要通过细致的搜寻，我们仍有可能在古老的中国寺庙中发现那些与世隔绝的经典。

---

① 福州开元寺本大藏经，又称《毗卢藏》。——译者注
② 湖州思溪圆觉禅院大藏经，简称《圆觉藏》。——译者注
③ 杭州市余杭区白云宗南山大普宁寺大藏经，简称《普宁藏》。——译者注
④ 平江府碛砂延圣院大藏经，简称《碛砂藏》。——译者注
⑤ 即《高丽藏初雕本》，但该雕本约雕于1011~1082年，并非文中所说的"同一时期"的14世纪。——译者注
⑥ 即《高丽藏再雕本》。——译者注
⑦ 即《嘉兴藏》，又名《径山藏》《方册藏》。——译者注

小乘佛教文献——律藏（Vinayapiṭaka）

根据佛教教团（Buddhist Church）中很早出现的一个传统，佛教文献被分为两个主要类别——小乘佛教和大乘佛教。尽管这一分类是基于教理的，但两类文献却以很多经常被人忽视的微妙联系交织在一起。人们没有理由认为小乘佛教文献是更早、更原始的佛教典籍，而大乘佛教是较晚的产物，因为两个类型的佛教的发展均处在印度佛教发展最为鼎盛的时期。所以，该分类仅仅是一种传统分法，它也被汉传佛教学者们用于汉译大藏经的分类。

律藏主要是关于僧团戒律的条文，但它包含的内容远不止于此。律藏列举了僧尼不应违反的戒律，还记录了佛陀就僧尼的某一特定违犯行为而规定的合理惩戒，这些违犯事例既有真实，也有虚构。有时为了夸大所犯过失，有罪僧人的前世或被提及，制戒者会指出，前世也有一个同样的僧人因违反同样的戒规而犯下罪过。律藏还包括对佛教团体（僧伽）管理的规定，对僧人受戒的规定，对周期性忏悔①、雨季安居②、起居、着装、医药的规定，以及部派分裂发生时应执行的程序。

由于涉及佛教教团的基础，律藏堪称佛教大藏经中最重要的作品。所以，印度重要的佛教僧伽都拥有各自的律藏。但是，其中很多文献的原本如今都已失传，其内容只散见于汉文译本之中。

汉译佛典中共有五部不同的律藏，其原本现已失传，最初创作这些典籍的语言也不为人所知。但可以确定的是，它们中的一些是用梵语创作的，而另一些则有可能是用方言撰写的。汉文保存的律

---

① 即布萨（梵：Upavasatha，巴：Posatha 或 Uposatha），属佛教僧团的持戒行为。又作优波婆素陀、优婆娑、布萨陀婆、布洒他、布沙他、邬波婆沙、逋沙陀、襃洒陀、乌逋沙他。意译为长净、长养、增长、善宿、净住、长住、近住、共主、断、舍、斋、断增长，或称说戒。同住之比丘每半月集会一处，或齐集布萨堂，请精熟律法之比丘说波罗木叉戒本，以反省过去半月内之行为是否合乎戒本，若有犯戒者，则于众前忏悔，使比丘均能长住于净戒中，长养善法，增长功德。——译者注

② 安居（梵：Varṣa，巴利语 Vassa），意译为雨期，为修行制度之一。又作夏安居、雨安居、坐夏、夏坐、结夏、坐腊、一夏九旬、九旬禁足、结制安居、结制。印度夏季之雨期适三月之久。此三个月间，出家人禁止外出而聚居一处以致力修行，称为安居。此系唯恐雨季期间外出，踩杀地面之虫类及草树之新芽，招引世讥，故聚集修行，避免外出。——译者注

藏有以下几部:

1. 34 卷 大 众 部 律 (*The Vinayapiṭaka of the Mahāsāṅghika school*)。
这部律的抄本是由著名的中国求法高僧——法显在华氏城
(Pāṭalīputra) 的一个寺庙中发现的。在他的游记中如是描述了这一
发现的事迹:"法显本求戒律,而北天竺诸国皆师师口传,无本可写,
是以远步,乃至中天竺。于此摩诃衍僧伽蓝得一部律,是摩诃僧只
众律,佛在世时最初大众所行也,于只洹精舍(Jetavanavihāra)传
其本。"[①] 法显将该抄本带到中国,并于 424 年和印度佛教学者佛陀跋
陀罗(Buddhabhadra)合作将其译为汉语。这部律的大致内容与其
他律藏类似,但它对趣闻轶事的记述远甚于同类作品,这为人们了
解历史上北印度的社会、经济提供了参考。

2. 61 卷说一切有部律 (*The Vinayapiṭaka of the Sarvāstivāda school*)。
由于这部律由十部分组成,所以也被称作《十诵律》(*She song liu*)。
原本为梵语所著,其中的某些部分经考古探索已经在中亚被发现。
404 年,鸠摩罗什和弗若多罗(Puṇyatrāta)将这部律译成汉语。前文
已经提到,鸠摩罗什是龟兹人,在罽宾接受教育。弗若多罗是罽宾佛
教学者,他于 4 世纪末来到中国国都。这一时期,罽宾是说一切有部
最重要的中心,中亚佛寺中研究最多的就是这一部派的文献。

3. 60 卷法藏部律 (*The Vinayapiṭaka of the Dharmaguptaka school*),
也被称作《四分律》(*Sseu fen liu*)。这部律由罽宾佛教学者佛陀耶
舍(Buddhayaśas)和中国学者竺佛念于 405 年共同译成汉语。佛陀
耶舍的相当一部分活跃时期是在中亚各地度过的,他是在鸠摩罗什
的请求下才于 5 世纪初前往中国的。法藏部律典的翻译始于 410 年,
终于 413 年。

4. 30 卷化地部律 (*The Vinayapiṭaka of the Mahīśāsaka school*)。[②] 这
部律的手抄本是法显旅居锡兰期间在一座寺庙中获得的,但他无暇将
此律译为汉语,所以请罽宾佛教学者佛陀什(Buddhajīva)完成此事。

① 参见法显撰、章巽校注:《法显传校注》,北京:中华书局,2008 年,第 119~120
页。——译者注
② 即《五分律》。——译者注

后者于 423 年来到中国，并于次年（424 年）将此律翻译成了汉语。

5. 根本说一切有部律（*The Vinayapiṭaka of the Mūlasarvāstivāda school*）。[①] 这是所有汉语和其他语言律藏中涉及范围最广的一部律，将这部律译成汉语的义净是中国著名的求法高僧。他于 7 世纪来到印度，并于 8 世纪初完成了这部律的翻译。藏传佛教大藏经《甘珠尔》（*Kanjur*）中的律藏（Dul-va）[②] 也是对同一部律的翻译。这部律的原本为梵语所著，在印度只发现了其中的一部分。

除上述五部完整的律藏，被译为汉语的还有从属于不同律派、较为短小的文献，如"波罗提木叉"（*Prātimokṣa*）即僧尼受戒的法规，"毗婆沙"（*Vibhāṣā*）和"摩得勒伽"（*Mātṛkā*）即对律典的解说注释以及其他各种文献。作为一个整体，汉文律藏是所有律藏文献中最为丰富的一支。巴利文律藏只代表一个部派，而汉文律藏则代表五个不同部派，正因为此，它为我们研究古代律藏文献提供了最为广阔的视角。

将汉译律藏和巴利文律藏进行比较，总能产生出新颖而重要的事实。汉文律典中的记载往往比巴利文律典中的更加完整，更有助于人们了解早期印度社会生活的方方面面。它们也为我们提供了有关不同佛教部派间教理差异的信息。事实上，如果我们想重新构建印度早期佛教教团的历史，对汉文律典的研究是必不可少的。此外，各种律典的共同点也让我们得以构想出原始佛教戒规的建立。

小乘佛教文献——经藏（Sūtrapiṭaka）

巴利文经藏（巴：Suttapiṭaka，梵：Sūtrapiṭaka）是佛陀本人的言论集，包含不计其数的对话，其中详细阐释了佛教的教义。因此，它也是佛教教义的主要来源。巴利文经藏分为五部（尼迦耶，Nikāya）：《长部》（巴：*Digha*，梵：*Dīrgha*）、《中部》（巴：*Majjhima*,

① 即《根本说一切有部毗奈耶》。——译者注
② Dul-va 又作 Dul-ba，藏语，有引导、戒律、法律之意，对应梵语中的 Vinaya，即律。——译者注

梵：*Madhyama*）、《相应部》（巴：*Saṁyutta*，梵：*Saṁyukta*）、《增支部》（巴：*Aẑguttara*，梵：*Aẑguttara*）和《小部》（巴：*Khuddaka*，梵：*Kṣudraka*）。

与巴利文经藏一样，梵文经藏也有汉译本，其原本现已佚失。考古学家在中亚发现了该经藏原本的一些残叶，它们确凿地证明了这部经藏最初是用梵文书写的。这些残卷与相应的汉译文本高度吻合，这也表明最早被译为汉文的经藏是用梵文写成的。这部经藏最有可能属于说一切有部，因为能和巴利部派一样具备完整三藏的只有说一切有部。

与巴利文经藏不同，汉文经藏由四部阿含（*Āgama*）组成，即《长阿含》（*Dīrgha*）、《中阿含》（*Madhyama*）、《杂阿含》（*Saṁyukta*）和《增一阿含》（*Ekottara*），后者与巴利文《增支部》对应。在汉文体系中，没有与巴利文《小部》相应的佛经，其原因不难解释：巴利文《小部》不同于前四部，它主要是《法句经》（*Dhammapada*）、《自说经》（*Udāna*）、《如是语经》（*Itivuttaka*）、《经集》（*Suttanipāta*）、《本生经》（*Jātaka*）等各种经文的杂合，而相应的梵文经文均有单独的汉译本，如《优陀那品》（*Udānavarga*）或《法句经》、《本生经》、《义品》（*Arthavarga*）等。

尽管前四部巴利文经藏与汉文经藏名称一致，但它们的内容却不尽相同。毫无疑问，二者拥有共同的基础，但它们在细节上的差异还是相当大的。此外，在巴利文和汉文经藏中，这四部的经文排布并不严格遵照相同的规则。只有对这两种经藏进行比较研究，我们才能对印度佛教团体早期存世的佛经有所了解。

《长阿含》是于5世纪初（412~413年）由罽宾僧人佛陀耶舍和中国佛教学者竺佛念共同译成汉语的，收录有30部不同的经。《中阿含》于397~398年被另外一位罽宾学者瞿昙僧伽提婆（Gautama Saṇghadeva）译为汉语，由222部短经组成。420~427年，罽宾来华僧人求那跋陀罗（Gunabhadra）翻译了《杂阿含》。《增一阿含》是于384~385年由昙摩难提（Dharmanandī）翻译的，含短经555部。

尽管经藏的四个部分被全部译成汉语是在 4 世纪末 5 世纪初，但四部阿含中的大量经文在更早的时候已经有了汉译本，有时同一经文还有不止一个译本。早在 2 世纪中叶，当时的译师们已经开始着手翻译经藏中的各种经文。当四部阿含被完整译出时，人们觉得某部经文的单独译本已经毫无必要。因此，很多早期译本逐渐被忽视，最终散失。尽管如此，仍有各类阿含的近两百部古译本流传至今。这些早期译本很多都是节本，旨在让人们了解其中蕴藏的教义。

除了四部阿含的译本，汉译经藏还包括各种各样的作品，如讲述佛陀生平的经及佛本生故事（Jātaka）等。佛陀诞生故事或佛本生故事在梵文经藏中被称为譬喻经（Avadāna）。一些譬喻经在很早的时候便被译成汉语。巴利文《法句经》是一部著名的古代偈颂集，它在梵文中被称为《优陀那品》。该经文有三个不同的汉译本，前两个属于 3 世纪，第三个属于 4 世纪。如果我们把这些经文都考虑在内，那么汉文经藏的体量则要远远大于巴利文经藏。

小乘佛教文献——阿毗达磨藏（Abhidharmapiṭaka）

巴利文阿毗达磨藏包括七部著作：《法集论》（Dhammasaṅgaṇi）、《分别论》（Vibhaṅga）、《论事》（Kathāvatthu）、《人施设论》（Puggala-paññatti）、《界论》（Dhātukathā）、《双论》（Yamaka）和《发趣论》（Paṭṭhāna）。阿毗达磨（巴：Abhidhamma，梵：Abhidharma）的词义是"殊胜的教法"，它包含对佛教哲学的义理阐释。第三部阿毗达磨——《论事》主要是一部关于辩论的著作，它列举了各个佛教部派的教义以及对其所属部派教义的辩护。

在汉文体系中，阿毗达磨藏被称为论藏（Śāstras）。经被认为是"佛语"（Buddhavacana），即"佛陀的言论"，与之不同，论藏作者的重要性较弱。汉文论藏中的主要阿毗达磨典籍构成说一切有部的第三藏。和说一切有部的律和经一样，这些论最初也是以梵文撰写的。遗憾的是，其原本已经失传，汉译本是我们目前唯一的信息来源。

与巴利三藏一样，说一切有部也有七部阿毗达磨：①迦多衍尼子（Kātyāyanīputra）造《发智论》（Jñānaprasthāna-śāstra），②摩诃俱希罗（Mahākauṣṭhila）造《集异门足论》（Saṅgīti-paryāya），③世友（Vasumitra）造《界身足论》（Dhātukāyapāda），④大目犍连（Mahāmaudgalyāyana）造《施设足论》（Prajñaptisārapāda），⑤舍利子（Sāriputra）造《法蕴足论》（Dharmaskandha），⑥提婆设摩（Devaśarman）造《识身足论》（Vijñānakāyapāda），⑦世友造《品类足论》（Prakaraṇa-pāda）[①]。在这七部论中，第一部是由竺佛念和罽宾僧人瞿昙僧伽提婆共同于383年翻译的，剩余六部论均由玄奘于651~660年译出。后者翻译的几部论都不如第一部《发智论》博大，《发智论》应该是说一切有部阿毗达磨藏的主要著作。

尽管巴利文和汉文阿毗达磨的主题大体一致，但仅从表面上将二者进行比较，便能发现后者并非前者的译本。因此，说一切有部阿毗达磨是独立形成的。

除了说一切有部的七部阿毗达磨，还有一些极为重要的补充文献被译成汉文，其中最早的一部是《阿毗达磨大毗婆沙论》（Abhidharma-mahāvibhāṣā-śāstra）。据传统记载，该作是在贵霜帝王迦腻色伽赞助的第四次佛教结集中由说一切有部五百阿罗汉编纂的。这部著作共有200卷，是前文所述《发智论》的释论。玄奘于656~659年翻译了此论，其原本已佚。第二部著作是5世纪由世亲（Vasubandhu）所造的《阿毗达磨俱舍论》（Abhidharmakośa-śāstra），其名声甚至超越了前一部。此后，说一切有部分裂为两派，即奉经藏为权威的经量部（Sautrāntika）和奉《毗婆沙》（Vibhāṣā）或《大毗婆沙》（Mahāvibhāṣā）为权威的毗婆沙部（Vaibhāṣika）。前文已经提到，后者是《发智论》的释论，也是说一切有部阿毗达磨学的缩影。世亲在这部著作中主张将经量部与毗婆沙部的地位对立起来。他不仅批判毗婆沙部的教义，还抨击其他所有反对经量部的派别。该作于651~654年由玄奘译为汉语。至于这部作品的原貌，

---

① 原文为 Frakaraṇa-pāda，有误，应作 Prakaraṇa-pāda。——译者注

我们仅仅通过后期由称友（Yaśomitra）编纂的一部名为《明了义疏》（Sphūṭārtha）的梵文注疏才有所了解。要想了解世亲本人撰写的全文和评注，汉文译本是我们的主要依据。

汉文论藏的其他论作中还包括另一部重要作品——《成实论》（一说为 Satyasiddhiśāstra，更准确地说应作 Tattvasiddhiśāstra），作者诃梨跋摩（Harivarman）来自罽宾，是著名的说一切有部大师。但是，该作表述的观点不同于说一切有部的教理，就诃梨跋摩的佛教哲学观点来看，他只可能是其他佛教派别的追随者。诃梨跋摩的原作已经散失，流传至今的汉译本为鸠摩罗什于 5 世纪初所作。这部著作在中国备受尊崇，汉传佛教的一个独立宗派——成实宗正是在其基础上发展了自己的教义。

汉文佛典中还有一些其他论典，如世友的《十八部论》（Treatise on the Eighteen Buddhist Schools）、僧伽罗刹（Saṅgharakṣa）的著作等。这些作品的梵文原本已尽数佚失，汉文和藏文译本是我们仅有的参考资料。

由前文所述我们似乎可以确定，汉译本中保留的阿毗达磨藏比巴利文阿毗达磨藏更为全面，对于任何有关古代佛教哲学的研究来说都是不可或缺的文献。它们甚至为我们研究龙树（Nāgārjuna）的中观派（Mādhyamika）、无著（Asaṅga）的瑜伽行唯识派（Yogācāra-Vijñānāvada）等后期佛教哲学体系提供了有用的资料。

大乘佛教文献——律、经、论

汉文大藏经中有一大部分是大乘佛教文献，从梵文翻译而来的大乘经典不少于小乘经典。在对这些典籍进行分类的时候，汉传佛教徒沿用了与对待小乘大藏经相同的惯例，主观臆断地将其分为经、律、论三个部分。之所以说这一分类是主观臆断的，是因为在印度大乘传统中根本找不到这样的惯例。在尼泊尔，大乘佛教作为一种生机勃勃的佛教形式已有数世纪，其文献分为九个被称为

"部"（*Vyākaraṇa*）的经典 [1]，即①《八千颂般若经》（*Aṣṭasāhasrikā Prajñāpārmitā*），②《妙法莲华经》（*Saddharmapuṇḍarīka*），③《方广大庄严经》（*Lalitavistāra*），④《入楞伽经》（*Laṇkāvatāra*），⑤《金光明经》（*Suvarṇaprabhāsa*），⑥《入法界品》（*Gaṇḍavyūha*），⑦《秘密集会》（*Tathāgataguhyaka*），⑧《月灯三昧经》（*Samādhirāja*），⑨《十地品》（*Daśabhūmika*）。这些经文的汉译本收录在大乘经藏中，我在后文会有所提及。汉文所说的"大乘律"实为误称，因为这个律藏和我们在介绍小乘宗派时所说的律藏并非一个意思，它所包含的佛典或许已经很好地收录在其他部分了。

汉文大乘律藏由大约25部著作组成，其中最为重要的被称作《菩萨行》（*Bodhisattva-caryā*）或《菩萨戒》（*Bodhisattva-prātimokṣa*）。前一类中最重要的是《菩萨行解说》（*Bodhisattva-caryā-nirdeśa*）[2]，它曾被两度译成汉语。第一个译本由我们之前提到的昙无谶（Dharmakṣema）于414~421年所作，第二个译本由求那跋摩（Guṇavarman）在431年所作。然而，该作的原本从严格意义上说并不是律，它其实是著名的大乘论书、瑜伽行派哲学体系的根本经典——《瑜伽师地论》中的一章。对于那些发心行菩萨道、实现大乘理想的人来说，这部著作为他们阐述了需要特别践行的修行之道，因此它被单独划分为律著。汉译佛典中还有另外一部著作叫作《菩萨戒》，即"菩萨受持的戒规"。该作也被两次译成汉语，较早的一部由昙无谶翻译，是从同一部经著中摘选而造的。鸠摩罗什在406年译过一部名为《梵网经》（*Brahmajāla-sūtra*）的作品，因为它论述的是菩萨受持的戒条，所以也被归在大乘律典之中，其原本已经无法完全找到。尽管后来的汉地佛僧更重视大乘经典，但出于受戒的目的，他们一直未能脱离小乘律典。实际上，共有两种受戒方式被采用，其一遵循小乘传统，其二依照前文提及的大乘戒规。

---

① 即通常所说的"大乘九部"。——译者注
② 根据梵文，该部律应译为《菩萨行解说》。但经考证，昙无谶《菩萨地持经》和求那跋摩《菩萨善戒经》均译自《瑜伽师地论》中的《菩萨地》（*Bodhisattva-bhūmi*），故此处疑为《菩萨地》。——译者注

相比之下，大乘经藏则更为纯正地代表了大乘大藏经。虽然汉文三藏佛典的分类方式只是单纯的中国式分法，但在这里几乎所有属于古代大乘经藏的佛典均有翻译。它们都应当是佛陀的言论，即佛语，并被认为和小乘经藏一样具有权威性。两者的差别在于，小乘代表佛陀训教的公开一面，而大乘代表其隐秘一面。

汉译本中保存的大乘经藏分为五部分，即（1）般若部（*Prajñāpāramitā*），（2）宝积部（*Ratnakūṭa*），（3）大集部（*Mahāsannipāta*），（4）华严部（*Avataṃs-aka*），（5）涅槃部（*Mahāparinirvāṇa*）。如前文所述，这一分类是6世纪天台宗企图判教的直接结果。它并非植根于印度土壤，因为根据古代印度传统，经著由九"部"组成。从2世纪起，属于不同部类的经典就被陆陆续续译为汉语，其中最为流行的《阿弥陀经》（*Amitāyus-sūtra*）、《金刚经》（*Vajracchedikā Prajñāpāramitā*）已被翻译了十余次。

（1）般若部。这一部类包括八部不同著作，前六部只是《般若波罗蜜多经》（*Prajñāpāramitā-sūtra*）的不同增编版，即《十万颂般若》（*Śatasāhasrikā Prajñāpāramitā*）、《二万五千颂般若》（*Pañcaviṃśati-sāhasrikā*）、《一万八千颂般若》（*Aṣṭadaśasāhasriā*）①、《五百颂般若》（*Pañcaśatikā*）、《七百颂般若》（*Saptasatikā*）等。这些著作全部于222~659年译成汉语，其中第一部《十万颂般若》最为宏大，也作《大般若波罗蜜多经》（*Mahāprajñāpāramitā-sūtra*）②。该作共有600卷，根据传统统计，包括20万颂诗节或者说是同等数目的散文音节。659年，玄奘将它译成汉语。一些《般若经》的梵语原本在尼泊尔被发现，如《二万五千颂般若》和《一万八千颂般若》，但要想了解该部的所有作品，我们只得依赖汉语和藏语译本。

（2）宝积部。宝积部是不同经著的集合，其中最为主要的称作《大宝积经》（*Mahāratnakūṭa-sūtra*），整个部类的名称就源于此

---

① 此处有误，原文为*Daśāsahasrikā*，应作*Aṣṭādaśasāhasriā*。——译者注
② 此处有误，玄奘译《大般若波罗蜜多经》是为宣讲诸法皆空之义的大乘般若类经典的汇编，共600卷，包括般若系16种经典（即十六会），不单指《十万颂般若》一部佛典。——译者注

经。《大宝积经》包含 49 部不同作品，其中一些于 2~3 世纪被翻译成汉语。该部有 26 部著作是由唐代菩提流志（Bodhiruci，693~713年）所译。著名的《阿弥陀经》或称《无量寿经》（*Sukhāvati-vyūha-sūtra*）就是一部宝积部经著。[①] 它被译成汉语超过 12 次，最早的译本可以追溯到 148 年。该经曾是中国最为流行的佛经之一，也是汉传佛教某宗派[②]的根本经典。与未来佛——弥勒佛名号有关的经文也属于这一部类。一些宝积部经著的原本已在尼泊尔的佛经卷集和中亚的考古发现中获得，但只有汉译本才是我们了解其完整经集的唯一来源。

（3）大集部。这一部类的根本典籍是《大方等大集经》（*Mahāvaipulya-mahāsannipāta-sūtra*），5 世纪初由昙无谶翻译成汉语。该经集还有另外一些著作如《月藏经》（*Candragarbha-sūtra*）、《日藏经》（*Sūtyagarbha-sūtra*）、《地藏经》（*Kṣitigarbha-sūtra*）等，但最博大、最重要的还是《宝积经》（*Ratnakūṭa-sūtra*）。这部经的梵文原本已经彻底失传，其汉译本是我们了解这支大乘文献的主要信息来源。

（4）华严部。这一部类的根本典籍是《大方广佛华严经》（*Buddhāvataṁsaka- mahāvaipulya-sūtra*）60 卷，由罽宾学者佛陀跋陀罗[③]于 5 世纪初译为汉语。7 世纪，于阗佛僧实叉难陀 (Śikṣānanda) 再次翻译了这部典籍。大乘哲学最为重要的著作之一《十地经》（*Daśabhūmika-sūtra*）就属于这一部类。它曾被多次翻译成汉语，其中最早的译本诞生于 4 世纪。这些经著的部分梵语原本如今仍然可见，但只有汉语文献最为完好地保存了这部经集。

（5）涅槃部。这一部类的根本经著为《大般涅槃经》（*Mahāpa-rinirvāṇa-sūtra*）40 卷，它于公元 423 年被昙无谶译成汉语，该部类中的其余作品均是对该作摘录或增补部分的翻译。小乘大藏经的阿

---

① 此处有误，《阿弥陀经》和《无量寿经》并非同一部经。《无量寿经》亦称《大阿弥陀经》，《阿弥陀经》亦称《小无量寿经》。——译者注
② 此处指净土宗。净土宗为中国佛教十三宗派之一，因专修往生阿弥陀佛净土法门，故名。因其始祖慧远曾在庐山建立莲社提倡往生净土，故又称莲宗。《无量寿经》《观无量寿经》《阿弥陀经》和世亲的《往生论》为该宗所依经典，称三经一论。——译者注
③ 此处有误，佛陀跋陀罗非罽宾人，而是古印度迦毗罗卫国（今尼泊尔境内）人，但他曾在罽宾游学。——译者注

含部也有一版《大般涅槃经》，但现存的这部经著与之没有任何关系，是一部纯粹的大乘典籍。

除了这五类作品，汉文大乘经著中还有一个经集部（miscellaneous collection）。该部是汉文佛典最大的部类之一，其中收录的经典既不能被合宜地纳为一类，又不能归入上述五大部类。该部的一些重要作品仍有梵语原本存世，如《妙法莲华经》（*Saddharmapuṇḍarīka-sūtra*）、《金光明经》（*Suvarṇaprabhāsa-sūtra*）和《楞伽经》（*Laṅkāvatāra-sūtra*），但其余大部分经著的原本业已散失。无论是印度还是中印亚地区，早期大乘佛教的多元面貌仍然不为人知。因此，汉译本对于我们研究早期大乘佛教具有至关重要的意义。

汉文大乘阿毗达磨藏或大乘论藏较为独特，因为它对研究佛教哲学意义重大。在这些论著中，只有为数不多的几部作品仍有梵语原本存世，至于其余作品，我们只能借助汉文译本。整部论集被发展成熟的论藏赋予一种神圣性，因为其中各部经典的作者都是印度伟大的人物，如龙树（Nāgārjuna）、无著（Asaṅga）、世亲（Vasubandhu）、马鸣（Aśvaghoṣa）、护法（Dharmapāla）等，他们的地位已经达到了菩萨的等级。在这里，我们只提该论藏中的几部主要作品。

龙树最宏大的著作是 100 卷《大智度论》（*Mahāprajñāpāramitā-sūtra-śāstra*）。这部作品的原本已经佚失，但在汉译本中仍有保存。据说，梵文原本包含 10 万颂诗节或者说是同等数目的散文音节。该作是大乘经著第一部类的根本典籍——《大般若波罗蜜多经》的释论。现存论本由鸠摩罗什在 402~405 年译成中文。在其他保存于汉文文献的龙树著作中，或许会提及《十地经》的释论《十住毗婆沙论》（*Daśabhūmi-vibhāṣā-śāstra*），鸠摩罗什于 405 年翻译了该作。此后，龙树的几部次要著作也被先后译成汉语，例如《六十如理》①

---

① 译名存疑。——译者注

（*Nyāyadvāraka-tarka-śāstra*）、《顺中论》[①]（*Madhyāntānugama-śāstra*）和《十二门论》（*Dvāda-śanikāya-śāstra*）。龙树之所以广为人知，是因为他是一个新兴佛教哲学体系——中观派（Mādhyamika）的创始人。这一哲学理念直接产生于龙树对古代大乘经著的解读，他对《大般若波罗蜜多经》、《十地经》等典籍的注释则为其新思想体系奠定了基础。我们在上一章已经领略到这一哲学体系对汉传佛教所产生的深远影响。

另一位伟大的大乘论师是马鸣。他的著作也保存在汉文译本中，《大庄严经论》（*Sūtrālaṁkāra-śāstra*）和《大乘起信论》（*Śraddhotpāda-śāstra*）是其中最重要的两部论，其中唯有后者显现出了一套释义清晰的哲学体系的痕迹。实叉难陀于695~700年将《大乘起信论》译为汉语，《大庄严经论》则于430年由鸠摩罗什译出。

在翻译的重要论著中，有很多据说是弥勒菩萨（Bodhisattva Maitreya）所作。这个"弥勒"究竟是历史上的一位大乘论师还是传说中的"未来佛"（future Buddha），尚无定论。传统认为，这些论是由弥勒传给无著菩萨的，这也解释了为什么这些作品通常被认为是无著所作。这批论著中主要的作品有：①《瑜伽师地论》100卷。据说其梵文版包含4万颂诗节或者说是相应数目的散文音节。该作由玄奘于646~647年译成。②《大乘庄严经论》（*Mahāyāna-sūtrālaṁkāra-śāstra*）由波罗颇迦罗蜜多罗于630~633年翻译而成。③《摄大乘论》（*Mahāyana-samparigraha-śāstra*）于563年被真谛（Paramārtha）译出。④《顺中论》由瞿昙般若流支（Gautama Prajñāruci）于543年译出。正是这些主要作品详细阐述了由无著创立的新式哲学体系，即瑜伽行派（Yogācāra）。遗憾的是，只有少数原作流传下来。想要了解无著的全部著作，汉文翻译是我们的主要资料来源。

世亲是无著的弟弟。他早年信奉小乘经量部，并在当时撰写了

---

① 此处有误，梵文 *Madhyāntānugama-śāstra* 对应《顺中论》，据作者后文对无著著作的介绍，其作者并非龙树，而是无著。——译者注

著名的《阿毗达磨俱舍论》。前文已有提及，这部作品是说一切有部阿毗达磨的重要概论。不久，世亲的信仰发生了变化，转而倾向大乘佛教。他逐渐形成了一套新的哲学体系——唯识（Vijñānavāda），该体系是对无著瑜伽行派理论的进一步阐述。尽管世亲的一些原作已经在尼泊尔被发现，但他的绝大多数著述目前只有在汉译佛典中才能获得。这里可以提几部汉文译本中的主要作品：①《成唯识论》（*Vijñānamātratā-siddhi-śāstra*）由玄奘于 559 年翻译，一道译出的还有梵文注释。[①] ②《辩中边论》（*Madhyānta-vibhaṇga-śāstra*）由玄奘于 661 年翻译。③《如实论》（*Tarka-śāstra*）于 550 年被真谛译出。④《唯识二十论》（*Viṁśikā-prakaraṇa*）由玄奘于 661 年译出。世亲和无著的作品对著名的中国求法僧玄奘产生了巨大的影响，他不仅翻译了这两位作者的主要著作，还以此为基础创立了一个新的汉传佛教哲学体系[②]，在后世中国受到高度推崇。

上述几部大乘论著足以显示，保存在汉语文献中的大乘阿毗达磨藏是如此丰富。它不仅是各类语言中拥有大乘论著数量最多的，同时也收录了大乘哲学最为重要的作品。若非如此，这些著作将不再为我们所有，而现存的少量梵语著作远不足以让人们了解大乘哲学。如果我们想全面、合理地估量龙树、马鸣、提婆（Aryadeva）、无著、世亲等几位最负盛名的佛教大师对印度思想发展所做出的巨大贡献，则必须参考汉文译本，它们为我们提供了难以估量的帮助。

佛教密教文献

8 世纪起，随着佛教的衰微，密教在印度发展起来，主要有三个代表派别：金刚乘（Vajrayāna）、俱生乘（Sahajayāna）和时轮

---

①《成唯识论》并非玄奘对世亲作品的直接翻译，而是糅译了印度亲胜、火辨、难陀、德慧、安慧、净月、护法、胜友、胜子、智月等十大论师分别对世亲《唯识三十颂》所做的注释而成。玄奘原拟将十家注释全文分别译出，后采纳窥基建议，改以护法注本为主，糅译十家学说，由窥基笔受，集成一部。——译者注

②即中国佛教十三宗派之一的唯识宗，又名法相宗、法相唯识宗，创始人为玄奘及其弟子窥基。——译者注

乘（Kālacakrayāna）。相较于汉译经典，这些派别的文献在藏文译本中得到了更好的体现。在汉语文献中，属于金刚乘的著作数量相当之多，却鲜有另外两派的著作。同样地，汉地佛僧对此类密教的兴趣也十分有限。这些印度的晚期佛教派别从婆罗门教的密教经典（Brahmanical Tantras）中吸取了相当多的成分，所以这些教派只能通过借助密教文献才能被更好地理解和信奉。但在中国，婆罗门教的密教思想完全不为人知。尽管道教的信仰者已经发展出一套高度神秘化的宗教形式，但它的教法对于理解后来密教的教法并没有太大的帮助。汉地的佛教徒们自然而然地认为，还是玄奘留给他们的那片土地更加真实可信。

一些后来去往中国的印度论师曾试图介绍金刚乘的著作，这方面的先驱是金刚智（Vajrabodhi）和不空（Amoghavajra）。他们两人于719~774年将大约150部金刚乘论著翻译成汉语，其中很多是"陀罗尼"[①]（dhārazi）和"修法"[②]（sādhana）。"陀罗尼"即咒语，"修法"是对大乘男女神祇进行祈求的方法。对于一个原本没有众神体系的宗教来说，这些神祇绝对是新生事物。宋代的一些译师也将不少金刚乘著作译成了汉语，其中那烂陀僧人法天（Fa-t'ien）或称法贤（Fa-hien，梵：Dharmadeva）[③]于973~1000年将118部短篇著述翻译成汉语。他的很多译作是纯粹的大乘经，当中没有一丝密教色彩，而其余著作均为陀罗尼和修法。最后一位把陀罗尼和修法译为汉语的伟大译师是施护（She-hu，梵：Dānapāla?），他是当时的密教重

[①] 又作陀怜尼，意译总持、能持、能遮，是一种记忆术。有关菩萨所得之陀罗尼，诸经论所说颇多。及至后世，因陀罗尼之形式，类同诵咒，因此后人将其与咒混同，遂统称咒为陀罗尼。——译者注

[②] 又作行法、秘法、密法。在密教所修之加持祈祷等法，即奉上各种供物而修护摩，依所定规则，口唱真言，手结印契，心持念本尊，行者与本尊融成一体，以获得所期望成果之作法。——译者注

[③] 此处存疑，法贤和法天是否为同一僧人在不同的史籍中有不同的记载。据《佛祖统纪》卷四十三、卷四十四及《续高僧传》卷一载，师于雍熙二年，改名法贤。但据《大中祥符法宝录》卷六所述，雍熙四年蒙诏改名为法贤的人是天息灾。另据日本京都南禅寺所藏《尊胜大明王经》《大乘戒经》《护国尊者所问大乘经》与《参天台五台山记》卷六〈熙宁六年二月二十九日〉、卷七〈熙宁六年三月二十日〉之条，揭举法天、法贤二师之名，以及京都高山寺所藏《未曾有正法经》揭举法天之名，由此可见法天与法贤并非同一人。——译者注

镇——乌仗那国僧人。他在 10 世纪最后几年翻译了 111 部著作。在这些宋代翻译的作品中，很多原本都已佚失。

　　这一对佛教文献的考查是为了让读者对古代印度和中国学者所做出的功绩有一个大致的了解。当然，这样的了解还远远不够。在大约一千年的时间里，印中佛僧精诚合作，他们孜孜不倦的工作，为我们留存了大量在印度业已失传的文献。若不借助这些中国以极大热情为后世保存的文献，人们将无法从各个方面对佛教史和印度文明史进行全面而准确的研究。

第六章 印度艺术和科学在中国

印度艺术的传入

在传播哲学和传奇故事的同时，佛教也将其他印度文化元素传入了中国。中国有着高度发达文明的古老遗产，不可能仅仅满足于从印度获得一种新的宗教学说，她对其他印度文化元素抱有同样的兴趣，这其中就包括艺术、天文学、数学、医学等。印度文化的这些方面对中国的影响至今依然可以觅得踪迹。

在贵霜人的支持下，佛教得以逐渐向中亚渗透。与此同时，一种混合的佛教艺术正在西北印度形成。这一艺术根植于印度化的希腊社会文化，尽管这出现在贵霜人进入之前不久，但却在贵霜治下取得了最大程度的发展。希腊化（Hellenistic）的艺术家们皈依了佛教，并投身于佛教艺术，而他们创作的艺术作品也主要以佛教为题材。

这一艺术被传播到了中亚和中国。相比印度内陆地区更加发达的印度本土艺术形式，它具有一些鲜明的特点。它运用了包括科林

桑奇大塔北门（公元前 1 世纪晚期～公元 1 世纪初期）

斯柱在内的希腊建筑元素，在花卉设计中引入了莨苕花，在服饰中引入了希腊和中亚的传统服饰和装饰。就题材而言，它除了展现佛陀生平事迹，也包括了佛陀前世的故事。这些是印度最早的佛像，数量颇多。就风格而言，这类艺术也被称为印度希腊式或者希腊式佛教风格，因为它们的手法是希腊式的，灵感却源自佛教。终贵霜一朝，它都十分繁荣，而它留下的遗产痕迹一直到5世纪依然可以在西北印度的许多地方找到。

这种艺术逐渐被贵霜时期更加发达的印度本土艺术所驱逐。本土艺术兴盛于马图拉（Mathura），它代表了印度的正统艺术传统，这一传统直接承袭自更加古老的桑奇（Sanchi）和巴尔胡特（Bharhut）艺术。马图拉流派创造了一种新的佛像，而非模仿印度希腊风格的佛像，其中很难找到印度希腊风格的佛像的特点：

塑像圆润，使用了深浮雕技法……修面且没有卷发，有的地方保留了头巾且呈螺旋状，没有眉间白毫，没有胡须，右手施无畏印，左手常常握拳，坐像的左手放在大腿上，站像则左手持衣袍的褶皱边，手肘与身体保持一定距离，尽管佛像毫无疑问的是男相，肩膀也很宽，但胸部却很奇特地突起，衣服紧紧地贴在身上，具体如图所示。佛像坐在没有小雕塑装饰的狮子座（siṁhāsana）而非莲花座上，而站像的两脚之间有一只蹲坐的狮子。佛像的姿态和表情展现了很强的力量感，而非安静或甜美。[1]

尽管这种艺术无法排除与它同时代的西北印度希腊式艺术的影响，但它与更古老的印度本土艺术的联系无疑更加紧密，印度希腊风格的影响至多只是浅层的。

贵霜时期的艺术逐渐演变为后来被称为笈多艺术的艺术形式。终笈多一朝，笈多艺术都很繁荣，这种繁荣一直持续到7世纪才让

---

[1] 阿南达·K.古玛拉斯瓦米：《印度和印尼艺术史》（Ananda K. Coomaraswamy, *History of Indian and Indonesian Art*, London: Edward Goldston, 1927.），第57页。——译者注

位于更具地方特色的地方艺术。笈多艺术是印度的古典艺术，融合了之前所有的艺术要素。古玛拉斯瓦米（Coomaraswamy）以下述文字界定了笈多艺术：

笈多艺术丰富的装饰资源应当被认为包括了以下几个层面：传承的、本土的、早期亚细亚的、波斯的和希腊的。笈多风格是统一的、民族的。就造像而言，这种风格源自贵霜时期的马图拉造像，不过伴随着其后形成趋势的自然发展历程，由于进一步提炼，这种影响也显得越来越微弱。与此同时，笈多塑像尽管相比更加古老的塑像相对不那么笨拙，但依然巨大；它的能量由其形象，而非动作得以展现。①

这种技艺日臻完美，已经成为一种"不假思索的语言"②以及那个时代最高精神概念的表达媒介。这种发展不仅体现在雕塑上，也体现在绘画上。借由笈多艺术，印度艺术进入了它的古典时代，其影响也远远超过了印度的地理边界。笈多时期北印度所有重要艺术中心的塑像以及阿旃陀的壁画代表了这一阶段。

如上所述，在佛教向外传播的第一波浪潮中，走在前面的是印度西北部地区，尤其是犍陀罗（Gandhāra）和罽宾（Kashmir）。因此，这两个国家前往中亚和中国的传法僧也就自然而然地将印度希腊式艺术一同传往这两个地区。对他们来说，这种艺术便是表达他们虔诚之心唯一的造像表达媒介。当佛教印度作为一个整体站到了赴外传法僧团的身后时，其他风格的佛教艺术，例如马图拉艺术、笈多艺术等也随着佛教一同传往了国外。

就这样，印度的艺术家和艺术元素循着往来商旅和传法僧所走的路径前往了中亚和中国。考古学家们已经在中亚的古道沿线发现

① 阿南达·K.古玛拉斯瓦米:《印度和印尼艺术史》(Ananda K. Coomaraswamy, *History of Indian and Indonesian Art*, London: Edward Goldston, 1927.)，第 72 页。——译者注
② 同上，第 71 页。——译者注

了许多印度文化的遗存。在所有主要的通往中国的文化前哨，比如巴米扬、大夏、于阗、米兰（Miran）[①]、龟兹、吐鲁番和敦煌，他们都发现了遗留下来的佛教石窟、雕像、绘画等。可见，当时佛教印度正努力以一种持久的文化关系将所有国家都紧密地连接在一起。

顺着前往大夏和中亚的道路，我们可以在巴米扬山谷发现古代艺术遗址。山谷周围山上的石窟都属于阿旃陀风格，石窟的墙上和顶上都绘有壁画，岩壁上凿有精美的佛像。尽管受到后世入侵者的破坏，巴米扬的遗存依然可以让我们清楚地感受到巴米扬艺术鼎盛时期的状况。巴米扬的雕像属于印度希腊流派，壁画虽明显受到了萨珊艺术的影响，但同样有很多能让我们立刻想起阿旃陀的艺术元素，最为明显的就是壁画中遨游在天际的紧那罗（kinnara）形象。此外，壁画中还有常见于中亚佛教艺术和马其顿艺术中的太阳和月亮符号。

继续沿着前往大夏的道路前行，便会经过兴都库什以北一个名为都克塔力诺什万（Dukhtar-i-Nusirwan）[②]的地方。这里发现的佛教艺术遗存与巴米扬的艺术遗存属于同一类型。大夏自身深受后来的入侵者之苦，其坐落在波斯帝国和中亚通往印度的重要通衢之上，自古以来便最能吸引所有外来者。前文已经提到直到7世纪中叶，大夏依然是一个十分重要的佛教中心，目前已经发现了一些艺术遗存。毫无疑问的是，这里古时在佛教艺术中占有重要的一席之地。据玄奘所说，巴尔赫[③]的纳缚僧伽蓝装饰华丽。这座寺庙中的主佛像以珍贵的材料精制而成，大殿饰以昂贵的奇珍异宝。[④]

从巴尔赫到于阗的道路穿越了难以通行的山岭。这一地区的国家人烟稀少，因此这里的艺术作品也不值一提。然而，玄奘却告诉

---

① 米兰，Miran，位于今新疆维吾尔自治区若羌县。——译者注
② 都克塔力诺什万，原文为 Dukhtar-i-Nusirwan，亦作 Dokhtar-i-Noshirwan，阿富汗地名。——译者注
③ 巴尔赫，原文为 Balkh，古译大夏。——译者注
④ 玄奘、辩机原著，季羡林等校注：《大唐西域记校注》，北京：中华书局，2000年，第117页。"城外西南有纳缚僧伽蓝，此国先王之所建也。大雪山北作论诸师，唯此伽蓝美业不替。其佛像则莹以名珍，堂宇乃饰之奇宝。"——译者注

我们安达拉伯①有 3 座佛教寺庙，昆都士（Kunduz）②有 10 座，巴达赫尚（Badakshan）③有 4 座。如果能够发现这些寺庙的遗存，将无疑展现出与在巴米扬发现的同样宝贵的艺术足迹——它的一端是巴米扬，另一端则是于阗。

在南道④上，于阗文明在古代最为繁荣。在邻近地区发掘了大量考古遗址，其中最重要的是约特干（Yotkan）、热瓦克（Rawak）、丹丹乌里克（Dandan Uilik）以及于阗。在热瓦克发现的雕像遗存属于印度希腊流派的艺术作品，而且这些艺术作品并非衰落期的印度希腊式艺术，而是其巅峰期时的作品。这一作品在印度的巅峰期大约在公元一二世纪。在丹丹乌里克（Dandan Uilik）发现的壁画以及无论是绘制在绢帛上还是木头上的绘画作品都展现出了这一地区艺术所接受的不同影响。一幅描绘诱惑僧人的壁画不禁使人想起阿旃陀的艺术。还有，一个萨珊王朝国王形象的菩萨清楚地展现了萨珊文化的印记，他长着鹰钩鼻，留着黑胡须，头戴三重冕，穿着黄袍，踩着厚皮靴。除此之外，受希腊化佛教流派影响的雕塑案例还有很多。在之后的时代里，这一地区的艺术同样表现出了汉、藏和回鹘文化的影响。

法显在他对于阗的描述中提到了该地规模宏大的佛教造像。他目睹了一场佛像游行，这很容易让我们想起印度甚至今天人们依然在庆祝的各类宗教游行（普里庆祝的世界之主战车节及尼泊尔巴坦的鱼主游行等）。法显是这样描述由瞿摩帝以及其他于阗寺庙的僧人组织的游行的：

　　离城三四里，作四轮像车，高三丈余，状如行殿，七宝庄校，

---

① 安达拉伯，原文为 Anderab，译者认为此处应当为 Andarab，即今阿富汗安达拉伯，玄奘在《大唐西域记》中译为安咀罗缚国。参见玄奘、辩机原著，季羡林等校注：《大唐西域记校注》，北京：中华书局，2000 年，第 112、961 页。——译者注
② 昆都士，原文为 Kunduz，《大唐西域记》中译为活国。参见玄奘、辩机原著，季羡林等校注：《大唐西域记校注》，北京：中华书局，2000 年，第 112、961 页。——译者注
③ 巴达赫尚，原文为 Badakshan，位于今阿富汗巴达赫尚省。——译者注
④ 此处指的是古代西域交通中所说的丝路南道。——译者注

悬缯幡盖。像立车中，二菩萨侍，作诸天侍从，皆金银雕莹，选于虚空。像去门百步，王脱天冠，易著新衣，徒跣持华香，翼从出城迎像，头面礼足，散华烧香。像入城时，门楼上夫人、采女遥散众华，纷纷而下。如是庄严供具，车车各异。一僧伽蓝则一日行像。白月一日为始，至十四日行像乃讫。行像讫，王及夫人乃还宫耳。[①]

　　这很清楚地表明古时候于阗的佛教艺术并非仅限于佛教庙宇，而且也是国民生活的一部分。法显时期于阗的寺庙展现出了相同的艺术品位。他告诉我们国王的新寺庙用了80年方才建成。它高约250丈（合375英尺），饰有精美的雕塑和镶嵌，顶上覆有金银，通体使用了各种珍贵的材料。[②]附近的佛堂"庄严妙好，梁柱、户扇、窗牖，皆以金薄。别作僧房，亦严丽整饰，非言可尽"。[③]这样的一座寺庙可能是以犍陀罗的迦腻色伽寺（Kaniṣka-vihāra）为模板而建的。在公元的头几个世纪中，迦腻色伽寺无疑引起了所有外来旅者的惊叹。玄奘时期，于阗及其周边地区的佛寺数量已经达到了100座。玄奘特意提到了于阗地区一座佛寺中有一座高约20英尺的檀香木佛像，据古人的说法是从印度带来的。[④]

　　南道上还有一个叫米兰的地方，它位于罗布泊（Lob-nor）以南，那里同样出土了相似的古代艺术遗存，其壁画受到了西亚艺术的很大影响。这里的艺术遗存依然是佛教的，但是其混合特征强于中亚的其他地方。

　　如前文所述，在中亚北部，喀什噶尔（Kashgar）是早期重要的佛教中心。在玄奘的时代，喀什噶尔有大约一百座佛寺。喀什噶尔附近有一个名为图木舒克（Tumshuk）的地方，位于通向龟

---

　　① 法显撰、章巽校注：《法显传校注》，北京：中华书局，2008年，第12页。——译者注

　　② 参见同上，第12页。"有僧伽蓝，名王新寺，作来八十年，经三王方成。可高二十五丈，雕文刻镂，金银覆上，众宝合成。"——译者注

　　③ 同上，第12~13页。——译者注

　　④ 参见同上，第1026页。"战地东行三十余里，至媲摩城，有彫檀立佛像，高二丈余〔……〕闻之土俗曰：此像，昔佛在世憍赏弥国邬陀衍那王所作也。佛去世后，自彼凌空至此国北曷劳落迦城中。"——译者注

兹的道路上。这里发现的艺术遗存展示了古代这一地区所盛行的艺术形式。我们在这里发现的佛像和半浮雕将这一地区的艺术直接和塔克希拉的印度希腊艺术连接在了一起。塔克希拉和图木舒克发现了相同的菩萨和诸神，这两个地方很可能使用了同样的印度希腊艺术范本。

北道沿线最丰富的艺术发现出自龟兹（Kuchar）和焉耆（Karasahr）地区。龟兹附近的三个地方拥有这些艺术遗址——克孜尔（Kizil）、库木吐拉（Kumtura）和都尔都尔—阿库尔（Duldur-akur）[1]。在这一地区有许多被称为明屋（Ming-oi）[2]的佛教石窟（千佛洞）。墙上的壁画展现出其所受到的多种艺术影响，其中就包括阿旃陀艺术。这一地区直接受到了印度希腊式艺术的影响，此外也可以发现贵霜时期印度本土艺术影响的痕迹。焉耆地区发现的艺术遗存属于同一类型。图木舒克的雕像与公元四五世纪盛行于塔克希拉的印度希腊流派艺术有着紧密的关系。

玄奘详细地描述了龟兹的寺庙。他告诉我们，一些寺庙中的佛像美妙绝伦、巧夺天工。都城大门外的道路两旁还有两尊超过90英尺高的佛像。[3] 这些巨大的佛像不禁让我们想起巴米扬山岭两侧同样巨大的佛像。和于阗一样，龟兹同样盛行佛像游行（Yātrā）。"诸僧伽蓝庄严佛像，莹以珍宝，饰之锦绮，载诸辇舆，谓之行像。"[4] 龟兹最大的寺庙名为阿奢理贰寺[5]（Āścarya-vihāra）。据说它仿照犍陀罗的迦腻色伽寺（Kaṇiṣka-vihāra）建成。[6] 这座寺庙"庭宇显敞，佛像工饰"[7]。从以上记录可以看出，和于阗以及其邻近地区一样，无论龟兹

---

① 都尔都尔—阿库尔，原文为 Duldur-akur。参见马里奥·布萨格里等著，许建英、何汉民编译：《中亚佛教艺术》，乌鲁木齐：新疆美术摄影出版社，1992年，第93页。——译者注
② 明屋，亦作明屋依，原文为 Ming-öi，突厥语音译，意为一千间房子。——译者注
③ 参见玄奘、辩机原著，季羡林等校注：《大唐西域记校注》，北京：中华书局，2000年，第61页。"大城西门外，路左右各有立佛像，高九十余尺。"——译者注
④ 同上，第61页。——译者注
⑤《大唐西域记》作"阿奢理贰伽蓝"。参见同上，第62页。——译者注
⑥《大唐西域记》中并没有明确指出阿奢理贰为仿建迦腻色伽寺而来，五代僧人义楚所著《释帖》中引用了这一故事，并提出了这一观点。季羡林等的校注中认为"疑出义楚臆加，不足信。"参见同上，第64页。——译者注
⑦ 同上，第63页。——译者注

和焉耆受到了哪些来源的艺术影响，这些艺术都具有现实意义。就这样，中亚建立起了大佛教印度的一部分。

继续向前，更靠近中国的吐鲁番及其邻近地区的亦都护城（Idikut-sahri）①、木头沟（Murtuk）和伯孜克里克（Bazaklik）古时同样在佛教艺术的殿堂里拥有一席之地。不同于中亚其他地区，这里的佛教艺术混入了中国艺术和文化的元素。但这一地区依然受到了印度艺术的直接影响。菩萨和佛陀的造型是印度希腊流派的，时不时也能发现一些笈多艺术的直接影响。绘画中具有代表性的星宿形象"头戴印度式头巾，最为成功地融合了印度式柔软、希腊式优雅和中国式美丽"。② 通过仔细研究这些艺术遗存，可以发现我们在道路另一端的巴米扬所看到的佛教艺术传统并没有中断，尽管巴米扬和吐鲁番相隔千里，一路上或是崇山峻岭，或是戈壁沙漠，但艺术一直传播到了另一端的吐鲁番。佛教依然强有力地推动着一切。与此同时，它也吸纳了其他潮流，而它不仅没有被削弱，反而强化了自身，给世人留下了更加深刻的印象。

就这样，当佛教艺术正式抵达中华文明的核心区时，它实际上已经强有力地影响了中国民族艺术好几个世纪了。佛教艺术并非一直异于本土艺术，而是将自己嫁接其上，进而在中国孕育出了一种可以被称为中印（Sino-Indian）风格的新艺术。汉代之前，古代中国的艺术品多为铜器、木器或者玉器。汉代才出现了以岩石为原材料的艺术品。目前出土的最早的石像和浮雕同样出自汉代。从这些艺术品的技法可以看出当时的中国艺术家尚未习惯这一新的原材料。尽管材料是新的，但这些艺术家却经验丰富。他们继承了古代中国发达而强大的艺术传统，对创作题材了若指掌。有了这一传统撑腰，他们很容易以同样精湛的技艺投入到佛教题材作品的创作之中，由此他们完美融合了外来的新文化元素。

佛教为中国艺术的发展注入了新的活力。如前文所述，这种艺

---

① 亦都护城，原文为 Idikut-sahri，即古时的高昌城。——译者注
② 此处引文出处不详。——译者注

术并没有完全沿袭中国古典艺术的传统，而是代表了一种融合体（synthesis），在这个融合体中，大量的印度和中印亚（Ser-Indian）元素逐渐融入了中国的艺术天赋之中。因此，佛教艺术在中国的发展又可以分为不同的阶段。

中国艺术家们肯定目睹了最初的佛教传法僧带到中国的佛教造像。洛阳白马寺这一最早的佛教寺庙肯定供奉过这样的佛像。不过，在佛教在中国站稳脚跟之前，中国艺术家们并不曾从事佛教创作。前文已经提到了佛教在魏朝（386~534）[1]才成为了国教。也正是在那时，在魏朝统治者的支持下，中国的佛教艺术创作活动方才拉开序幕。魏朝是中国佛教艺术的黄金期。

中国佛教艺术重镇

中国佛教艺术主要有三大重镇：敦煌（Tun-huang）、云冈（Yun-kang）和龙门（Long-men）。敦煌位于中国的西部，几乎处于中亚两大通途的交汇点。前文已经提到了它早已成为佛教活动的重镇。敦煌保留下来的艺术遗址承袭了中国和中印亚（Ser-Indian）两种传统。敦煌石窟始建于魏朝，其艺术在稍后的时代中达到了巅峰。

云冈和龙门是佛教艺术在中华文明核心区的两个主要早期中心。云冈位于山西大同附近，距离魏朝统治者的第一个都城不远。云冈石窟开凿于398~493年。龙门（洛阳附近）石窟的开凿则始于魏朝在493年迁都洛阳之后。龙门石窟工程贯穿魏朝，直到唐初方才竣工。

佛教传法僧在这一艺术发展历程中的作用不可小视。据信，云冈石窟便是应一位中亚僧人的请求而修建的。他名叫昙曜（T'an-yao），在460~465年来到魏朝在山西的都城，并在通乐寺（T'ong yu

---

① 此处指南北朝时的北魏。——译者注

龙门石窟——卢舍那大佛

sse）住下。^①他身边很快云集了一批佛教学者，他们翻译了 3 部佛教著作，其中有一部著作是佛教故事集，这对他们在中国的佛教造像事业起到了特殊的推动作用。

昙曜向魏朝皇帝提议在都城以西的山崖开凿佛教石窟。昙曜负责监督这一工程，共开凿了多个石窟以及巨型佛像，这些佛像高约 60~70 英尺不等。中国的编年史家们告诉我们这一切的装饰美妙绝伦。^②此外，伯希和（Pelliot）教授根据大量不确定的文献复原了三位当时在中国各地工作的印度画家的名字——释迦佛陀 (Śākyabuddha)、佛陀吉底（Buddhakīrti）和俱摩罗菩提（Kumārabodhi）。^③他们的画作备受推崇，在不同寺庙中得以保存。

从印度回国的中国求法僧同样积极地赋予中国艺术家以艺术灵感。据我们所知，法显（Fa-hien）在耽摩立底国（Tāmralipti）的两年期间就曾"写经及画像"^④。除了自己抄录的圣典，他肯定也将自己的画作带回了国内，并以此为国内的艺术家提供范本。玄奘从印度带回国内的宝物中就包括了以下艺术品：

① 一座约 3 英尺 3 英寸高的金身佛像，底座光彩耀人。佛像造型类似贝拿勒斯转法轮相的佛陀。

② 一座约 3 英尺 5 英寸高的檀木佛像，底座闪耀。其原型据说是乌仗那国国王高善必所做的佛像。

③ 一座约 2 英尺 9 英寸高的佛像，底座闪耀。造型模仿的是一

---

① "释昙曜，未详何许人也。少出家，摄行坚贞，风鉴闲约。以元魏和平年住北台昭玄统，绥缉僧众，妙得其心，住恒安石窟通乐寺，即魏帝之所造也。去恒安西北三十里武周山谷北面石崖。就而镌之，建立佛寺，名曰灵岩。龛之大者，举高二十余丈，可受三千许人。"（《续高僧传》卷 1，T. 50, no. 2060, c21-a21）——译者注

② "先是，沙门昙曜有操尚，又为恭宗所知礼。佛法之灭，沙门多以余能自效，还俗求见。曜誓欲守死，恭宗亲加劝喻，至于再三，不得已，乃止。密持法器物，不暂离身，闻者叹重之……和平初，师贤卒。昙曜代之，更名沙门统。初昙曜以复佛法之明年，自中山被命赴京，值帝出，见于路，御马前衔曜衣，时以为马识善人。帝后奉以师礼。昙曜白帝，于京城西武州塞，凿山石壁，开窟五所，镌建佛像各一。高者七十尺，次六十尺，雕饰奇伟，冠于一世。"（魏收撰：《魏书》，北京：中华书局，1974 年，第 3035 页）——译者注

③ 参见伯希和：《六朝同唐代的几个艺术家》。论文原文发表于 1923 年的《通报》，冯承钧译为中文，载《西域南海史地考证译丛》第八辑，北京：商务印书馆，1995 年 5 月第二版，第 120~167 页。——译者注

④ 法显撰、章巽校注：《法显传校注》，北京：中华书局，2008 年，第 124 页。——译者注

座描述世尊由镶满珍宝的天梯自三十三天降下至僧怯尸的佛像。

④一座约 3 英尺 5 英寸高的佛像，底座半透明，原型是那揭罗曷的一座佛像。

⑤一座约 1 英尺 3 英寸高的佛像，有底座，原型是吠舍离的一座佛像。

慧轮（Hui-lun）在玄奘之后不久抵达了印度，并带回了一个那烂陀寺的模型。《大唐西域求法高僧传》中有关慧轮的条目详细描写了那烂陀寺的格局等：

> 慧轮师者，新罗人也，梵名般若跋摩。自本国出家，翘心圣迹，泛舶而陵闽越，涉步而届长安。奉敕随玄照师西行，以充侍者……大觉寺东北行七驿许，至那烂陀寺，乃是古王室利铄羯罗映底为北天茇刍曷罗社盘所造。此寺初基才余方堵，其后代国王苗裔相承，造制宏壮，则赡部洲中当今无以加也。轨模不可具述，但且略叙区寰耳。
>
> 然其寺形，曷方如城，四面直檐，长廊遍匝，皆是砖室。重叠三层，层高丈余，横梁板阗，本无椽瓦，用砖平覆。寺背正直，随意旋往。其房后壁即为外面也，垒砖峻峭，高三四丈。上作人头，高共人等。其僧房也，面有九焉。一一房中可方丈许，后面通窗户向檐矣。其门既高，唯安一扇，皆相瞻望，不许安帘。出外平观，四面皆睹，互相检察，宁容片私？于一角头作阁道还往。寺上四角，各为砖堂，多闻大德而往于此。寺门西向，飞阁陵虚，雕刻奇形，妙尽工饰。其门乃与房相连，原不别作，但前出两步，齐安四柱。其门虽非过大，实乃装架弥坚。每至食时，重关返闭，既是圣教，意在防私。寺内之地方三十步许，皆以砖砌，小者或十步，或五步耳。凡所覆屋脊上檐前房内之地，并用砖屑如桃枣大，和杂粘泥，以杵平筑周疆，石灰杂以麻筋并油及麻滓烂皮之属，浸渍多日，泥于砖地之上，覆以青草，经三数日，看其欲干，重以滑石揩拭，拂赤土汁或丹朱之类，后以油涂，鲜澄若镜。其堂殿阶墀，悉皆如此。

一作已后，纵人践蹋，动经一二十载，曾不圮坼，不同石灰，水沾便脱。如斯等类，乃有八寺，上皆平通，规矩相似。于寺东面西取房或一或三，用安尊像，或可即于此面，前出多少，别起台观，为佛殿矣。

于此寺西南大院之外，方列大窣睹波及诸制底，数乃盈百。圣迹相连，不可称说。金宝莹饰，实成希有……[①]

王玄策也在同一时期抵达印度。他最后一次出使印度是在664~665 年。他从印度带回了绘制的佛像，并且据我们所知，他的著作中的十章中有三章附有类似的图解。[②] 他从菩提迦耶带回了摹制的佛像，并在回国后由他保存在了皇宫。665 年起，王玄策负责监造新建的敬爱寺，这便成了新佛像的模板。

尽管这些史料十分零散，但也足以展现出中国的佛教艺术家并非孤军奋战。来到中国的传法僧和曾经前往中亚和印度的朝圣者一直在以具体指导和画像、塑像模板帮助他们。

让我们回到云冈佛教艺术的问题，监造这一工程的昙曜便是从中亚去往中国的。他的具体出生地已经不可考。可以肯定的是，他本人是一名艺术家，并且观摩过许多印度希腊流派的作品。他本人或是他的合作伙伴同样了解贵霜时期的马图拉艺术以及笈多时期的艺术。云冈石窟的石雕代表了所有这些流派——印度希腊式的、马图拉的和笈多的。

云冈大约在大同以西 30 里，这里开凿的石窟通常也被称为"平城石窟"。石窟位于武周山（Wu-chou-shan），这里曾有 10 座佛寺。石窟始凿于太宗皇帝年间（414~415），竣工于肃宗皇帝年间（516~528），整个工程持续了一个多世纪。佛教雕塑多位于内侧墙上。其中最大的寺庙名为灵岩寺（Ling-yensse），460~465 年由僧人

---

① 义净原著、王邦维校注：《大唐西域求法高僧传》，北京：中华书局，1988 年，第112、113 页。）——译者注
② 王玄策著有《中天竺国行记》十卷，附图三卷。——译者注

昙曜建成。

就这样，5 世纪开工的工程，一直持续到唐中期。已经勘察的所有 28 个石窟都展现了不同时代的艺术，附近的山上还有一些小石窟。龙门在河南洛阳以南约 30 里。魏朝的统治者迁都洛阳之后在这里兴建了大量石窟。中央石窟有一座巨大的佛陀像，边上是他的两位弟子阿难（Ānanda）和迦叶（Kāśyapa）以及两位菩萨，同样十分庞大。墙上刻有浮雕。

一侧有一队头戴方帽的人，他们披着宽松的长袍，一直垂到地上，袒露胸膛；前面有一个重要人物。另一侧的雕带上表现了一列随行的女扈从，她们的衣着同样令人好奇。离入口最近的一个人尤其值得关注。[1]

这些浮雕属于初唐时期。

云冈石窟和龙门石窟是魏代佛教艺术最典型的代表。最早勘察这一地区的沙畹（Chavannes）最为精准地描述了云冈的艺术：

为了能够全面鉴赏北魏艺术的精致和优雅，我们最好选择那些真人大小的雕像。在它们身上，我们可以发现其他历朝艺术不能成功表现的温和表情和优雅姿态。其中一些雕像展现的是面对面叉腿而坐的景象，这个姿势在唐代制作的佛雕中已经见不到了。这对我来说便是北魏艺术的特征。此外，这个特征同样体现在犍陀罗的小雕像上。至少有一个犍陀罗的作品被带到了吐鲁番。由此，我们有一个证据证明北魏的艺术灵感来源于犍陀罗。犍陀罗艺术源于印度河以北的白沙瓦地区，并被传播到了中亚，直到吐鲁番。[2]

但此后的研究表明云冈和龙门的艺术不止于沙畹所说。就线条

---

① 此处引文出处不详。——译者注
② 此处引文出处不详。——译者注

的清晰、表情的甜美和风度的优雅来说，这些造像都高于印度希腊式的佛像。类似的优雅和精致只见于阿旃陀；比龙门石窟的大佛像更触动人心的神像表现也只能见于鹿野苑的佛像，或是象岛（Elephanta）上的三面湿婆像。

中国佛教艺术的第三个重镇便是敦煌。因其位于中国的边境，地处中亚两大通途的交会点，因此受到了所有我们在于阗、龟兹和吐鲁番艺术上所观察到的中印亚（Ser-Indian）艺术的影响。此外，魏代和唐代的中印艺术也在敦煌得到了体现。欧洲考古学家奥莱尔·斯坦因爵士（Sir Aurel Stein）以及 M. 保罗·伯希和（M. Paul Pelliot）都造访了敦煌山丘上的古老石窟。伯希和教授仔细研究了这些石窟中的艺术。位于敦煌附近南山（Nan-shan）山脚下的石窟也被称为"千佛洞"。

这些石窟始建于 4 世纪，最早的石窟开凿于魏代。敦煌艺术的发展分为四个阶段：①五六世纪的魏代艺术；② 7 世纪的初唐艺术；③ 7 世纪中叶至 10 世纪的唐代艺术；④此后直至 11 世纪中叶的增补以及修复。

石窟前的许多窣堵波（stūpa）和佛像属于第一阶段，他们具有魏代艺术的所有特征。不过，唐代时敦煌的发展才走向高峰。巅峰时期的敦煌艺术"展现出中国逐步采纳了犍陀罗、笈多以及伊朗的样式。例如在一座普贤（Samantabhadra）像上，我可以看到他显露出的笈多艺术的影响：裸露的身躯、苗条的体态、柔和的臀部曲线、随风飘扬的透明头巾、如同阿旃陀风格一样的双手处理。斯坦因（Stein）收藏的一个莲花手（Padmapāzī）[1] 像、一个持剑文殊师利（Mañjuśrī）像以及持书的文殊师利（Mañjuśrī）像都具有相似的印度特点。伯希和收藏的雕像也表达了这种印度笈多艺术的风格：丰满圆润的脸庞，衣衫不再是透明的，而是在一定程度上根据中国的风格进行了栩栩如生的描摹。这样的特征同样体现在大英博物馆收藏

---

① 莲花手，原文为 Padmapāṇī，即观自在菩萨的一种形象，多出现于密教艺术中。——译者注

的精美的丝帛观音画像上……此外，有证据表明希腊罗马风格被从印度带到了这里。"[1]

伯希和藏品中有一幅描绘阿弥陀佛净土（极乐世界，Sukhāvati）的绘画，画面上有一个翩翩起舞的天女（Apsara），这不禁让人想起阿旃陀风格以及日本的大和风格。在主要画面的两侧绘有精美的边栏，以中国风格展现了频婆娑罗王（Bimbisāra）和阿阇世王（Ajātaśatru）的生平。此外，还有描绘弥勒（Maitreya）净土、药师（Bhaiṣajya-guru）净土、观音（Avalokiteśvara）净土以及地藏（Kṣitigarbha）净土的画作，他们都被印度人、中国人、萨珊人所簇拥。显然，敦煌艺术代表了和吐鲁番艺术一样的混合元素。在这个混合体中，相比其他影响，印度影响依然是决定性的。在下一个阶段的唐代艺术中，中华文化元素被强势地引入其中，完全赋予了这一艺术中印风格的特点。

自唐代以来，中国的佛教艺术发生了一场渐进而自然的转型。尽管艺术家们依然推崇印度的范本，但是他们也已经学会了在融合魏代所有艺术传统的基础上创作一种更具中国特色的范本。直到元朝，印度艺术家们在中国一直为人所尊崇。汉文的史料中提及了一个名为阿尼哥（A-ni-ko）的印度艺术家的事迹。阿尼哥于1243年出生于尼泊尔，早年率领一队雕塑家和画家前往吐蕃。忽必烈汗的导师八思巴下令在吐蕃的首府修建金塔，为此他要求100名尼泊尔艺术家服务，但却只找到了24名艺术家。当时只有17岁的阿尼哥要求前往，但是由于年纪尚幼被拒绝了。然而，他却回答道："我虽年幼，但心智未必幼。"因此，他被批准前往。到达吐蕃首府之后，阿尼哥以他精湛的艺术技艺给八思巴留下了深刻的印象，八思巴将监督整项工程的重任委派给了他。两年后，佛塔竣工，阿尼哥本想回国。但是，八思巴却由于对阿尼哥的喜爱让他投入了自己门下，出家为僧。此后不久，他将阿尼哥派往了中国的首都。阿尼哥抵达中国后

---

[1] 此处引文出处不详。——译者注

觐见了皇帝忽必烈，皇帝询问了他的专长，艺术家告诉皇帝他会设计、制模以及熔铸金属。根据皇帝的旨意，他修复了皇宫中的许多旧雕像，并为帝国许多不同寺庙建造了许多塑像，由此他的美名广为流传。1274年，皇帝授予他银章虎符。1275年，阿尼哥还俗并被任命为匠人总管。他死后获得了许多封号。[1]

阿尼哥所传承的印度重影学传统在中国流传了很长时间。

绘画

佛教以及印度的艺术传统究竟在多大程度上促进了中国绘画的发展还有待进一步研究。如前文所述，魏代的艺术与印度艺术传统密切相关。曾有一些包括画家和雕塑家在内的印度艺术家活跃于中国的一些地区。一些印度画家的作品在魏代以及之后历代都为人所推崇。前文已经提及了三位印度画家的名字——释迦佛陀(Śākyabuddha)、佛陀吉底（Buddhakīrti）和俱摩罗菩提（Kumārabodhi）。

中国的美学传统可以追溯到5世纪，当时正是佛教在中国站稳了脚跟的时候。这些传统中最早的美学传统很容易让人联想到印度的美学准则。南北朝时齐朝的谢赫（479~501）[2]据说首次提出了以下六条绘画的法则：[3]

① 气韵生动

② 骨法用笔

③ 应物象形

④ 随类赋彩

⑤ 经营位置

---

① "卒。赠太师、开府仪同三司、凉国公、上柱国，谥敏慧。"（宋濂等撰《元史》，北京：中华书局，1976年，第4546页）——译者注
② 谢赫的生卒年亦作479~502年。——译者注
③ 谢赫《古画品录》序："六法者何？一、气韵生动是也；二、骨法用笔是也；三、应物象形是也；四、随类赋彩是也；五、经营位置是也；六、传移模写是也。"——译者注

⑥ 传移模写

这六条法则看起来与古代印度文献中有关绘画的六支（ṣaḍaṅga），也就是六个关键，并没有什么不同。[1] 这六支分别是："色"——形式；"量"——比例；"性"——观念或者暗示；"美"——完成；"似"——与物体的一致；"色分"——色彩的分配。法则的前后顺序有所不同，但是内容是一样的。

建筑学

中国的佛教建筑同样在一定程度上受到了印度的影响。一些人相信重叠多层的宝塔结构是从印度传往远东的。印度至今还有一些类似建筑的遗址，而这些地区距离中国文化影响范围尚远。类似建筑在中亚的不同地区同样为人们所熟知。中国最早的这种风格的佛寺很有可能是洛阳的永宁寺（Yong-ning-sse），该寺建于魏治时期的 516 年。永宁寺是一座巨大的佛教寺庙，共有九层，高度超过九十丈。宝塔全用木材搭建而成，支柱刻有雕塑并镶金，挂有水罐（kalaśa）状的风铃，塔顶为金制。这很有可能是一座印度风格的寺庙。事实上，宋朝时有一种特殊的建筑风格被认为是印度风格的（在日语中被称为 Tenjikuyo，天竺样），以区别于"唐样"。对这种风格的描述如下：

天竺样抛弃了以往两种有实际功能的肘节杆，但并没有因此而省去了飞檐或者用另一组外支柱来支撑飞檐。它以内大梁穿过支柱并托住飞檐，就好像普通的支架结构一样……支柱的顶端是一个有着两重檩条的柱头。建筑越大，飞檐相比之下就越突出，直悬臂系统包括等量的突出部分……当建筑超出一定体积之后，这一结构的

---

[1] 作者的这一观点可能出自古玛拉斯瓦米，认为谢赫的"六法"源自印度《欲经》（Kāmasūtra）的"六支"（ṣaḍaṅga）。参见阿南达·K. 古玛拉斯瓦米：《印度和印尼艺术史》（Ananda K. Coomaraswamy, *History of Indian and Indonesian Art*, London: Edward Goldston, 1927.），第 88 页。——译者注

稳定性有赖于与屋檐平行的一根或者数根外系梁将直悬臂连在一起……这些水平的系梁……在保留其结构作用的同时也主要具备装饰功能。①

这种建筑风格在中国并没有得到官方承认，但却流传于民间。艾锷风博士（Dr. Ecke）指出，这种风格在山西十分受欢迎，而就我们所知，山西受到印度的影响远超过中国其他省份。在这些前提下，可以将日本传统追溯至印度，但是到了宋代，这种风格肯定已经受到了中国文化的影响。此前，日本曾在奈良时代模仿了许多中国北部的早期佛教建筑，这些建筑看起来更像是印度风格的。著名的永宁寺以及同时代的其他许多寺庙都具有重叠的多层塔顶、挂着风铃的外延的支架、金质的尖塔、雕栏画柱等，它们都属于中印艺术的第一个阶段。

音乐

谈到印度艺术传入中亚和中国，就不可能忽略印度音乐的影响。古代的中国人是伟大的音乐家，而音乐也在他们的官方信仰中扮演着重要的角色。中国宫廷同样喜爱外国音乐，各国的乐队时不时在中国的宫廷演出，并获得很高的赞誉。汉语文献中保留了一些有关中亚和远东教习印度音乐的有趣史料。据说，龟兹的民众十分喜欢音乐，并且擅长表演管乐和弦乐。据说该国的音乐家曾经在泉水旁将下雨的声音谱成乐曲。印度音乐随佛教一起传至龟兹，有证据显示早些时候曾有印度音乐家举家迁往龟兹。通过汉语编年史，我们可以了解到中国当时曾有一个姓曹（Ts'ao）的婆罗门家族世代相传，教习音乐。曹这一姓氏可能是 Jha（也就是 Upādhyāya）的音译。这个家族中最有名的代表人物便是曹妙达（Miao-ta），他于 550~577 年

---

① 此处引文出处不详。——译者注

迁往中国。6 世纪，印度音乐由于其表演艺术而深受中国人的欢迎，以至于中国皇帝高祖（581~595）①曾下令驱逐他而未果。② 继位者炀帝异常热爱这种音乐，他敕令白明达（Po Ming-ta）谱写了多部这一风格的曲子。白明达很有可能是前文提到的印度龟兹家族中的一员。

汉语证据显示，这些印度龟兹音乐家聪慧非凡，他们对曲谱过耳不忘，稍做练习之后便能够重新演奏出来。龟兹的乐团常有四人伴舞。他们的表演项目中有一项名为《太平乐》，也称《五方狮子舞》，每一只狮子由 12 个人表演，颜色不一。这项表演需要 240 位舞者的配合。③

每年外国音乐家们都会应这些中国皇帝的邀请前往宫廷演出。581 年，在一场特殊的皇家盛宴上，来自印度、龟兹、布哈拉（Bokhara）④、撒马尔罕（Samarcand）⑤、喀什噶尔⑥和突厥的音乐家们纷纷表演。⑦ 此外，还有从日本和柬埔寨而来的音乐家。根据唐代的编年史记载，古代柬埔寨的乐队和印度乐队很像。我们知道，古代柬埔寨，也被称为扶南（Fu-nan），是一个印度殖民地，印度音乐应该很早就传播到那里了。唐代编年史对一个印度乐队做出了以下描述：

> 工人皂丝布头巾，白练襦，紫绫袴，绯帔。舞二人，辫发，朝

---

① 高祖，此处指隋高祖，即隋文帝杨坚。——译者注
② "开皇中，其器大盛于闾闬。时有曹妙达、王长通、李士衡、郭金乐、安进贵等，皆妙绝弦管，新声奇变，朝改暮易，持其音技，估衒公王之间，举时争相慕尚。高祖病之，谓群臣曰：'闻公等皆好新变，所奏无复正声，此不祥之大也。自家形国，化成人风，勿谓天下方然，公家家自有风俗矣。存亡善恶，莫不系之。乐感人深，事资乎雅，公等对亲宾宴饮，宜奏正声；声不正，何可使儿女闻也！'帝虽有此敕，而竟不能救焉。"（魏征、令狐德棻撰：《隋书》，北京：中华书局，1973 年，第 378、379 页）——译者注
③ 参见《通典》卷 146："《太平乐》，亦谓之《五方狮子舞》。狮子挚兽，出于西南夷天竺、师子等国。缀毛为衣，象其俛仰驯狎之容。二人持绳拂，为习弄之状。五师子各依其方色，百四十人歌太平乐，舞抃以从之，服饰皆作昆仑象。"——译者注
④ 隋唐时亦称安国。——译者注
⑤ 隋唐时亦称康国。——译者注
⑥ 隋唐时亦称疏勒。——译者注
⑦ "始开皇初定令，置《七部乐》：一曰《国伎》，二曰《清商伎》，三曰《高丽伎》，四曰《天竺伎》，五曰《安国伎》，六曰《龟兹伎》，七曰《文康伎》。又杂有疏勒、扶南、康国、百济、突厥、新罗、倭国等伎。"（魏征、令狐德棻撰：《隋书》，北京：中华书局，1973 年，第 376、377 页）作者有可能将类似的描述误作隋文帝请各国乐师来表演了。——译者注

霞裴裟，行缠，碧麻鞋。裴裟，今僧衣是也。乐用铜鼓、羯鼓、毛员鼓、都昙鼓、筚篥、横笛、凤首箜篌、琵琶、铜拔、贝。毛员鼓、都昙鼓今亡。[①]

龟兹音乐家带到中国的印度音乐在中国宫廷经久不衰。根据汉语编年史的记载，一个名为苏祇婆（Sujīva）的乐师在560~578年由龟兹来到中国，他擅长"胡琵琶"。由他传往中国的音乐中，一个音阶包括七个声调。据说他曾经说过："父在西域，称为知音。代相传习，调有七种。以其七调，勘校七声，冥若合符。"[②] 他提到的七个声调分别是：

① 娑陁力——平声。

② 鸡识——长声。

③ 沙识（梵语 ṣadja）——质直声。

④ 沙侯加滥（梵语 Sahagrāma）——应声。

⑤ 沙腊——应和声。

⑥ 般赡（梵语 Pañcama）——五声。

⑦ 俟利箑（梵语 Ṛṣabha）——斛牛声。[③]

这七种声调显然是音阶的七个调（svara）。尽管由于缺乏更进一步的资料，但是音调的名字看起来可能源自印度。其中的三个名字 ṣadja、Pañcama 和 Ṛṣabha 很好地证明了这一点。前文所说的七种音调可能对应的是印度音乐文献中所说的阇底（Jāti）[④]。阇底（Jāti）是拉格（Raga），也就是曲调的前身，值得注意的是前文所说的纯粹的调共有七种，而阇底（Jāti）也只有七种。两部梵语权威音乐著

---

① 刘昫等撰：《旧唐书》，北京：中华书局，1975年，第1070页。——译者注
② 魏征、令狐德棻撰：《隋书》，北京：中华书局，1973年，第345页——译者注
③ "一曰'娑陁力'，华言平声，即宫声也。二曰'鸡识'，华言长声，即商声也。三曰'沙识'，华言质直声，即角声也。四曰'沙侯加滥'，华言应声，即变征声也。五曰'沙腊'，华言应和声，即征声也。六曰'般赡'，华言五声，即羽声也。七曰'俟利箑'，华言斛牛声，即变宫声也。"（魏征、令狐德棻撰：《隋书》，北京：中华书局，1973年，第345、346页）——译者注
④ 阇底，原文为Jāti，梵语词，基本义为生，衍生为种姓、种类等意思。此处用以指一类韵律曲调。——译者注

作——《广说》和《乐宝》都提到了即便是七种纯粹的阇底也是建立在七种纯粹的音调基础上的。汉语文献记录的音阶的七种调只关注到了七种纯粹的音调。

印度音乐同样通过中国或者类似占婆（Champa）、甘孛智（Kambuja）的印度殖民地在 8 世纪或者更早的时候传往了日本。根据古代日本的记载，一个名为菩提（Bodhi）的印度本土婆罗门将《菩萨》（Bodhisattva）和《陪胪》（Bairo）两个主要的乐曲传往了日本。[1] 他于 736 年随一个中国使团抵达日本，并很快被任命为奈良（Nara）佛教社团的领袖。这部乐曲是一部舞曲，而它以"菩萨"为名也显出其宗教色彩。实际上，类似源自印度的宗教音乐直到现在依然为人所知。这都是在唐代由中国传往日本的。

目前尚没有足够的证据确定《陪胪》对应哪一部印度乐曲。但是，根据日本传统的说法："此曲乃是天竺乐，系班朗德（汉语拼音 Pan-lang-to，日语 Han-ro-toku）所作。它被用在战场上，用以确定生死胜败。如果奏完此曲七次之后即出现舍毛音（sha-mo）的时候，就必定战胜敌人。"[2] 看起来，被转写成班朗德的印度名字应该就是婆罗多，也就是印度古典音乐的权威。汉语资料很可能转写的是婆罗多的甘孛智（Kambuja）或者占婆（Champa）的发音，还有一些对应的发音也来自那一地区。《陪胪》有可能源自一个名为"怖畏神"（Bhairava，波罗克利特语读作 Bhairo）[3] 的古典拉格（Raga）。怖畏神（Bhairava）是对"可怕"的人格化，并且使人感到畏惧。怖畏神所代表的仅仅是印度教万神殿中的至高大神湿婆可怕的一面。我认为，所谓的舍毛（sha-mo）并非是某种声音，而是梵语中的 Sama（印地语中的 Som），指的是在开始的时候用来控制塔拉（tāla）的乐器敲打声。音乐家们很有可能为了达到更好的艺术效果而扩展拉格

---

① 相传天平八年，林邑国僧佛哲（Fattriet）婆罗门僧菩提仙那（Bodhi-Sena）抵达日本，传播印度乐舞，称为"林邑八乐"。——译者注
② 引文疑出自《雅乐鉴赏》和《教训抄》。——译者注
③ 怖畏神，梵语为 Bhairava，字面义为可怕的、恐怖的，是湿婆愤怒时的形象。佛教中亦有其作为护法金刚的形象，名为怖畏金刚 Vajrabhairava。——译者注

（raga），并根据自己的意愿数次重复演奏，从而多次出现起始点（也就是 Som）。正确地演奏开头需要演奏者具有高超的技艺，因而，能够在演唱了这一拉格（Rāga）七次以后还能正确地演奏就足以证明其超凡的技艺，预示着活动的成功。

天文学和数学

无论是在古代中国文化，还是古代印度文化之中，天文学（astronomy）和星相学（astrology）都具有很重要的地位。在两国，人们都相信行星的运行影响、指引着人的命运。在中国，朝廷设有一个井井有条的部门专门负责制定精确的历法。唐代的这一机构中，印度天文学家的参与对历法制定来说是不可或缺的。7 世纪的长安有 3 个印度天文学学派，被称作瞿昙（Gautama）、迦叶（Kāśyapa）和拘摩罗（Kumāra）。[①]684 年，瞿昙学派一个名为罗的成员[②]向武后献上《光宅历》，颁行了 3 年。这一学派的另一成员悉达（即 Siddhārtha）[③] 在 718 年向皇帝献上了一部新的历法，这实际就是一部印度历法的译本。这部历法名为《九执历》，梵语名为 *Navagraha-siddhānta*，至今依然保存于唐代的一部文集中。[④] 它在中国取得了更大的成功，颁行了 4 年。自 721 年，僧一行（Yi-hing）采用了一种新的计算方法，这种方法明显是基于他熟知的印度来源。他编写了一部历法，名为《大衍历》。一行（Yi-hing）在历法完成前的 727 年过世，但是在皇帝的旨意要求下，历法的编订工作并没有因此而中断。729 年，《大衍历》编订完成。这部历法无法排除印度天文学的影响，他对九大星，即太阳、月亮、五大行星以及两个新的概念

① 原书将三者称为学派，实际上是三个家族，常被称为瞿昙氏（Gautama）、迦叶氏（Kāśyapa）和拘摩罗氏（Kumāra）。——译者注
② 此处原文作者可能对汉文史料的理解有误，汉文史料所记载的内容应当是"瞿昙氏的瞿昙罗"。——译者注
③ 此处汉文史料所记载内容应当表述为"瞿昙氏的瞿昙悉达"。——译者注
④ 这部文集指的就是《开元占经》。——译者注

罗睺（Rāhu）和计都（Ketu）的介绍完全是印度式的。[①] 其中罗睺（Rāhu）和计都（Ketu）是印度天文学家用以标注月亮的升起和落下的结点。

隋朝的编年史[②] 提到了以下印度教[③] 数学与天文学作品的汉译本，这些作品早已失传，包括：

①《婆罗门天文经》

②《婆罗门竭伽仙人天文说》

③《婆罗门天书》[④]

④《摩登伽经说星图》[⑤]

⑤《婆罗门算法》

⑥《婆罗门算经》

由于这些著作现在已经失传了，所以很难判断其内容以及它们的理论在多大程度上为中国学者所接受。但前文所给出的内容已经清晰地展现出了在隋代和唐代，印度天文学家曾经任职于中国的官方天文局，印度的天文学和数学也在中国得到了推崇。

唐代，借由中印亚，尤其是粟特人的传播，一些西方的天文学概念也穿插在印度天文学之中传入了中国。唐代有 4 部佛经被译成了汉语，其中有一部佛经的译者是著名的不空（Amoghavajra），这部佛经中便包含了这样的一些概念。

在这些文献中，表达星期中每一天的名称采用了粟特（Sogdian）而非印度形式，星期日是 mir，星期一是 max，星期二是 wnxan，星期三是 wir，星期四是 wrmzt，星期五是 maxid，星期六是 kewan。但是如此表述的佛经名称依然彰显它们的印度源头。这些著作包括：

---

① 这部分描述疑出自《九执历》，而非《大衍历》。——译者注

② 隋朝的编年史，此处指的是《隋书》。——译者注

③ 印度教，原文为 Hindu，在此处通汉语史料中所说的婆罗门教。——译者注

④ 原文为 *Po-lo-men t'ien king*，拼音对应为《婆罗门天经》，但《隋书》中并没有此书的记载，然而却有一部名为《婆罗门天书》的天文著作的记载。此处有可能作者笔误，指的就是《婆罗门天书》。——译者注

⑤ 原文为 *Mo teng-kie king huang tu*，拼音对应为《摩登伽经黄图》，但《隋书》中并没有此书的记载，然而却有一部名为《摩登伽经说星图》的记载。此处有可能作者笔误，指的就是《摩登伽经说星图》。——译者注

①《梵天火罗九曜》；②《七曜星辰别行法》；③《七曜攘灾决》；④《文殊师利菩萨及诸仙所说吉凶时日善恶宿曜经》。其中最后一部于 764 年由不空（Amoghvajra）译、他的弟子扬景风（Yang King-fong）① 修注而成，后者以梵语、粟特语（Sogdian）和波斯语分别列举了七大星的名字并说道：

夫七曜者。所谓日月五星下直人间。一日一易七日周而复始。其所用各各于事有宜者不宜者。请细详用之。忽不记得但当问胡及波斯并五天竺人总知。②

医学

目前尚不确定印度教（Hindu）医学在多大程度上在中国为人所知。汉语佛经中含有许多药方，其中不少是纯粹的佛教药方。11 世纪时，有一个以咒语和烟熏的方式治疗小孩疾病的药方从梵语译成了汉语，这个药方被称为《啰嚩拏说救疗小儿疾病经》（*Rāvankumāratantra*）。③ 与此同时，另一部有关治疗孕妇的小作品被译为汉语，这看起来像是一部著名的阿输吠陀（Āyurveda）④ 概略著作《迦叶本集》（*Kāśyapa saṁhitā*）的一部分。⑤ 但是中国僧人可能在之前就对印度医学产生了兴趣。5 世纪中叶，一位名叫京声（King-sheng）⑥ 的贵族皈依了佛教，他前往于阗，并留下了一部译著。这部作品可能并非一个严谨的印度作品译本，而是对同一来源的不同文本的编译本。这部作品名为《治禅病秘要法》，也就是针对与坐禅相关疾病的治疗方法，于 455 年译出。这部作品描述了体内的神经系

① 扬景风，亦作杨景风。——译者注
②《文殊师利菩萨及诸仙所说吉凶时日善恶宿曜经》卷 2〈8 七曜直日历品〉，T. 21, no. 1299, a28~b2）——译者注
③《啰嚩拏说救疗小儿疾病经》，北宋法贤译。——译者注
④ 阿输吠陀，Āyurveda，意译为生命吠陀，古代印度医学。——译者注
⑤ 从此处的描述来看，这里所说的应该是法贤所译的《迦叶仙人说医女人经》，据信其出自阿输吠陀典籍《迦叶本集》。——译者注
⑥ 京声，原文为 King-sheng，其人全名为沮渠京声，是北凉安阳侯。——译者注

统，并主要针对一般来说因修禅被外部冲击或打扰而导致的心或者神经系统的问题。

印度教（Hindu）医学典籍在中印亚地区广为人知。考古学家已经在于阗和龟兹地区发现了阿输吠陀原本的残片或者古于阗语或龟兹语译本。京声游历中亚时搜集了这些有关治疗禅病的文献。因此，很有可能其他源自印度的医学文献借由同一渠道传入了中国。中国有其自身的医学体系，但同时也十分注意通过广泛吸纳外部资源来丰富自身。

唐代的帝王和贵胄们一度狂热地寻觅印度方士（密教瑜伽行者），他们相信这些人掌握了延年益寿的秘法。前文已经提到了先后有两位婆罗门被带去觐见中国皇帝，希望他们能够帮助皇帝长生不老。尽管他们未能完成这一使命，但是印度医药的美名却一直流传。我们知道玄照（Hiuan-chao）便曾被皇帝派往印度搜寻珍贵的印度药。[1]

---

[1]《大唐西域求法高僧传》中记载："（玄照）取长年婆罗门卢迦溢多。"对一句话有多种解释，作者的解释只是其中一种，参见义净原著、王邦维校注：《大唐西域求法高僧传》，北京：中华书局，1988年，第11页，注42。——译者注

第七章 两个文明
——一个融合体

中国和印度两个民族生长在不同的土地上，说着不同的语言，拥有不同的文化和宗教传统。即便如此，他们依然在一个共同的平台上为一个共同的文明而和谐共进。在这种现象的背后，无疑有着比我们一般认为的更深层次的原因。两个民族共享着许多文化和社会理念，或许在两者巨大的表述差异之中，我们可以发现某一个共同体。在过去的岁月里，同样的对天道的依赖、同样的传统力量、相似的社会理念塑造了这两个文明。

天（T'ien）和伐楼那（Varuṇa）

"天"是中国古代宗教信仰的核心概念。天是世间万物的创造者、维护者和毁灭者。他威严可畏、至高无上，他创造了人类，并让他们各安其位。他是宇宙秩序的守护者，他控制着太阳、月亮和星辰的运动，他控制着季节的更替以及人类的行为。他知晓一切，决定一切。他授权他在人间的代理人进行统治，但是当这个代理人不再遵循他的意志时，天就会撤销对他的授权。人类平安、富足、美好的生活都仰赖他。那些遵循天道的人将免于悲伤而那些违背天道的人就会招致毁灭。一首古老的颂诗阐明了他和人类的关系：

　　天保定尔，亦孔之固。俾尔单厚，何福不除？俾尔多益，以莫不庶。

　　天保定尔，俾尔戩谷。罄无不宜，受天百禄。降尔遐福，维日不足。[1]

　　在古代印度教的万神殿中，有一个类似"天"的神——吠陀神伐楼那。伐楼那对应伊朗的阿胡拉·马兹达（Ahura Mazda）[2]，是最重要的印度—伊朗神。他在吠陀颂诗中占有同样的地位。"伐楼那"之名意为"覆盖者"，这个神也像是由整个闪耀的天空人格化而来。他被认为是神和人共同的君主，他是宇宙的帝王。他派遣黎明，他让太阳穿过天际，他带来降雨。他支撑着物质世界和精神道德的秩序。他是自然法则之主，他构建了天地，他存在于所有的世界里。他是整个世界的监护者，支撑着大地和天空。月亮和星星依据伐楼那的指示移动和闪耀。他管控着季节和月份，他同样控制着江河湖泊，为大地带来富饶。

　　伐楼那也是道德世界的统治者。违背他的指示便是犯罪，他会因此而大怒并加以重罚。他惩罚罪恶。他是全知之神，尽知世间一切。他知晓人类的一切真假。没有任何生灵的行为、思考甚至设想可以逃得过他。大神伐楼那就是这般强大。

　　伐楼那的秩序被称为 ṛta。他是这一秩序的监护人，他不允许任何人，无论天神还是凡人违背这一秩序。

---

① 《诗经·小雅·鹿鸣之什·天保》。——译者注
② 阿胡拉·马兹达（Ahura Mazda），琐罗亚斯德教所尊奉的主神。——译者注

天子（T'ien-tseu）和国王（Rājan）

根据中国古代信仰，皇帝是唯一得到上天授权的代理人，因此他被称为"天子"，也就是"上天的儿子"。但是，这一代理人却不能恣意妄为。他从上天那里得到的授权并非永久的，当他滥用这一授权时，上天就有可能撤销这一授权。我们已知天是全知全能的至高存在，他是宇宙秩序的唯一监护人，不允许任何人违逆它。因而，天授权在人间代行职权的天子就必须了解天意并严格遵守天道。历史上记载了那些因为不能理解天意，忽视仁德的道路而下台的帝王。

因而，古代的皇帝经常被人提醒他们所肩负的天命。据说一位古代的皇帝曾经说过："上天高高在上，提升你的渴求，我欣赏你的卓越和谦恭。当道德的光辉照耀大地，这也就是天的荣耀。遵循天的帝王将得到许多福报。天的授权十分伟大，但也并非永恒不变，要维持并不容易。古时的帝王只要遵循高高在上的上天的意图，就会享有富足和幸福。因此，我日夜担心上天的裁决，一直约束着自己。"[①] 因此，一个立志成为真正帝王的王子需要让自己变得完美。他必须履行对父母的义务，必须了解天命和民众。《洪范》（*the Great Law*）列出了皇帝也就是天子的多重职责。据说这本书是由公元前 12 世纪的帝王武王[②]颁布的。其中的许多内容都和《法论》（*Dharma-śāstras*）中列出的君王的职责（rājadharma）相似，因此最好还是将其完整翻译列出如下：

一、五行：一曰水，二曰火，三曰木，四曰金，五曰土。水曰润下，火曰炎上，木曰曲直，金曰从革，土爱稼穑。润下作咸，炎上作苦，曲直作酸，从革作辛，稼穑作甘。

二、五事：一曰貌，二曰言，三曰视，四曰听，五曰思。貌曰

[①] 此处引文出处不详，其内容与《诗经·周颂·敬之》有相近之处。《敬之》原文为："敬之敬之，天维显思，命不易哉。无曰高高在上，陟降厥士，日监在兹。维予小子，不聪敬止。日就月将，学有缉熙于光明。佛时仔肩，示我显德行。"——译者注
[②] 此处指周武王。——译者注

恭，言曰从，视曰明，听曰聪，思曰睿。恭作肃，从作乂，明作哲，聪作谋，睿作圣。

三、八政：一曰食，二曰货，三曰祀，四曰司空，五曰司徒，六曰司寇，七曰宾，八曰师。

四、五祀：一曰岁，二曰月，三曰日，四曰星辰，五曰历数。

五、皇极：皇建其有极。敛时五福，用敷锡厥庶民。惟时厥庶民于汝极。锡汝保极：凡厥庶民，无有淫朋，人无有比德，惟皇作极。凡厥庶民，有猷有为有守，汝则念之。不协于极，不罹于咎，皇则受之。而康而色，曰：'予攸好德。'汝则锡之福。时人斯其惟皇之极。无虐茕独而畏高明，人之有能有为，使羞其行，而邦其昌。凡厥正人，既富方谷，汝弗能使有好于而家，时人斯其辜。于其无好德，汝虽锡之福，其作汝用咎。无偏无陂，遵王之义；无有作好，遵王之道；无有作恶，尊王之路。无偏无党，王道荡荡；无党无偏，王道平平；无反无侧，王道正直。会其有极，归其有极。曰：皇，极之敷言，是彝是训，于帝其训，凡厥庶民，极之敷言，是训是行，以近天子之光。曰：天子作民父母，以为天下王。

六、三德：一曰正直，二曰刚克，三曰柔克。平康，正直；强弗友，刚克；燮友，柔克。沈潜，刚克；高明，柔克。惟辟作福，惟辟作威，惟辟玉食。臣无有作福、作威、玉食。臣之有作福、作威、玉食，其害于而家，凶于而国。人用侧颇僻，民用僭忒。

七、稽疑：择建立卜筮人，乃命卜筮。曰雨，曰霁，曰蒙，曰驿，曰克，曰贞，曰悔，凡七。卜五，占用二，衍忒。立时人作卜筮，三人占，则从二人之言。汝则有大疑，谋及乃心，谋及卿士，谋及庶人，谋及卜筮。汝则从，龟从，筮从，卿士从，庶民从，是之谓大同。[……]

八、庶征：曰雨，曰旸，曰燠，曰寒，曰风。曰时五者来备，各以其叙，庶草蕃庑。一极备，凶；一极无，凶。曰休征；曰肃、时雨若；曰乂，时旸若；曰晰，时燠若；曰谋，时寒若；曰圣，时风若。曰咎征：曰狂，恒雨若；曰僭，恒旸若；曰豫，恒燠若；曰急，恒寒若；曰蒙，恒风若。曰王省惟岁，卿士惟月，师尹惟日。岁月日时无易，百谷用成，乂用民，俊民用章，家用平康。日月岁时既易，百谷用不成，乂用昏不明，俊民用微，家用不宁。庶民惟星，星有好风，星有好雨。日月之行，则有冬有夏。月之从星，则以风雨。

九、五福：一曰寿，二曰富，三曰康宁，四曰攸好德，五曰考终命。六极：一曰凶、短、折，二曰疾，三曰忧，四曰贫，五曰恶，六曰弱。[①]

古时的印度教徒也在很大程度上认为王权神授。吠陀颂诗中的国王经常将自己与大神伐楼那联系在一起，自认为是伐楼那在人间的真正代表，并且诸神给予了他们重要的能量。伐楼那是国王（rājan）、大帝（samrāj）、拥有至上权力者（kṣatra）。同样地，人间的君主也是国王（rājan）、大帝（samrāj）、刹帝利（kṣatriya）。伐楼那是 ṛta 或者宇宙法则达磨（dharma）之主。人间的君主也是法律的保护者。掌握皇权伴随着一系列祭祀，始于灌顶（abhiṣeka）也就是加冕，终于马祭（aśvamedha）也就是完全行使皇权。凭借这些祭祀，天神与君主得以合为一体，这尤为重要，因为君主的权威便来自于宇宙法则的神圣监护者。由于国王将自己视为人间之神，那么他们就需要通过祭神来为自己的行为谋得一种道德支持。同时，也只有通过祭祀才能了解神圣的旨意。

法律文献（《法论》）和大史诗（《摩诃婆罗多》）详细说明了国王的地位和职责。这些文献中所呈现的国王形象在每个方面都十分类似"天子"。其中提到国王是由神任命的，他自身融合了分管地球八个部分的大神的精髓，这些大神分别是：伐楼那、因陀罗、伐由、阎摩、苏利耶、阿耆尼、月神和俱毗罗。国王并非凡人，而是化为人形的神。

但这一得到神授的国王却不能恣意妄为。如同中国的《洪范》中所说的一样，拥有德行是获得皇权的必要条件。他应当是父爱、

---

① 参见《尚书·洪范》。——译者注

庇护和关爱的化身。他应当是臣民的楷模，垂范世人。"有什么样的国王就有什么样的臣民"，国王的个人行为甚至决定了一个时代的本质。明确地说，"心念纯洁之人、臣民敬畏之人方为圣君"。[①] 他对王国的幸福负有责任，他必须学会控制自己、克服爱怨以及压制自己的情欲。智慧、教养、自尊、知识、勇气、慷慨、感恩和诚实，这些国王应具有的美德在史诗和《法论》中已经成为箴言。国王罪恶则臣民遭殃，国王有德则臣民富足。只要他不偏离德行的正道，他就能够一直拥有神圣的授权。

祭祖和祖先祭（Pitṛiyajña）

先人亡灵在早期的中国宗教中占有重要地位。除了天，他们对后世子孙福祉的影响是最大的。人们定期向他们祭祀，相信借由取悦已经离世的祖先，后世子孙能够获得财富、长寿、快乐、平安等。他们的孩子们也将继续沿着这条路走下去。古代文献中十分清楚地说明了这个问题：

> 祠堂之中，有力而和谐的乐曲声奏起。祖先们听到了这声音。他们带着他们的祝福下来了。通过代表他们的中间人得到了供奉给他们的祭品。通过仪式主持人之口，他们说："你们将长寿"。在祭祀仪式的最后，祭司好像是在神灵控制之下说："我们祖先的代表已经吃喝完毕了，我们将会沐浴在财富和幸福中，不幸将远离我们。"[②]

---

① 此处引文出处不详。——译者注
② 此处引文出处不详，内容描述疑似《诗经·小雅·楚茨》，《楚茨》原文为："楚楚者茨，言抽其棘。自昔何为，我艺黍稷。我黍与与，我稷翼翼。我仓既盈，我庾维亿。以为酒食，以享以祀。以妥以侑，以介景福。济济跄跄，絜尔牛羊，以往烝尝。或剥或亨，或肆或将。祝祭于祊，祀事孔明。先祖是皇，神保是飨。孝孙有庆，报以介福，万寿无疆。执爨踖踖，为俎孔硕。或燔或炙，君妇莫莫。为豆孔庶，为宾为客。献酬交错，礼仪卒度，笑语卒获。神保是格，报以介福，万寿攸酢。我孔熯矣，式礼莫愆。工祝致告，徂赉孝孙。苾芬孝祀，神嗜饮食。卜尔百福，如几如式。既齐既稷，既匡既敕。永锡尔极，时万时亿。礼仪既备，钟鼓既戒。孝孙徂位，工祝致告。神具醉止，皇尸载起。钟鼓送尸，神保聿归。诸宰君妇，废彻不迟。诸父兄弟，备言燕私。乐具入奏，以绥后禄。尔肴既将，莫怨具庆。既醉既饱，小大稽首。神嗜饮食，使君寿考。孔惠孔时，维其尽之。子子孙孙，勿替引之。"——译者注

《诗经》中还保留了许多有关祭祀先人亡灵的古诗。这些颂诗简明而优雅，不禁让我们联想起《梨俱吠陀》中的颂诗。阿瑟·韦利（Arthur Waley）译本中的一首诗足以展现这类诗歌的风貌，例如第204首诗便是献给祖先的：

　　啊，显赫的祖先啊——
　　他们的福佑无止境，
　　他们的礼物延伸得没有边界，
　　对你一样，他们的要求一定会到达。
　　我们给他们带来了清酒；
　　他们会赐予我们胜利。
　　这里还调制好了汤羹，
　　精心烹制，精心调和。
　　因为我们静悄悄地来，
　　把争执放在一边，
　　他们赐我们平安、长寿，
　　直到我们满脸皱纹，
　　我们会一直活着。
　　皮裹着车轴，还有我们那
　　镀着铜的轭，
　　八个铃铛叮当作响，
　　我们来祭祀祖先。
　　我们身上的责任重大，
　　我们的福乐从天而降，
　　好的收成和极大的富裕。
　　他们来了，他们接受了，

他们送下了无数的福佑。[①]

　　因而，人们不仅仅为了长寿和富足而祭拜祖先，好收成同样有赖于他们的恩惠。这也是为什么祖先的祭品都是最好的东西——新鲜的果子、美味的食物和酒水、最好的动物等。《诗经》中同样详细描写了祭品。因此，我们知道人们在祭祖的时候需要准备黄瓜[②]，专门杀一头牛并将它的毛发、血和油脂用作祭品，还要准备好香酒用作贡酒。之所以要供奉动物的毛发是为了证明动物的纯洁，血用以表示动物确实被杀了，没有弄虚作假，香酒则用于吸引祖先到祭祀场所来，点燃动物油脂也是出于同样的目的。

　　和中国人一样，Pitṛi，也就是离世的祖先在印度教徒的生活中同样占有十分重要的地位。祖先祭（pitṛiyajña）是居家者最重要的职责。任何社会和宗教仪式都包括向先人亡灵的祭祀。在吠陀颂诗中，祖先（Pitṛi）被视为神的陪伴者。他们和天神居住在最高的天界，共同欢喜作乐。他们与天神一同接受祭品，并视之为自己的食物。祭祀他们是为了让他们保护并为他们的祭奠者们说情，若是子孙们做出什么对他们不好的事情，他们也会对子孙们不利。因此，获得他们的庇护十分重要。他们能够给予那些遵循他们道路的子孙以财富、后嗣和长寿。祖道（pitṛiyāna）被认为比天道（devayāna）更为重要。

　　在此后的时代中，对先人亡灵的祭祀在印度教徒的社会和宗教生活中越来越重要，越来越复杂。祭拜祖先的仪式不仅要在一年中的特定季节有规律地举行，而且在例如授线礼、婚礼等其他重要的社会仪式上也要进行。人们认为，若是少了他们的庇佑，任何这些家庭责任都不可能完成。尽管宗教观念已经变化良多，但是自古以

----

① 英文译文参见阿瑟·韦利：《诗经》（ Arthur Waley, The Book of Songs, New York: Grove Press, 1996. ），第 319 页。该诗译自《诗经·颂·商颂·烈祖》，原文为："嗟嗟烈祖！有秩斯祜。申锡无疆，及尔斯所。既载清酤，赉我思成。亦有和羹，既戒既平。鬷假无言，时靡有争。绥我眉寿，黄耇无疆。约軝错衡，八鸾鸧鸧。以假以享，我受命溥将。自天降康，丰年穰穰。来假来飨，降福无疆。顾予烝尝，汤孙之将！"——译者注
② 在《诗经》创作的年代中国并没有黄瓜，而且《诗经》的祭祀诗中多用韭菜、白蒿等植物作为祭品。此处疑为作者之误。——译者注

来对祖先祭（pitṛiyajña）的重视在今天印度教徒的生活中依然没有改变。

孔子的社会政治理念

孔子的名字在中国历史中占据着至高无上的地位。在这个国家的古老文明中，他代表了一切高贵、理智和有益的事物。他生于公元前551年，卒于公元前479年。他生前曾担任许多重要的行政职务。他是为子孙福祉整理、编订古老的社会和政治理念的第一人。和同时代的老子（Lao-tseu）不同，他并非清静的神秘主义者。他并没有提出属于自己的新哲学。他是古老传统的坚定追随者，并且对天深信不疑。他相信祭天和祭祖的作用，相信用龟背和蓍草占卜以了解天意以及其他诸事。

根据这一体系，家庭是一种微观世界，而国家则是宏观世界。正如帝王，即天子有义务维护国内的秩序和臣民的福祉，一家之主对家庭成员和邻居也有同样的义务。就像家庭成员必须服从一家之主一样，一家之主必须效忠皇帝。《洪范》中所说的法则同样适用于两者。孔子十分强调与孝相关的职责，这些构成了他政治哲学的基础。无论是家庭还是国家都是通过这一学说被治理和连接在一起的。孔子说："仁人之事天如事亲，事亲如事天。［……］天之所生，地之所养，无人为大。父母全而生之，子全而归之，可谓孝矣。不亏其体，不辱其身，可谓孝矣。［……］父母在，不远游，游必有方。［……］生，事之以礼；死，葬之以礼，祭之以礼。"① 据此，独身便成为一种罪恶，因为这有碍尽孝。在国家这个大家庭中，皇帝应当如父亲对待孩子一般对待自己的臣民，而臣民也应当如同孝敬父母

---

① 此处由于作者没有给出引文出处，故无法精确地判断所译内容的具体出处。孔子，或者借由孔子之名传世的论述孝的经典较多，其中思想也多有重复之处。此处分别给出一些可能与译文相近的论述，具体出处为："仁人之事天如事亲，事亲如事天。"（《礼记·哀公问》）；"天之所生，地之所养，无人为大。父母全而生之，子全而归之，可谓孝矣。不亏其体，不辱其身，可谓孝矣。"（《礼记·祭义》）；"父母在，不远游，游必有方。"（《论语·里仁》）；"生，事之以礼；死，葬之以礼，祭之以礼。"（《论语·为政第四》）——译者注

一般忠于皇帝。

印度教法律文献《法论》中提出的社会和政治理念与孔子及其追随者所提倡的十分相似。两者对君王与臣民的关系、一家之主与其家庭成员及邻居的关系、父亲与儿子的关系等方面的论述几乎是一样的。

道家 ① 和印度思想

前文已经提到了，根据古代中国的信仰，对国王和民众来说，了解天意并根据天意行事，从而维持天道尤为重要。在祭祀时用龟壳和蓍草进行占卜可以客观地了解天意，这是传统的方法。不过，一种主观的方法此前早已被发现，并通过一位名为老子的哲学家得以进一步发展。

老子比孔子年纪稍长，生卒年为公元前 570~ 前 490 年。他的个人生活并不为人所知。他很有可能曾经是周朝宫廷图书馆馆员。据说他就是在那里广泛学习古代文献的过程中，发现了自己的新哲学。用他自己的说法，他的哲学并非原创，而是来源于古老的传统之中，他所做的不过是发现这一哲学。

"道"有许多不同的解释。公认的是，这个词无法被翻译成外语。古代文献中的"道"可以指"方法"、"有德的方法"、"智慧的原则"、"完美的道路"等。"天道"便是"天的道路"。因此，"道"可以被理解为事物表象背后独一无二的准则。它既是超越的，也是内在的。因此，它需要以主观的方式方才能被体会。老子相信只有通过虔诚、热忱和与这一准则的神秘主义结合方才能体会到道。

老子的哲学包含在一部名为《道德经》(*Tao-tö-king*) 的著名著作中。道被定义为永恒的宇宙法则。书中说"道"很难以语言表达

---

① 作者在文中将道家哲学和后来形成的道教统称为 Taoism。考虑到两者在汉语中所指的差异，下文的翻译将根据实际情况选择使用"道家"或"道教"翻译 Taoism 一词。——译者注

或定义，并且"如果硬要命名的话，那也只是一个符号，这个符号如果说不足以代表它难以言说的本质的话，至少可以代表它在人间的显现形式。"①文献进一步说道：

能清楚地说出来的原则并非永恒的，能命名的事物也不是永恒的。在一切产生之前，有一个无法言说、没有名字的存在。当它还处在没有名字的状态时，它构想了天和地。随后由它生出了一切。人对宇宙准则的理解取决于它的思维状态。若思维一直超脱于感情，便能够感受到它的神秘本质；若思维总是充斥着感情，则只能观察到它的影响。②

老子的弟子们在解释这一段话时说道，在世界产生之前有一个自在的、永恒的、无限的、完满的、无所不在的存在。它既不能命名，也不能言说，因为人类的语言只能用于能感知到的事物。但元初的存在由始至终都是不能被感官所感知的。创世之前，除了它之外，没有其他存在。元初，只有它的本质存在。它的本质包括两个内在属性：阴，也就是内敛的状态；阳，也就是扩张的状态。它们的具象化产生了两个可以被感知的形式，也就是天和地。由此，道有了名字。阴，内敛和静的状态，是道的真正状态；而阳，扩张和动的状态，或者说是可感知事物的显现状态，是一种虚幻的状态，是道的暂时状态。

道的这两种状态对应了人的思维的两种状态：静和动。只要思维在不断地产生观念，它就会充斥着想象，在这种情况下，它为情欲所驱使，只能观察到道的影响。但是当思维的认知停止、思维变

---

① 从这段引文的大意来看，此处对应的《道德经》原文可能是"名，可名，非恒名"，但有所增添。加之下文作者又基本重复了一遍《道德经》第一章的内容，所以可以判断作者此处可能参考了其他译注或者自己加入了对原文的理解，而非对原文的直接翻译。——译者注

② 这一段的前半部分基本可以对应《道德经》第一章的部分原文："道可道，非常道。名可名，非常名。无名，天地之始；有名，万物之母。故常无欲，以观其妙；常有欲，以观其徼。"其中对后两句的理解可能与现在一般的理解有一定偏差。——译者注

得空宁时，它就会变成一面纯洁无瑕的镜子，透过它就能看见投射在镜子上的道那不可名状的本质的倒影。

《道德经》中进一步将"道"这一准则定义为"真自然"（true nature）。高妙的智慧包括了解自我的自然。这可以通过对自我施加意愿，控制情欲来达到；可以通过放弃一切传统的知识和凡俗活动来证悟。用老子的话说，真正的圣人"为无为，事无事，味无味；大小多少，报怨以德"。[①] 老子的这些话只能用一种方式来解释，人应当领悟这一宇宙准则或者说是自我的自然。这一准则等同于自然，不能用语言来定义，只能被证悟。只有控制了情欲，心中去除了凡俗的观念并达到了一种完全冷静的状态，才有可能证悟。心只有完全空净时才能够回到其自然的状态，这不可能通过传统的知识获得。一旦得到，心就会完全改变，人就得以进入一个他人不能进入的世界。由于那时他已经摆脱了情欲，他依然可以行动但却不会为行动所撼；他依然可以看到他人，但却能以一个普遍的准则看待他们，他不再区分人与人之间的差别。

这种神秘主义也有实用的一面。老子用下面的说法指出了一种达到这种超凡状态的方法：

闭嘴屏息，你将死而不朽。说太多话并沉溺于焦虑之中是在浪费和缩短你的生命。将智慧之光聚焦在智慧上，避免心理活动打扰你的身体，这样就保护了你的身体，可以长生。[②]

他的弟子庄子（Chuang-tseu）（公元前380~320年？）用以下说法更加详细地说明了这一方法：

应当退隐到河岸，或者无人之处，不再做任何事情，就好像那些真正热爱自然和喜欢闲逸的人一样。以一种仔细的方法吸入一口

---

① 参见《道德经》第六十二章。——译者注
② 此处引文疑出自《道德经》第五章："虚而不屈，动而愈出。多言数穷，不如守中"。——译者注

气，吐出肺里的空气，这样吐故纳新能够延长人的寿命。[①]

　　这种"道"的概念无疑和"奥义书"中的"梵"很相似。和"道"一样，"梵"也被认为是宇宙背后独一无二的真实存在。他是永恒的、全知的、无处不在的。他既是超越的，也是内在的。他是宇宙的"我"，个体的"我"或者说自我也是他的一部分。这种"梵"无法用语言描述，无法用感官感知，只有通过洁净心灵、苦行、虔信和热诚我们才有可能体悟到他。整个瑜伽学就是这种体悟而衍生出来的方法。它要求完全聚精会神，通过控制呼吸或者在隐秘之处冥想从心中排除一切外部世界的印象。体悟到"我"意味着宇宙"我"和个体"我"完美地结合，这需要心中完全不受客观世界的影响。这种体悟同样意味着回到元初的准则（kāraṇa）[②]。此外，瑜伽文献还清楚地说明了自性，或者说创世的准则有两种运行方式——外向的和内向的。而当内向的运行结束时，也就获得了解脱。外向的运行导致幻化事物的创造，这些创造将心束缚在客观世界中。这两种运行与"道"的内敛和扩张的两种状态"阴"和"阳"十分相似。

　　这种类比还可以更进一步。但前文所述已经足以表明老子的哲学和奥义书哲学有着一些惊人的相似之处。"道"不可能是外来的概念。没有证据显示公元前 1 世纪之前中印之间存在交往，而那时古老的道家学说已经是一个高度发达的哲学体系了。此外，我们也可以看到"道"的概念与中国一些古老的宗教观念之间存在着符合逻辑的传承关系。

　　这种相似性是随着一些较为古老的相似宗教观念的自然发展而产生的。中印两国一样，都由古代宗教分别产生了仪式（karma）和哲学（jñāna）[③]。在中国，前者由以孔子为首的知识分子发扬光大，

---

　　① 此处引文疑出自《庄子外篇·刻意》："就薮泽处闲旷，钓鱼闲处，无为而已矣……吹呴呼吸，吐故纳新。"——译者注

　　② 元初的准则，原文为 the original principle，并给出了括注 kāraza。kāraza 一词一般译为原因、缘。——译者注

　　③ 此处的 karma 和 jñāna 均为原文括注，这两个词在汉语中常被译为"业"和"智"。——译者注

老子八十一化图

他们维护传统以及复杂的祭天、祭祖和占卜仪式等。后者，也就是哲学方面则由老子和他的追随者踵事增华。在老子之前可能已经有先行者主张以主观的方式体悟神圣的意愿。同样地，在印度，法律文献（《法论》）的制定者支持和发扬了传统主义，而哲学方法则由"奥义书"首次定义，并在之后的时代中由其他体系进一步推动发展。

一个融合体

中国唐代创立的佛教哲学学派对中国人思维的影响并非无足轻重。在中国注释家和翻译家的努力下，这些学派的影响力也绝不可忽略不计。唐代儒家知识分子发起的对佛教的论战便足以为证。道士们则以另一种方式挑战佛教。他们伪造经书，试图论证佛教不过是移植到印度的道教的一支，而佛陀不过是道教创始人老子后来的一个化身。从而，道教寄希望于能够在这个国家获得比佛教更高的声望并由此摧毁佛教在中国的根基。道教对佛教的威胁始于更早的历史年代。4 世纪时，一位名叫王浮（Wang Fou）的道士（priest）写了一部名为《化胡经》（*Hua hu king*）的书。这部书不断发展，到唐代时已经广为人知，最终不得不由皇帝下令予以禁止。这部书中描述了老子如何教化所谓的蛮族，其中有一处写道老子在印度化身为摩耶夫人之子佛陀，并使该国的民众皈依了他的新教义。如此说来，佛教和之前老子在中国传播的道教实际上就是一个宗教了。

但仅仅靠类似的伎俩不足以让佛教离开中国的土地。随着新的理性主义哲学学派的兴起，这种威胁也就自然而然地消亡了。这一新的哲学吸纳了有益的佛教元素，构建了一个新的融合体。活跃于 12 世纪的朱熹（Chu-hi）是这一新哲学体系①的伟大倡导者。这一新的运动发轫于 11 世纪，它的先驱们通过佛教得以接触到印度数学与宇宙观念，并将其运用其中。

---

① 作者所指的这一新学派即理学。——译者注

周子（Chou-tseu）[1]（1017~1073）是这一新理性主义运动的先驱之一。他第一次宣称古代先师并没有意识到自古以来基于天地或者阴阳这两条法则的宇宙观存在不足。根据他的说法，为了解释宇宙的起源，有必要推测在这两条法则之外还有其他存在。这便是"太极"，也就是老子所说的重要的规则。由此，周子认为在天地二元之上有一个更高的合一（unity），这就是一切进化的唯一原因。而这种进化的极致便是人，只有人才具备智慧（intelligence）。[2] 不过，人与人的智慧（intelligence）是不相同的。进化的层次不同，人的智慧就有所不同。最具智慧的人是类似孔子的圣人。完美意味着尽可能地回归自然。为了达成这一目的，人需要践行孔子提出的道德法则，例如仁义、礼貌、礼仪、决断、忠诚 [3] 等。

邵子（Shao-tseu）[4]（1011~1077）是新学派另一位伟大的哲学家。他比他的前辈们更倾向道家，当然他也十分推崇孔子。他的哲学在大原则上与周子的哲学并没有区别。他认为人只要与天地同在，便是与一切永远同在，因为宇宙的法则是唯一的，天地的法则为万物所共有，每个个体的差别只不过在于完美的程度不一而已。

朱熹（1130~1200）是新哲学最伟大的倡导者。不同于古时的哲学家，他坚信不存在神，没有至高存在，没有仲裁者，没有天意。整个宇宙是由两个共存不灭的准则构成的，也就是"理"和"气"，或者说规范（norm）和物质（matter）。尽管这两者的本质截然不同，却又互相依存。"理"这一规范也被称为"太极"或者"无极"，前者因为它是指向性的力量，后者因为它是一种不可感知的微妙力量。它还被进一步描述为一、无限的、永恒的、不变的、不移的、同质的、决定性的、无意识的、无智的。正是在这一规范的驱动下，物质（"气"）由"阳"（动）和"阴"（静）而不断进化。以下让我们来翻译一下朱熹的原话：

---

① 周子，即北宋理学家周敦颐，下同。——译者注
② 周敦颐《太极图说》："万物生而变化无穷焉，惟人也得其秀而最灵。"——译者注
③ 此处疑为对儒家"五常"仁、义、礼、智、信不十分精准的翻译。——译者注
④ 邵子，即北宋理学家邵雍。——译者注

天地初间只是阴阳之气。这一个气运行，磨来磨去，磨得急了，便拶许多渣滓；里面无处出，便结成个地在中央。气之清者便为天，为日月，为星辰，只在外，常周环运转。地便只在中央不动，不是在下。①

苍苍之谓天。运转周流不已便是那个。而今说天有个人在那里批判罪恶固不可，说道全无主之者又不可。②

天下未有无理之气，亦未有无气之理。[……]在阴阳言，则用在阳而体在阴，然动静无端，阴阳无始，不可分先后。今只就起处言之，毕竟动前又是静，用前又是体，感前又是寂，阳前又是阴，而寂前又是感，静前又是动，将何者为先后？不可只道今日动便为始，而昨日静更不说也。[……]本只是一太极，而万物各有禀受，又各各全具一太极尔。如月在天，只一而已，及散在江湖，则随处可见，不可谓月已分也。③

人由理和气构成。气又分为部分，魂和魄，其中魄是精的固体形式，魂则是天地之前的气体形式。理和气并非完全地连接在一起。它浮在表面并与气凝结在一起。这是天理的一种延伸，而非天理的一部分。两者的聚合形成了人，两者分离人也就不存在了。然后，理就会回到本初，而气也就消散了。魂升于天，魄降于地。[……]如火将灭，也有烟上，只是便散。说灵魂不死是释家的错误，并不存在轮回，每每有人出生，构成他的元素便是从理和气这两个大容器中新提取的。④

水果在生长的过程中首先是绿色的，然后成熟、熟透，并最终腐烂，化为各种物质。人也是一样，当一个人寿终正寝，死时心满意足，他那熟透了的气也会消散，这样一切就都结束了。这也是古

---

①《朱子语类》卷1。——译者注
② 同上。——译者注
③ 此处引文出处不详，类似描述参见《朱子语类》卷1、卷94。——译者注
④ 此处引文出处不详，类似描述参见《朱子语类》卷1、卷83、卷87、卷126。——译者注

时圣贤的大道。[①]

不能说死后就什么都没有了［……］毕竟子孙是祖先之气。他气虽散，他根却在这里；尽其诚敬，则亦能呼召得他气聚在此。如水波样，后水非前水，后波非前波，然却通只是一水波。子孙之气与祖考之气，亦是如此。他那个当下自散了，然他根却在这里。根既在此，又却能引聚得他那气在此。此事难说，只要人自看得。[②]

朱熹肯定受到了天台宗所宣扬的佛教思想的影响。众所周知，佛教相信永恒且无处不在的因果报应，它独立于时间或者空间。因生果，果又成为其他果的因，因果这一链条，如此往复，无限延长。宇宙的本质是永恒的，而昙花一现的诸般存在只不过是这独一无二的永恒之中短暂的微波细浪。大海中的波浪并不能增减海水，短暂的现象也是如此。这有两种原因，物质和动力因。由一个独一无二的静物质，无数的动力因生出了无数表相不同的存在。宇宙间充斥着表相不同的存在，所有这些存在都由同一个物质因而生，但它们的动力因各不相同。在众生的世界（the world of the living），动力因便是业（karma）。朱熹成功地融合了中国古老的哲学观念和来自印度的新观念，使其成为一个完美的融合体。这些新的印度观念借由佛教传入了中国，并且向一部分人证明自身更有吸引力，也更富有理性。

---

① 此处引文出处不详。——译者注
②《朱子语类》卷3。——译者注

第八章 中国和印度

一直以来，印度和中国之间的文化关系似乎更像是一条单行道。正因如此，人们从未认真地去尝试发现中国对印度人生活和思想的影响。事实上，印度文化对中国人的影响是如此之大，以至于中国对印度产生影响的可能性从未在任何个体身上得到应验。更不必说，汉代至宋代期间，前来印度的中国学者远远少于去往中国的印度学者。

探究任何一种外来观念对古代印度思想产生的影响，向来是一件困难的事情。就算印度确实借鉴了某种观念，其古代文献也不会像法规一样指明它的出处。印度始终忠于自己由来已久的传统，她真正的兴趣不在于某种观念的历史渊源，而是这种观念本身以及它在多大程度上能对自身文化理念的进步做出贡献。一旦有消化吸收的可能，这些理念就会相当完美地融合在一起，以至于人们难以发现其外来源头的一丝痕迹。

然而，若要追溯中国对印度人生活和思想的影响，很可能只需一瞥。在物质文明方面，我们很早以前就借鉴了诸多中国物品，和中国的贸易关系可以追溯到张骞的时代。张骞描述过滇缅道[①]上的贸易往来，提到了印度商人从中国西南地区进口的中国商品[②]。我们熟知的玄奘提到过贵霜时期，印度从中国引进桃子和梨的史实。我也说过，朱砂有可能来自中国。较晚时期在印度某些地区为人熟知的制瓷业似乎是从中国传入的。众所周知，丝绸的一些品类也源于中国。此外，茶和荔枝的种植也是在相对较晚的时期从中国引入的。

但是，更为重要的是中国对某些文献创作类型和神秘主义教派的影响。严格意义上说，我们在古代从未产生过记录历史或撰写编年史的传统。尽管在古文献中有关于历史的记载，但我们不知道它究竟是何种类型的著作。我们在一些"往世书"中得到了统治王朝的列表以及国王的名录，但从未有人尝试把某一特定统治时期的政治事件记录下来，也没有人依照时间顺序对统治者的继承人进行记载，这不能被认定为真正意义上的编年史。根据比鲁尼[③]（Albiruni）的叙述，一些号称具有古代贵霜血统的帝王曾在丝绸上书写过王朝年表，这些年表一度保存在纳加阔特[④]（Nagarkot）的城堡中，却在穆斯林入侵期间被毁。这可能和玄奘提到的包含有官方年表和国家文书的尼罗蔽荼[⑤]（nīlapītaṁ）记载的是同一件事情，"青色和黄色"显然指印有记录的丝绸的颜色。更不必说，在丝绸上做此类记录是中国的传统。贵霜人曾与中国保持密切的关系，他们很有可能就是从中国借鉴了保存国家年表的做法。

自中世纪早期起，印度的一些印度教王国就开始指派官方的编年史作者对帝王的统治进行记录，这一情况最早是在克什米尔和尼泊尔被注意到的。《王河》（*Rājataraṅgiṇī*）及其增补文献是克什米尔

① 原文为 Burma Road，此处译为滇缅道，是古代中印交通要道之一。——译者注
② 指蜀布和邛竹杖。——译者注
③ 阿拉伯著名科学家、史学家、哲学家。他曾随马茂德征服印度，在那里停留了多年，修习梵语，四处考察，撰有《印度志》一书，被后世学者誉为"百科式的学者"。——译者注
④ 今尼泊尔境内。——译者注
⑤《大唐西域记》卷 2 载："至于记言书事，各有司存。史诰总称谓尼罗蔽荼，唐言青藏。善恶具举，灾祥备著。"尼罗蔽荼的字面意思为"青色和黄色"，是印度古代史册、官方文书记录的总称。参见玄奘、辩机原著，季羡林等校注：《大唐西域记校注》，北京：中华书局，2000 年，第 185 页。——译者注

王国的系统年表。尼泊尔的系谱（Vaṃśāvalī）可以追溯到 9 世纪，其中对历史数据的处理比克什米尔编年史更为准确，因为它指出了统治的日期以及统治期间发生的事件。在东部，阿豪姆①（Ahom）人也引入了撰写此类年表的做法，他们的年表称作"菩愣记"②（Buranjis）。对于印度传统来说，编写王朝史是太过新鲜的事情，以至于人们会情不自禁地把它归结为中国的影响。在中国，这一习惯在很早的时候就已经产生；而在印度，大多只有那些在数个世纪里与中国保持密切往来的边远王国才会遵循这一传统。

印度佛教界曾对中国和中国人产生过实实在在的兴趣。从汉语文献的记载中我们得知，一位名叫室利笈多③（Śri-Gupta）的国王在菩提伽耶（Bodhgaya）修建了一座寺庙，专供中国僧人使用。虽然我们尚不知晓这位室利笈多究竟是谁，但他可能与笈多王朝的早期统治者有关。玄奘离开印度很久以后，依然在当地备受推崇。公元 9 世纪，一位日本僧人在印度周游时记述了这样一则故事：

> 言尝至中天，寺中多画玄奘麻及匙箸，以彩云乘之，盖西域所无者。每至斋日，辄膜拜焉。④

在婆罗门教密教文献即怛特罗中，摩诃支那（Mahā-cīna，即大中国）占有非常重要的地位，因为它是一支独特的神秘主义教派——支那行（Cīnācāra，即中国的实践）的活动中心。该教派信奉的对象是一位名叫摩诃支那度母（Mahācīnatārā）的女神。人们认为

---

① 阿豪姆王国是印度东北阿萨姆地区中古时期的一个傣族王国，1228 年建国，其统治持续近 600 年。——译者注
② Buranji 字面义为"教导无知的"，音译为"菩愣记"，是一类阿豪姆王国用阿萨姆语与阿萨姆语编写的历史书。——译者注
③ 义净《大唐西域求法高僧传》中有相关记载："去此寺不远，有一故寺，但有砖基，厥号支那寺。古老相传云，是昔室利笈多大王为支那国僧所造。"参见义净著、王邦维校注：《大唐西域求法高僧传校注》，北京：中华书局，1988 年，第 103 页。——译者注
④ 全文为"国初，僧玄奘往五印取经，西域敬之。成式见倭国僧金刚三昧，言尝至中天，寺中多画玄奘麻及匙箸，以彩云乘之，盖西域所无者。每至斋日，辄膜拜焉。"参见段成式撰、方南生点校：《酉阳杂俎》前集卷 3《贝编》，北京：中华书局，1981 年，第 38 页。——译者注

这一教派十分重要，以至于像极欲（Vaśiṣṭha）这样伟大的仙人也前往中国，加入了这一教派。据说，极欲仙人是在佛的应允下加入这一新型密教形式的，当他找到佛的时候，佛正在女性的陪伴下举行祭礼。虽然这段记载看起来具有很强的虚构意味，但它似乎也包含了一些历史事实。如果将印度密教的某些形式与之后的道教进行比较，或许有助于我们更好地理解其中的内涵。

人们试图探寻老子哲学背后的印度根源，却未获得任何正面的结果。中国和印度开始建立历史联系的时间大大晚于老子生活的时代，甚至晚于著名的道家经典——《道德经》完全成书的年代。然而，道教与古代印度哲学的相似性是如此明显，以至于最早一批前往中国的印度学者没有人不因此留下深刻的印象，他们在道教中找到了某些属于自己的东西。当最早的一支佛教传法团来到中国的时候，就是在道观里得到了庇护，并得以和道士们混居在一起。很有可能，一些传法僧在返回印度后，利用他们习得的道教知识发展了自己的哲学思想。有记载显示，大乘佛教的追随者、龙树哲学体系的伟大倡导者——鸠摩罗什曾经撰写过一部《道德经》评注。他的一些中国弟子也曾精心考量，试图将龙树的中观派哲学与道教哲学进行综合。

此后，特别是唐代，印度似乎对道教产生了一些兴趣。7 世纪中叶，在印度东部阿萨姆（Assam）的迦摩缕波①（Kāmarūpa）有一个信仰婆罗门教的国王名叫鸠摩罗（Kumāra），亦称婆塞羯罗伐摩（Bhāskaravarman）。他曾对两位来自中国的使节——李义表和王玄策谈起自己对老子的兴趣和他的哲学。国王向王玄策索要一幅老子画像，还让李义表寄给他一部《道德经》的梵文译本。

---

① 迦摩缕波在今印度阿萨姆邦西部，是东印度的一个大国，最初名为"东辉（或东星）国"（Prāgjyoti2a），以后更名为迦摩缕波。该国对中国十分友好，不仅优待过玄奘，对使者王玄策一行也十分优待，并与中国进行文化及物质交流。《新唐书》卷221 上《西域传》上："东天竺王尸鸠摩送牛马三万馈军，及弓、刀、宝璎珞。迦没路国（即迦摩缕波）献异物，并上地图，请老子像。"《旧唐书》卷198《西戎传》："五天竺所属之国数十……有伽没路国，其俗开东门以向日。王玄策至，其王发使，贡以奇珍异物及地图，因请老子像及《道德经》。"参见玄奘、辩机原著，季羡林等校注：《大唐西域记校注》，北京：中华书局，2000 年，第 794~796 页。——译者注

使节将这一请求禀报了皇帝①，皇帝立即颁布圣旨，令玄奘和道士们一起把《道德经》译为梵语。这部作品在数日内被反复讨论、仔细研究。道教法师们主张把从阿毗达磨和中观派著作中找到的佛教术语与道教用语混合起来，却遭到玄奘的反对，他认为用佛教术语翻译道教术语会使人们对两种哲学思想产生错误的理解。

在翻译"道"这个词的过程中曾经产生了一定的困难。玄奘提议将该词译为"末伽"（mārga，即道路），道士们则倾向于把它译为"菩提"（bodhi，即觉悟）。经过长时间的讨论，玄奘成功说服了那些反对他的道士，使他们认同了"末伽"才是"道"的正确译法。此后，梵文译本顺利完成。

但是，关于这个译本是否被寄给了那个印度国王，并没有确切的记载。《道德经》的译本完成于 647 年，而王玄策又先后率领三支使团前往印度，第一次在 647 年，后两次分别是 657 年和 664 年，所以并不缺少将译本赠予国王婆塞羯罗伐摩的机会。但可以确信的是，译本传到了印度，佛教的密教团体借鉴了这个译本，并以自己的方式用它发展出了一个新派别。

佛教的这一派别叫作俱生乘。尽管它的某些教义可以追溯为基本大乘佛教哲学，但另一些教义则表现出相当明显的外来痕迹。该派别主要兴盛于 7~12 世纪，其文献似乎并不十分古老，最早的著作《喜金刚本续》（*Hevajratantra*）可追溯至 7 世纪。这一派别的基本教义称作"俱生"（Sahaja）或"俱生教义"（the doctrine of Sahaja）。"俱生"的字面意思是"自然"，可引申为："真实的自然"，其他任何早期印度哲学在使用该词时均指代这个意思。但俱生乘不同，在它的标准文献中，"俱生"被定义为："整个创造是由这个'俱生'的本性注定的。它既不积极，也不消极，具有空的特征。它不能被言语界定，只有借助自己方可实现。"实现的方法包括瑜伽即冥想、调息、体式等，以及诸多在女性陪伴下进行的秘密修行。

---

① 指唐太宗。——译者注

此处，我们无需对道教和佛教俱生乘的修行进行细致入微的比较，这样的比较一定会显示出两个派别思想体系中的高度一致性。玄奘把"道"译为"末伽"仅仅是字面上的翻译，它没有传达出该词的形而上的内涵，所以更新、更合理的译法应该是"俱生"。这一译语的作者已经被人遗忘，但他毫无疑问是一名印度密教僧人。

印度东部一支名为"俱生派"（Sahajiyā）的毗湿奴教派（Vaiṣṇavite）实际上就是后来由佛教俱生乘发展而成的，其发端最有可能是在 11 世纪。它对毗湿奴教的依附仅仅是表面上的，它的秘密修行方式与后期密教有很多共同之处。它保留俱生的教义，阐释与佛教、道教相似的实现方法，它所使用的术语也与后来道士和佛教密教信徒的用语类似。

此后，道教在印度广为人知，并广泛地被佛教、婆罗门教、毗湿奴教等印度宗教中的密教信仰者用于发展自身的教义。无论在印度还是在中国，他们的修行都仅仅局限于秘密团体之中。

附录　在中国译经的印度学者略传①

　　每条简介　结尾的参考信息指我的两卷本《中国佛教经典》（*Le Canon Bouddhique en Chine*）。该书对每一个人物传记都有完整论述。这里只列出曾把印度经典译为汉语的人。其他数以百计的印度人到中国只是弘法传道，此处未列。

　　Ajitasena 阿质达霰 ②——北印度佛教学者，汉语文献称为"阿质达霰"。曾前往龟兹——当时中国在西域的管辖机构所在地。8 世纪初于龟兹译出 3 部佛典，并于 732 年将之贡献入朝。（Ⅱ，567）

　　Amoghavajra 不空——汉译"阿目祛跋折罗"，在中国一般称为"不空"。出生在从北印度移居狮子国（今斯里兰卡）的婆罗门家族，10 岁时被叔父带到后印度。15 岁时由金刚智引领皈依佛教，而后随

----

　　① 标题原文为 Biographical notes on Indian scholars who worked in China，由于附录只列出了在中国译经的印度僧人，所以此处标题译为"在中国译经的印度学者生平简介"。——译者注

　　② 原书每一条目之首只有梵文，这里的汉语名字是译者添加，选取文献中使用最广的名称，下同。——译者注

其师前往中国，于 724 年抵达洛阳，于广福寺译经直至 731 年。后受师之托回狮子国搜寻梵本，于 736 年启程，次年到达狮子国，居佛牙寺（Dantavihāra），至 746 年与狮子国国王所遣使团一起回到中国。其后于洛阳、河西、凉州等地译经，于 774 年去世。他是密教金刚乘的杰出倡导者，有 119 部译作传世。（II, 568）

Atigupta 阿地瞿多——汉译"阿地瞿多"[1]。中印度佛教学者，652 年经西域至长安，居慈恩寺，653~654 年于慧日寺和经行寺译出佛典一部，从印度大菩提寺（Mahābodhi）来华的僧阿难律木叉（Saṅghānandamokṣa）和迦叶（Kāśyapa）曾与其合作翻译。（II, 499）

Ādisena（？）阿你真那——汉译文献作"阿你真那"，暂构拟作Ādisena，也被称为"宝思惟"（Ratnacintā）。迦湿弥罗（克什米尔地区）僧人，原属刹帝利王族，专精律学。693 年至洛阳，被安置于天宫寺，于 693~706 年从梵文译出经典 7 部。曾建天竺寺，卒于 721年。（II, 522）

Bodhiruci 菩提流支——汉译"菩提流支"，意译作"道希"，亦作"觉希"。北印度僧人，508 年经西域至洛阳。被任命为七百梵僧的首领。著名的永宁寺建成于 516 年，菩提流支移居此处译经直至 534年，后往新都邺城，继续译经至 536 年。共译经 39 部。（II, 252）

Bodhiruci (II) 菩提流志——汉译"菩提流志"，亦名"达摩流支"（Dharmaruci），前者意译作"法希"，后者意译作"觉爱"[2]。南印度婆罗门族，由大乘僧耶舍瞿沙（Yaśaghoṣa）引导皈依佛门。菩提流志很可能是随 692 年遮娄其（Chālukya）国王派出的使团前来中国，于 693 年经海路到达中国，在南北方都居住过，受到皇帝极重礼遇。在中国于 727 年高寿而卒。菩提流志译功精勤，译出经典 53 部，其中仅《大宝积经》（Mahāratna-kūṭa-sūtra）就有 120 卷。他的译经助手之中也有很多印度来华的学者，例如印度僧人战陀（Canda）、居

---

① 意译"无极高"。——译者注
② 此处原文似有颠倒，"法希"应译自 Dharmaruci，"觉爱"应译自 Bodhiruci。——译者注

士婆罗门李无谄（Romodana?）、东印度王族伊舍罗（Īśvara），北印度僧人达摩（Dharma）、南印度僧人波若屈多（Prajñāgupta）。（II, 540）

Bodhisena 菩提仙——汉译"菩提仙"。很可能来自印度，于 824 年编有佛典一部。（II, 628）

Bodhivardhana（?）菩提登——汉译"菩提登"，"登"意为"增加"、"增长"，所以梵名可构拟为 Bodhivardhana。他于隋代从印度来到中国南方，很可能是经海路。593 年于广州译经一部。（II, 462）

Buddhabhadra 佛陀跋陀罗——汉译"佛陀跋陀罗"，意译"觉贤"。据说为迦毗罗卫国释迦族后人，其家族可能长期定居于那揭罗喝罗（Nagarahāra）。他在迦湿弥罗学习佛教经典，于 5 世纪初会同智严一起到达中国南方，智严是与法显一道来到印度。佛陀跋陀罗大部分时间住在南京，也受慧远之邀去过庐山。429 年在中国去世。译出佛典 15 部，最大的一部是《五十华严》。（I, 341）

Buddhajīva 佛驮什——汉译"佛驮什"，意译"觉寿"。罽宾（克什米尔地区）律师，属化地部（Mahiśāsaka），于 423~424 年译出该部派 3 部经典。（I, 363）

Buddhaśānta 佛陀扇多——汉译"佛陀扇多"，意译"觉定"。北印度僧人，520 年来华，初居洛阳白马寺，后移居邺城金华寺，在中国生活至 539 年，译经 9 部。（I, 251）

Buddhatrāta 佛陀多罗——汉译"佛陀多罗"，意译"觉救"。迦毕试（Kapiśā）僧人，大概在 7 世纪末来到中国，居住于洛阳白马寺。译经一部。（II, 512）

Buddhapāla 佛陀波利——汉译"佛陀波利"，意译"觉护"。迦毕试（Kapiśā）僧人，听闻文殊菩萨居住在中国北部的五台山，于是长途跋涉前往朝拜，于 676 年抵达。据说文殊菩萨在他面前现身，后来到了洛阳，居西明寺并译经一部。这部译作于 683 年完成。而后返回五台山，未曾离开。（II, 513）

Buddhavarman 浮陀跋摩——汉译"浮陀跋摩"或"佛陀跋摩"，意译"觉铠"。可能属于迦湿弥罗婆罗门族，专学毗婆沙（Vibhāṣā），

433 年之后来到中国西部，于 437~439 年译《阿毗昙毗婆沙论》（*Mahāvibhāṣāśāstra*）60 卷。（I, 223）

Buddhayaśas 佛陀耶舍——汉译"佛陀耶舍"，意译"觉名"。罽宾（克什米尔地区）婆罗门族，13 岁时皈依佛教，27 岁时离开印度，游遍西域诸国，最后在鸠摩罗什的邀请下来到长安。于 410~413 年译经 4 部，包括《长阿含经》（*Dīrghāgama*）和法藏部的《四分律》（*Dharma-guptaka-vinaya*）。最终返回罽宾。（I, 200）

Bhagavaddharma（？）迦梵达摩——汉译"迦梵达摩"，意译"尊法"。西印度僧人，于唐代译经一部。

智吉祥——此为汉译名，可能译自梵文名 Jñānaśrī（？）。西印度僧人，于 1053 年携梵箧来到中国。译经两部。（II, 607）

真智——此为汉译名，可能译自梵文名 Satyajñāna（？）。印度僧人，于元代（1280~1368）来到中国，译经一部。（II, 612）

Dānapāla（？）施护——汉译"施护"。北印度乌仗那国（Uḍḍiyāna）佛教学者。980 年来华，译经 111 部。（II, 597）

Devaprajñā 提云般若——可能是印度僧，却是于阗人，其名有多种音译，意译为"天智"。修学禅门，689 年来到中国，译经至 691 年，共译经 7 部。（II, 514）

Divākara 地婆诃罗——汉译"地婆诃罗"，意译"日照"。中印度僧人，于 676 年来华，译经至 685 年，居太原寺和弘福寺。译经 19 部。（II, 504）

Dharmabodhi 达磨菩提——汉译"达磨菩提"，意译"法觉"。东魏时期（534—550）在邺城译经一部。（I, 269）

Dharmacandra 法月——汉译"达摩战涅罗"，意译"法月"。东印度僧人，很可能曾修学于那烂陀，先至西域龟兹，后于 732 年抵达长安，被表荐入朝。居中国直至 739 年，而后离开中国返回印度，在于阗病倒，并于 734 年去世。译经一部。（II, 565）

Dharmadeva 法天、法贤——多称为"法天"和"法贤"。那烂陀僧人，973 年来华，一直居留至 1001 年离世，译经 118 部。（II, 585）

Dharmadhī（？）昙摩侍——音译"昙摩侍"，意译"法慧"。于357~384年来华，与其他僧人合作译经3部。（I, 154）

Dharmagupta 达摩笈多——音译"达摩笈多"，意译"法密"。生于西印度的罗啰国（Lāṭa），习学于曲女城（Kanoj），曾居磔迦国（Ṭakka）和迦毕试（Kapiśā），而后由西域前往中国，590年抵达长安，619年在洛阳去世。译经10部。（II, 464）

Dharmakāla 昙柯迦罗——音译"昙柯迦罗"，意译"法时"。原属西域贵族，后皈依佛教，专精阿毗达磨。222年抵达洛阳，在中国直至250年后不久去世。译出一部大众部戒本。（I, 73）

Dharmakṣema 昙无谶——音译"昙摩忏"或"昙无谶"，意译"法丰"。西域人，大乘佛僧。最初前往佛学重镇罽宾（克什米尔地区），而后经由西域来到中国，于5世纪初抵达凉州，当时此地是一个独立的王国，他被迫留在其都城姑臧。译经25部。433年未得当局允许而返于阗，在沙漠中被杀。（I, 212）

Dharmakṛtayaśas 昙摩伽陀耶舍——音译"昙摩伽陀耶舍"，意译"法生称"。中印度僧人，481年经由海路到达南京，译经至485年，译经一部。（I, 407）

Dharmamati 达摩摩提——音译"达摩摩提"，意译"法意"。应法献邀请，居住在南京瓦官寺，于490年译经两部。（I, 409）

Dharmamitra 昙摩蜜多——音译"昙摩蜜多"，意译"法秀"。罽宾（克什米尔地区）佛僧，初游历西域诸国，而后于424年前往中国，抵达南京居住在只洹寺，后来到北方，于442年去世。在南方译经12部。（I, 388）

Dharmanandī 昙摩难提——音译"昙摩难提"，意译"法喜"。吐火罗国僧人，可能原籍印度，384年抵达长安，译经5部。（I, 157）

Dharmapriya 昙摩蜱——音译"昙摩蜱"，意译"法爱"。初至长安，于382年译经一部，后至南京，于400年又译经一部。（I, 156, 340）

Dharmarakṣa 竺法护——音译"昙摩罗刹"，更为著名的汉语名为"竺法护"。月氏人，生于敦煌。初游历西域诸国，学习语言并研

习佛教文献。最初于敦煌翻译佛经，而后前往长安，于284~313年在那里翻译佛经。译经共计211部。（I, 83）

Dharmarakṣa (II) 法护——被称为"法护"。摩揭陀佛僧，极有可能来自那烂陀。于1004年携梵本来到中国，卒于1058年。译经12部。（II, 605）

Dharmaratna（？）竺法兰——最早来到中国的两位印度僧人之一，汉语名为"竺法兰"，"竺"表示他来自印度，暂构拟其名为Dharmaratna。大概于公元67年抵达洛阳，与同为印度僧人的迦叶摩腾（Kāśyapa Mātaṅga）合作译经6部，卒于洛阳。（I, 3）

Dharmaratna（？）昙无兰——音译"昙无兰"，意译"法正"。于381~395年译经110部，现仅存29部。（I, 322）

Dharmaruci 昙摩流支——音译"昙摩流支"，意译"法喜"和"法乐"。南印度佛僧，于6世纪初抵达洛阳，于501~507年译经3部。（I, 246）

Dharmasena 达磨栖那——关于此人，只知道他在唐代翻译了一部佛经。（II, 628）

Dharmayaśas 昙摩耶舍——音译"昙摩耶舍"，意译"法明"或"法称"。罽宾（克什米尔地区）僧人，弗若多罗（Puṇyatrāta）之徒，弗若多罗也到过中国。昙摩耶舍于397~401年抵达中国，于405~414年居于长安并译经3部。可能于424年之后回到罽宾。（I, 174）

Dhyānabhadra 指空——汉语名为"指空"。中印度佛僧，先来到中国，1326年前往高丽，卒于1363（？）年。译经两部。（II, 637）

Gautama ①Dharmajñāna 达磨阇那——音译"瞿昙达磨阇那"，意译"法智"。其父瞿昙般若流支（Gautama Prajñāruci）也曾到过中国，并于538~543年翻译佛经。达磨阇那来中国的时间无法确知，据说曾于557~581年任北周之郡守。于581年执政的隋朝皇帝对其礼遇。于582年译经一部。（II, 439）

---

① 原文误作 *Gautam*。——译者注

Gautama Prajñāruci 般若流支——音译"瞿昙般若流支"，意译"智希"。贝那勒斯婆罗门，后皈依佛教。于 516 年抵达洛阳，译经至 543 年，共译经 20 部。瞿昙达磨阇那之父，达磨阇那可能随其父来到中国。（I, 261）

Gautama Saṇghadeva 僧伽提婆——音译"瞿昙僧伽提婆"，意译"众天"。罽宾（克什米尔地区）僧人，阿毗达磨之大家。384 年前后抵达长安，一直生活在北方到 391 年。而后去往南方，先至庐山，后于 397 年抵达南京。译经 8 部。（I, 161, 335）

Gītamitra 只多蜜——音译"只多蜜"，意译"歌友"。397~418 年在中国译经 25 部。（I, 349）

Guṇavarman 求那跋摩——汉译"求那跋摩"，意译"功德铠"。属罽宾（克什米尔地区）王族，皈依佛教后曾先后去往师子国（斯里兰卡）和阇婆国（爪哇），而后由中国僧人引荐前往中国，431 年到达南京，居只洹寺，同年去世，享年 65 岁。译经 11 部。（I, 370）

Guṇavṛddhi 求那毗地——音译"求那毗地"，意译"安进"或"德进"。中印度僧人，于 479 年前往中国，定居南京，卒于 502 年。于 479~492 年译经 3 部。（I, 410）

Guṇabhadra 求那跋陀罗——音译"求那跋陀罗"，意译"功德贤"。中印度僧人，专精阿毗达磨。初至狮子国（斯里兰卡），复由海路前往中国，于 435 年抵达广东，一直生活在南京直到 468 年去世。译经 76 部。（I, 378）

Guṇasatya（?）功德直——汉译为"功德直"，454~465 年来到中国，于 462 年译经两部。（I, 398）

Gupta 瞿多——音译"瞿多"。具体情况不详，于唐代来到中国，在 865 年之前不久译经一部。（II, 632）

Īśvara 伊叶波罗——汉译"伊叶波罗"，意译"自在"。426 年来华，编辑佛典一部。（I, 370）

Jinagupta——**阇那崛多**①，犍陀罗国（Gandhāra）佛僧，原属贵族，后皈依佛教。557 年经西域来华，559 年抵达长安，译经直至 572 年，译出 4 部。后由于政治原因被遣中国去往西域，居于突厥人中直至 582 年。中国政治秩序稳定以后返回长安，译经直至去世，约在 605 年或稍晚，期间译经 39 部。（I, 276; II, 446）

Jinayaśas 阇那耶舍——汉译"阇那耶舍"，意译"胜名"。摩揭陀国佛僧，于 6 世纪中叶来华，564~572 年译经 6 部。（I, 274）

Jñānabhadra 攘那跋陀罗——音译"攘那跋陀罗"，意译"智贤"。印度波头摩国（Padma?）僧人，于 6 世纪中叶来华，居于长安婆伽寺。于 558 年译经一部。（I, 274）

Jñānabhadra (II) 若那跋陀罗——音译"若那跋陀罗"，意译"智贤"。诃凌国（爪哇）僧人，可能是印度裔。他未曾到过中国，而于 664 年为一位中国求法者译经一部，译本被带到中国。（II, 503）

Kālayaśas 疆良耶舍——音译"疆良耶舍"，意译"时称"。专精阿毗达磨。于 424 年来华，译经两部。于 444 年后不久在中国去世，享年 60 岁。（I, 391）

Kālaruci 疆梁娄至——音译"疆梁娄至"，意译"真喜"。于 281 年译经一部。（I, 114）

Kālodaka 迦留陀伽——音译"迦留陀伽"，意译"时水"。于 392 年译经一部。（I, 334）

Kāśyapa Mātaṅga 迦叶摩腾——最早来华的两位佛教僧人之一，于公元 65 年到达中国。另一位是竺法兰（Dharmaratna）。两人合作译经 5 部。（I, 3）

Kekaya（?）吉迦夜——汉译"吉迦夜"，意译"何事"。472 年在北魏都城山西北台译经 5 部。（I, 244）

金总持——印度僧人，梵文原名不详，可能是 Suvarṇadhara(?)，于 1113 年译经两部。

---

① 原文未提供汉译（音）。音译"阇那崛多"，意译"德志"。——译者注

Kumārabodhi 鸠摩罗佛提——音译"鸠摩罗佛提",意译"童觉",车师前部(今吐鲁番)王之国师,译经一部。(I, 156)

Kumārajīva 鸠摩罗什——父印度人,母龟兹人,习学于罽宾(克什米尔地区),在西域和中国享有盛名。401 年到达长安,译经于此直至 412 年。很可能于 412 年在中国去世。翻译佛典 106 部。(I, 178)

李无谄——北印度岚波国(Lampāka)人,其梵文名不详,可能是 Romodana,[①]700 年或稍早到达中国,同年译经一部。(II, 521)

律炎、竺律炎——梵文原名不详,可能是 Vinayātapa(?),印度人,可能于 3 世纪的第二个二十五年来到中国,于 230 年译经 4 部。(I, 302)

Lokakṣema 支娄迦谶——月氏僧人,音译"娄迦谶",148 年后不久到达洛阳,于 2 世纪的第三个二十五年翻译佛典 23 部。(I, 38)

Mahāyāna 摩诃乘、大乘——汉译"大乘",483~493 年译出佛典两部。(I, 407)

Mandrasena 曼陀罗仙——音译"曼陀罗仙",意译"弱声",503 年到达中国,译经 3 部。(I, 414)

Mitraśama(?)弥陀山——音译"弥陀山",意译"寂友"。705 年译经一部。(II, 521)

Maitreyabhadra 慈贤——汉译"慈贤",摩揭陀国僧人,契丹朝(911~1125)某帝王的国师,于 11 世纪末译经 5 部。(I, 608)

Mokṣala 无叉罗——音译"无叉罗",可能是印度僧人,于 3 世纪末从于阗来到中国,于 291 年译经一部。(I, 119)

Nandī 难提——音译"难提",意译"喜"。佛教居士,419 年至中国,译出佛典 3 部。(I, 352)

Nandī (II) 那提——意译"福生",又名"布如乌代邪"(Puṇyamodaya),中印度僧人。早年离开印度,先去了吐火罗斯坦,后往锡兰。655 年经海路至中国首都,携来大量梵箧。656 年奉旨往

---

① "李"或为皇家赐姓,"无谄"或为"mokṣa"对音。——译者注

南海采集药草，663 年回到中国。译出佛典 3 部。（II, 500）

Narendrayaśas **那连提黎耶舍**——音译"那连提黎耶舍"，意译"尊称"。乌仗那国（Uḍḍiyāna）僧人，离开印度后游历西域各地，556 年至中国。556~568 年译经 7 部，582~585 年译经 8 部，589 年卒于中国。（I, 270; II, 142）

Nārāyaṇa **若罗严**——音译"若罗严"，西晋（265~316）时于长安译经一部。（I, 148）

Parāmiti（？）**般剌蜜帝**——音译"般剌蜜帝"，意译"极量"。705 年经海路之中国广东，同年译出佛经一部，乌仗那国（Uḍḍiyāna）僧人弥伽释迦（Meghaśikha）为其助手。(II, 551)

Paramārtha **真谛**——音译"波罗末陀"，意译"真谛"，又名拘那罗陀（Guṇaratna）。优禅尼国（Ujjayinī）僧人，546 年经海路到达中国，548 年至南京。译著 70 部，563 年试图返回印度而未果，569 年卒于中国，享年 71 岁。（I, 418）

Prabhākaramitra **波颇**——音译"波罗颇迦罗蜜多罗"，意译"光智"[1]，生于中印度贵族家庭，早年皈依佛教，修学于那烂陀，后成为那烂陀寺著名论师。为传佛法于外国，与徒众离开印度，来到吐蕃（？）和西域，于 627 年至长安，译出佛典 3 部，633 年在中国去世，享年 69 岁。（II, 468）

Prājña **般若**——音译"般若"，意译"智慧"，迦毕试国（Kapiśā）人，修学于迦湿弥罗，也曾在那烂陀学习。781 年从海路至中国，而后北上并于 810 年居于长安。译出佛典 8 部。

Prajñābala **般若力**——汉译为"般若力"，罽宾（克什米尔地区）僧人，译经一部，可能是在唐代。（II, 628）

Prajñācakra **般若斫羯罗**——音译"般若斫羯罗"，意译"智慧轮"，847~860 年译经 4 部。（II, 629）

Praguṇaviśvāsa（？）**波罗瞿那弥舍沙**——音译"波罗瞿那弥舍沙"，

---

① 亦意译"明友"或"明知识"。——译者注

菩提伽耶金刚座寺（Vajrāsana）僧人，曾编辑佛典一部。(II, 629)

筏提摩多——梵文原名不详，于后秦（384~417）时译经一部。

Puṇyatrāta 弗若多罗——音译"弗若多罗"，意译"功德华"，罽宾（克什米尔地区）佛教学者，5世纪初到达中国，404年与鸠摩罗什共译佛典一部。(I, 176)

Ratnamati 勒那摩提——音译"勒那摩提"，意译"宝意"，508年至洛阳，与菩提流支（Bodhiruci）和佛陀扇多（Buddhaśānta）共译佛典8部。(I, 248)

Saṅghabhadra 僧伽跋陀罗——音译"僧伽跋陀罗"，意译"众贤"，专于律学，经海路至中国，488年译经一部。(I, 408)

Saṅghabhara 僧伽婆罗——音译"僧伽婆罗"，意译"僧养"，扶南国佛僧，专学阿毗达磨，于6世纪初来到中国，译经11部，524年在中国去世，享年65岁。(I, 415)

Saṅghabhūti① 僧伽跋澄——音译"僧伽跋澄"，意译"众现"，罽宾（克什米尔地区）佛教学者，381年到达中国，383年译经3部。(I, 160)

Saṅghavarman 僧伽跋摩——音译"僧伽跋摩"，意译"众铠"，印度僧人，于433年到达中国，433~435年译经5部。(I, 375)

Svara（？）苏嚩罗——音译"苏嚩罗"，唐代时译经一部。(II, 632)

Śubhākarasiṁha 善无畏——音译"戍婆揭罗僧诃"，意译"善无畏"。释迦族僧人，于716年经西域到达长安，716~724年译经5部，居中国直至740年去世，享年99岁。(II, 562)

Subhūti 须菩提——音译"须菩提"，意译"善现"，于557~559年译经一部。(I, 431)

Sūryakīrti 日称——汉译"日称"，于宋代译经7部。(II, 609)

Suvarṇakūṭa② 金俱吒（？）——汉语作"金俱吒"，于唐代译经一部。(II, 631)

昙曜——梵语原名不详，可能来自印度，到达山西省的北魏都

---

① 原文作 Saṅghaghūti，误。——译者注
② 原文作 Suvaṇarkūta，误。——译者注

城，译出佛典 3 部，于 460~465 年在大同督建佛寺。(I, 242)

天息灾——梵语原名不详 ①，迦湿弥罗（克什米尔）僧人，980 年来到中国，999 年卒于中国，译出佛典 18 部。

Upaśūnya 月婆首那——音译"月婆首那" ②。优禅尼国（Ujjayinī）僧人，538~539 年来到中国北方，548 年受皇帝派遣去于阗，565 年去往南方 ③，在南朝与北朝都城都共译佛典 6 部。(I, 265, 431)

Vajrabodhi 金刚智——音译"跋日罗菩提"，意译"金刚智"，初为建志（Kāñci）王师 ④，修学于那烂陀，复至锡兰（斯里兰卡），于 710 年来到中国，直至 732 年去世。在中国因传授密教而名声大震，译经 11 部。(II, 554)

Vighna 维只难——音译"维只难"，意译"障碍"，于 224 年来到中国的首都，译经两部。(I, 300)

Vimalākṣa 卑摩罗叉——罽宾（克什米尔地区）僧人，其名音译"卑摩罗叉"，意译作"无垢眼"。于 5 世纪初经由西域来到中国，是鸠摩罗什的重要合作者。罗什去世后，他去往中国南方，并在那里去世。译出佛典两部。(I, 338)

Vimokṣasena 毗目智仙——音译"毗目智仙"。属释迦族，乌仗那（Uḍḍiyāna）国王之子，与瞿昙流支（Gautama Prajñārici）一起来到中国，于 541 年译经一部。

Vinītaruci 毗尼多流支——音译"毗尼多流支"，意译"灭喜"，乌仗那国（Uḍḍiyāna）僧人。582 年到达长安，译出佛典两部。(II, 441)

Yaśogupta 耶舍崛多——音译"耶舍崛多"，意译"称藏"。很可能是印度僧人，于 561~578 年在中国，曾与阇那耶舍（Jinayaśas）合作译经。译出佛典 3 部。(I, 275)

---

① 或为 Devaśāntika?——译者注
② 有意译作"高空"，可能对应梵文 Ūrdhvaśūnya。——译者注
③ 该段记述有错乱。——译者注
④ 据宋《高僧传》记述，是其父为建志王师。——译者注

参考书目
（下列仅为所参考的主要著作和论文）

Bagchi P. C.	Le Canon Bouddhique en Chines, les traducteurs et lestraductions; Tomes I, II.
Bagchi P. C.	India and China, Bulletin of the Greater India Society, 1926.
Beal	Life of Hiuan tsang by Hwuili.
Couvreur	Chou king, texte Chinois avec traduction.
Coomaraswamy A.	History of Indian and Indonesian Art.
Chavannes E.	Les Religieux éminents qui allèrent chercher la loi dans les pays d'occident.
Chavannes E.	Le voyage de Song-yun dans l'Udyāna et le Gandhāra, B. E. F. E. O., 1903.
Chavannes E.	Les voyageurs chinois, Guide Madrolle, Chine du Sud.
Chavannes E.	Les Inscriptions Chinoises de Bodhgayā,

	Revue de l'Histoire des Religions, 1896.
Chavannes & Lévi	L'itinéraire d'Ou-k'ong, J. As.,1895.
Chavannes & Pelliot	Un traité manichéen retrouvé en Chine, J. As.,1913.
Demiéville	Sur les editions imprimées des canons chinois. B. E. F. E. O., 1924
Ecke & Demiéville	The Twin Pagodas of Zayton.
Edkins	Chinese Buddhism.
Fujishima	Le Bouddhisme Japonais, l'histoire des XII sects bouddhiques.
Grousset R.	Histoire de l'Extrême-Orient; Vols. I, II.
Hackin J.	Guide-Catalogue de Musée Guimet, les Collections Bouddhiques.
Legge	Travels of Fa-hien.
Lévi S.	Les missions de Wang Hiuan-ts'e dans l'Inde, J. As., 1900.
Lévi S.	Le Tokharien B., langue de Koutcha, J. As., 1913.
Nanjio B.	A Catalogue of the Chinese translation of the Buddhist Tripiwaka.
Pelliot P.	Deux itinéraires de Chine en Inde, B. E. F. E. O.,1904.
Pelliot P.	Trois ans dans la Haute Asie, Asie Française, 1910.
Pelliot P.	Mou-tseu ou les doutes levés, T'oung Pao XIX.
Pelliot P.	Autour d'une traduction Sanscrite du Tao-töking, T'oung PaoXI (1912)
Pelliot P.	Influences Iraniennes en Asie Centrale

et enExtrême-Orient, Rev. Hist. des Religions, 1912.

Pelliot P.	Quelques Artistes des Six Dynastie set des T'ang, T'oung Pao, 1923.

Pelliot P.	Une bibliothèque medieval retrouvée au Kansou, B. E. F. E. O., 1808.

Stein, Sir Aurel	Innermost Asia as a Factor in History-The Geographical Journal, May-June, 1925.

Takakusu	Records of the Buddhist Religion (account of Yi-tsing).

Waley A.	The Book of Songs (translations from She king).

Wieger	Textes Historiques: TomesI, II.

Wieger	Les Pères dus ystème Taoiste.

Wieger	Histoire des Croyances religieuses et des opinions philosophiques en Chine.

Watters	On Yuan Chwang, 2Vols.

中印文化圈

1. 论中印文化圈 ①

自古至今一直有不同的文化影响圈，不以政治或经济而定，却依文化因素而成。当代意义上的小国受大国控制，这在近代殖民尚未出现之前的古时候并不存在。缓慢而渐进的文化扩张形成了特定的文化圈，与此同时也产生了一种无意识的、非刻意的文化侵入，这通常会带来颠覆性的反应。

东亚中国文化与印度文化扩张并且孕育了所谓的大中华与大印度文化圈。此二者并非彼此孤立，而是在某些区域内互相渗透，进而形成了文化缓冲带。不少当代地理学术语，比如印度支那、印度尼西亚、中印亚（Ser-India）都是古老文化交流的传承。

东亚文明有两个摇篮——中国与印度。中华文明大约于 4000 年前诞生于甘肃省 ②，随后迁徙到了肥沃的黄河流域。它逐渐传播到了中国的其他地方，而原住民部落也慢慢被同化。但这个文明发展的

---

① "Sino-Indian Spheres of Influences"，*Hindustan Standard, Puja Annual*，1944.——译者注
② 原文如此。——译者注

过程十分缓慢，直到公元前 7 世纪时，中华文明才跨过长江南岸，甚至在公元前 2 世纪的时候，中华文明在西南地区——今天的四川、云南——的影响力仍旧微小。由于西南部族的反抗，强大的中国朝廷无法打开取道云南前往印度的通道。武力远征都没法改变西南部族不友善的态度，这里也落在了中华文化圈之外。

公元前后，中国朝廷对西域①诸国采取了更激进的政策，为了保障西向的贸易路线畅通，他们击退了横亘在西行通道上的游牧民族，从而将包括帕米尔地区在内的西域诸国纳入了政治势力范围。7 世纪时，西域诸国成为安西都护府的藩属。但是，中华文化的影响范围却限于中亚的东段，以中华帝国的统治疆域为限。

这种扩张政策也将高丽与日本纳入了中华文化圈。在中国的影响下，这两个国家逐渐得以发展并形成了各自的文化——文字、文学、艺术、宗教和哲学都带有中国文化的印记。在南方的安南人虽然与中国人属于不同的人种，但他们在印度支那的北部，尤其是东京地区②继承了中华文明，并将之沿着海岸线带到了更南方的安南，而安南兴起在信奉印度教的占婆王国衰败之后。中国朝廷的影响力在云南的西部地区则没有那么大，土生土长的傣人一直保持着独立，直到 13 世纪时才受到中国朝廷的管辖。尽管如此，傣人吸收了中华文明中的许多元素。

中国在鼎盛之时将它的势力范围和文化影响扩展到了中华帝国之外，包括高丽、日本、安南和西域都在此列。她也与迦湿弥罗③吐蕃、缅甸和印度支那的许多国家保持友邻关系。蒙古皇帝忽必烈汗希望通过建立政治和文化高度统一的大帝国来创建各种元素大一统的局面。但他没有意识到他勇猛的军事行动所取得的成果，远不如中国在过去一千年中通过和平的传播所带来的成就，在这些国家，中华文化的主导地位早已成型。忽必烈这样的帝王未曾料想，各种

---

① 原文为"Eastern Turkestan"，应指西域地区。——译者注
② 指今天的越南北部。——译者注
③ 即今天的克什米尔。——译者注

文化元素早已紧密而持久地联系在了一起。

古印度的影响

古代印度通过人类历史上绝无仅有的方式扩展她的文化圈：贸易路线不需要军事行动来保护，侨民的安全不需要通过武力征服来保障。阿育王展示了他的法胜（Dhamma Vijaya）[①]，依照此种方式，印度人将他们的文明带到了外国。翻山越岭北向西域和西藏，漂洋过海去向缅甸、印度支那与马来群岛。

在公元前印度文化就已传播到巴克特里亚（Bactria）地区，并在公元后的几个世纪里广泛传播于西域的许多地方。小型的印度人聚居地在西域的南方形成，最远的聚居地接近中国的边境。那些地区的小国开始接触佛教信仰与艺术、印度文字和印度科学，有识之士修习梵语，在某些地方，很可能是印度人聚居地里，印度方言成为通行语，某些当地统治者甚至宣称自己是印度后裔。然而没有任何证据表明这些地区有过任何印度人领导的军事入侵。印度佛教弘法僧将印度文化带到了那里，与当地人通商的印度商人也不需要寻求任何母国的保护。

根据西藏史料，西藏在 7 世纪时进入印度文化圈。第一位藏王曾派遣学者到印度学习，他们将西藏方言变成了一种文化语言[②]。藏语依照梵文设计，西藏第一次有了文字，语法也是依照梵语语法订立。大量梵语文献被译成藏语，佛教也成为吐蕃的国教，此后数世纪，双方交流频繁，联系紧密而弥久。

公元后的数世纪中，印度文化被印度教僧人和商人们带到了印度支那与马来群岛，并在这些地方生根发芽。印度人聚居地出现在安南海岸[③]、柬埔寨、爪哇、苏门答腊和马来半岛，一批印度教王国

---

① 即以达磨治国。——译者注
② 描述不确。指的应该是松赞干布派遣藏族语言学家吞弥·桑布扎去印度学习梵语并创制藏文的历史。——译者注
③ 即今越南东南部。——译者注

兴起，如占婆、柬埔寨、室利佛逝、爪哇等。东南亚的许多小一些的岛也接受了印度文化，这股热潮抵达了东边的巴厘岛与龙目岛，南岸的婆罗洲。史上第一次，婆罗门教成了这些国家的流行信仰；供奉湿婆和毗湿奴的印度教神庙拔地而起，印度教的圣典广为传习。国王们声称有印度血统，取印度名字，以梵文宣教法令，印度文字在全域通行。

印度文化聚居地

在离印度更近的地方，缅甸也是印度文化的传播地。当地人民很早就信仰婆罗门教与佛教，他们学习印度文字与印度文学。印度文化最远传到云南，建立于 7 世纪的傣人政权南诏国受印度文化影响很深。印度地理名称传到此地，因此云南被称作犍陀罗古德（Gandharkuta）[①]，它的统治者也被称作摩诃罗阇（Maharaja）[②]。在佛教的影响下，当地的某些地方被命名为佛教的圣地诸如王舍城、迦叶、灵鹫宫等，南诏国的统治者自诩为阿育王之后。

至 9 世纪时，包括缅甸、云南、马来半岛、印度支那、苏门答腊、爪哇、巴厘岛以及东南亚的一些小岛在内的区域构成了今天所谓的大印度（Greater India）。许多地名都有印度渊源：云南被称作犍陀罗国，其他如湄南河上游流域的憍赏弥（Kosambi）[③]、上缅甸的阿里麻达那浦尔（Arimardanapur）[④]、暹罗被的素可泰王国（Sukhdaya）[⑤]、其北部山区的喻尼地区（Yonarastra）[⑥]、柬埔寨的剑浮沙国（Kambujarastra）、现代的安南—占婆地区（Annam Champarastra）[⑦]、西北方向的山区阿塔维地区（Atavirashtra）[⑧]、此外，

---

① 古印度国名。——译者注
② 意为"大王"。——译者注
③ 古印度国名。——译者注
④ 蒲甘王国的旧称，为古印度地名。——译者注
⑤ 梵语词，意为"幸福降临"。——译者注
⑥ 古印度地名。——译者注
⑦ 皆为梵语词。——译者注
⑧ 古印度地名。——译者注

马来半岛上的单马令王国（Sri-Dharmaraja）[①]、狼牙脩（Lankasuka）[②]、苏门答腊和爪哇的三佛齐王国（Srivijaya），以及许多其他的小国都拥有印度名字。

我们可以发现印度文化圈西起兴都库什山，东至中国海，向北延伸至西域和西藏，向南包含了整个东南亚群岛。中国的西南，尤其是云南的部分地区也在其中，傣族部落吸收了印度文化元素。这也是为什么许多傣族分支迁徙至缅甸、阿萨姆和泰国时，很快就能适应并且融入当地社会。

两种文化的影响

东亚分为两个文化圈——中国与印度。这些区域并非泾渭分明彼此隔绝，因为二者都不是因帝国统治需要而形成。一方面，汉语、藏语的使用者在西藏、阿萨姆、缅甸主动吸收印度文化，却并未改变他们的种族特点、语言、社会习俗，也没有人干扰这种自治。另一方面，印度文化元素对中华文明影响深远，印度佛教、艺术与科学成为中国文化的一部分。

历史不会重现，但它足够裨益后人。政权建立，友谊蒙灰，共同繁荣的计划掩盖着微妙的利益博弈。然而，过去的几个世纪里，人为设立的地理和政治边界却不能破坏自古以来中国与印度文化圈建立的广泛而紧密的联系。

---

① 即 Nakhon Si Thammarat 或 Tambralinga。——译者注
② 梵语词，意为"受佑之地"。——译者注

2. 古汉语中的印度译名

现代汉语中"印度"的译名并不是一个当代的新译法，而可以追溯到唐朝甚至可能更早的时期。著名的唐代朝圣者玄奘是第一个公开采用此译名的人，在他的《大唐西域记》中讨论中国对印度的不同译名时，他写道：

> 详夫天竺之称，异议纠纷，旧云身毒，或曰贤豆，今从正音，宜云印度。印度之人，随地称国，殊方异俗，遥举总名，语其所美，谓之印度。印度者，唐言"月"。①（《大唐西域记·卷二·印度总述》）

从中可知，印度人自己对印度作为一个整体并没有一个通称②，

① 作者引自英译本：Watters, Thomas, On Yuan Chwang's travels in India, 629-645 A.D., London : Royal Asiatic Society, 1904-1905. ——译者注

② 这并不意味着印度没有名字。玄奘曾将之称为"婆罗门国"，因为其高种姓婆罗门的地位极高，佛教文献中把它称作南瞻部洲（Jambudvīpa），阿育王的铭文中也是如此称呼他的国家。在"往世书"作品中，南瞻部洲的在地理意义上更为显著，而印度被称为婆罗多伐娑（Bhāratavarṣa），这个称呼也沿用至今。北印度的高种姓印度人也称之为雅利安国（Āryāvarta 或 Ār'yādeśa），意为"雅利安人的国家"，海外的印度人也用此词来称呼印度。参见：Coedes, Histoire ancienne des États hindouisés d'Extrême-Orient, p.274.

"印度"只是中国对该国的称呼。玄奘作为伟大的梵语学者，乐于探寻名字的词源，因此将"印度"释为"月"。事实上，作为梵语词的"indu"的意思只有"月亮"。玄奘也巧妙地论证了这一释义：

> 言诸群生轮回不息，无明长夜莫有司晨，其犹白日既隐，宵月斯继，虽有星光之照，岂如朗月之明！敬缘斯致，因而譬月。良以其土圣贤继轨，导凡御物，如月照临。由是义故，谓之印度。（《大唐西域记·卷二·印度总述》）

在此种抽象的释义之外，玄奘也试图寻找客观证据确认他的理论。据他所言，他是通过印度人才了解到印度的形状如同半月。

由于该释义是玄奘提出，后世的作者认为古汉语中如"身毒"、"天竺"等其他译名是有误的，而"印度"为正确的译法①。最为广泛流传的译法"天竺"，即使至今仍见于佛经中，但历史记载中更常见的是"印度"译名。

中国在东汉时期开始与印度接触，从那时起有许多名字都曾用来指代印度。我们通过编年的顺序检验其中的重要译名②。

众所周知，最早的译名"身毒"首次出现在《史记》（卷一百一十六·西南夷列传第五十六）描述张骞出使大夏的部分。张骞在公元前122年呈递给皇帝的关于西域列国的奏折中，记载如下："从东南身毒国，可数千里，得蜀贾人市。臣在大夏时，见邛竹杖、蜀布。问曰：'安得此？'大夏国人曰：'吾贾人往市之身毒。身毒在大夏东南可数千里。'"（卷一百二十三·大宛列传第六十三）在此奏的基础上，《史记》中补充道："大夏去汉万二千里，居汉西南。其俗土著，大与大夏同，而卑湿暑热云。其人民乘象以战。其国临大水

---

① 道宣：《释迦方志》，"身毒即天竺之讹语也"、"然印度之名。或云贤豆。或云天竺。或云身毒。天笃等。皆传之讹僻耳。"
② 这些文本中大量转引自吴其昌教授的"印度释名"一文，原载于《燕京学报》第四期。

焉。"①（卷一百二十三·大宛列传第六十三）

"天竺"的译名第一次出现在汉语里是在《后汉书》（卷一百一十八·西域传第七十八）中②，从那以后天竺也成为在中国普遍使用的译名。来华的印度人也被冠以"天竺"的竺姓。《后汉书》中记录如下：

> 钊天竺国，一名身毒，在月氏之东南数千里……至桓帝延熹二年、四年，频从日南徼外来献。世传明帝梦见金人，长大，顶有光明，以问群臣。或曰："西方有神，名曰佛，其形长丈六尺而黄金色。"帝于是遣使天竺，问佛道法。

《后汉书》（卷一百一十·杜笃传第七十八）③中可能记载了另外一个译名"天督"："部尉东南，兼有黄支。连缓耳，琐雕题，摧天督。"颜师古（567~645）④评注道，这个国家便是天竺。⑤

贤豆的译名在唐朝先后被玄奘、道宣记录。前文已经提到了《大唐西域记》中的相关文段，道宣在不同的地方提到过这个名字，在《续高僧传》（卷二）中印度僧人达摩笈多（Dharmagupta）的传记中，他说达摩笈多是南贤豆罗啰国（Lāṭa）人，同一篇里他也记录了中贤豆的鞬挐究拨阇城（Kānyakubja）。唐代大藏经名录《开元释教录》（卷七）中收录了这段传记文字，不过将两处"贤豆"都换成了"印度"。值得注意的是，在《续高僧传》的其他涉及印度的内容里，道宣都称之为"天竺"而非"贤豆"，他显然借鉴了某些更老的文献来撰写达摩笈多的传记。我们知道，达摩笈多在隋朝末年来

---

①《史记》中这两段话皆是张骞的话。原语序为："臣在大夏时，见邛竹杖、蜀布。问曰：'安得此？'大夏国人曰：'吾贾人往市之身毒。身毒在大夏东南可数千里。其俗土著，大与大夏同，而卑湿暑热云。其人民乘象以战。其国临大水焉。'以骞度之，大夏去汉万二千里，居汉西南。今身毒国又居大夏东南数千里，有蜀物，此其去蜀不远矣。今使大夏，从羌中，险，羌人恶之；少北，则为匈奴所得；从蜀宜径，又无寇。"——译者注
② 中华书局版本排订目录为"卷八十八·西域传第七十八。"——译者注
③ 中华书局版本排订目录为"卷八十·文苑列传第七十上·杜笃传"。——译者注
④ 原书有误，颜师古的生年应为581年。——译者注
⑤ 颜师古并未注过《后汉书》，只评注过《汉书》。在其著的《汉书注》中，有注："捐毒即身毒、天笃也，本皆一名，语有轻重耳。"（卷九十六西域传第六十六），"（身毒）即天竺也，亦曰捐笃也。"（卷九十五西南夷两粤朝鲜传第六十五）。——译者注

华。他游历广泛，除了将梵语文本翻译成汉语以外，还撰写了一本名为《大隋西域传》的游记，此书后来佚失。道宣为他立传时可能参阅了此书。事实上，这篇传记本质上总览了达摩笈多从印度游历至中国路途中所经各国。所以，贤豆可能是达摩笈多在称呼他自己母国时所用的译名①。

早期的中文文献中还有两个名字可能与印度相关，分别是捐毒和悬度。捐毒出现在《汉书》（卷九十六上·西域传第六十六上）记录塞种人迁徙的部分："（无雷国）北与捐毒、西与大月氏接"②、"塞种分散，往往为数国。自疏勒以西北，休循、捐毒之属……"以及"捐毒国……去长安九千八百六十里……本塞种也。"在此文中，捐毒是与疏勒③比邻的一个小国。评注者颜师古认为捐毒、身毒和天竺所指相同④。相对应的是，汉代时罽宾国⑤在公元前2世纪时被塞种人征服，他们此前被月氏人赶出了大夏。可能《汉书》的编者所指的正是印度的这一部分——与疏勒相邻的罽宾。

悬度本义是"吊桥"，据中国旅行者记载，他们从葱岭地区前往印度河上流区域的过程中（曾使用吊桥）。⑥一些作者出于各相似译名的误解，使用此译名来称呼印度。郦道元在《水经注》（卷一）中引用郭义恭的话充分解释了这一点："乌秅之西，有悬度之国，山溪不通，引绳而度，故国得其名也。"郦道元所涉的这片区域就是罽宾。⑦这一点也被法显的记载所印证。⑧

从张骞的时代开始，中国作者们用过的重要译名包括：身毒、天竺、天督、贤豆、捐毒和悬度。自唐代开始使用印度并沿用至今。

---

① 这也表明，早在6世纪时，印度人就用伊朗对印度的称呼"Hindu"来向外国人介绍他们的祖国。

② 书中原文为"Yüan-tu is in the north and Ta yüeh-chih in the West"译为"捐毒在北，大月氏在西"，应为误读。——译者注

③ 今喀什地区。——译者注

④ 见上页注⑤。——译者注

⑤ 今克什米尔地区。——译者注

⑥ 法显所著《佛国记》中提到："昔人有凿石通路施傍梯者，凡度七百，度梯已，蹑悬絙过河，河两岸相去减八十步。"——译者注

⑦ 见《水经注》（卷一）"余诊诸史传，即所谓罽宾之境"。——译者注

⑧ 参见《佛国记》。——译者注

这些中文译名的溯源尚未明晰。沃特斯（T. Watters）[1]也许是首位对此问题做出批判性思考的人，但是由于（西方学界）汉语的音韵学研究在那个时代尚未起步，他也无法解决译名的问题。

正如吴其昌教授在文章中所言，他将高本汉（B. Karlgren）重构的古汉语发音纳入了考量范畴，但他受沃特斯观点的影响较大，以至于无法得出一个令人满意的结论。我们将通过一个新的视角重新检验这些古音。

身毒的古音是 *śiĕn-d'uok，这一发音指向 Śindhuk 或者 Śinduk。此前，所有的学者都认为这是信德（Sindhu）这个名字的标音，这既是印度最西部的一个王国的名字（在今信德地区），也是印度河流域的地理名称。由于缺少一个通用的名称，从西而来的外国人会很自然地用这个名字称呼这片土地。张骞应该也是如此。

然而学者们忽略了一个事实，张骞从未踏上印度的土地，也未与印度人有过直接交流。他是通过大夏人了解到这个名字的，而大夏当时被月氏占据，是一片伊朗语言区。所以他听到的这个名字的发音，要么源自伊朗，要么源自月氏。月氏语言的译名并未记录，但是我们知道伊朗的版本。伊朗人称信德为 Hindava、Hind-，这也是古希腊人采用的名字——'Indoi、'Indos。所以张骞在大夏听到应该是一个发音类似于 Hind- 的名字。

要接受这种解释，还有另外一个更大的困难。张骞不太可能直接从印度人那里听到这个名字，因为如果是这种情况，这个名字应该以一个清晰的齿龈擦音开头，像 Sindhu 或 Sindhu（Ka），而汉语中并不缺少齿龈擦音。曾到访印度或者对其有直接了解的古代作家会使用这个音称呼印度河（Sindhu），如：新头（《水经注》）、新陶（《水经注》中引用郭义恭的话）、辛頭（《释迦方志》[2]）、信度（《易经》）。"新"、

---

① 参见 Watters, Thomas, On Yuan Chwang's travels in India, 629-645 A.D., London : Royal Asiatic Society, 1904-1905.——译者注

② 原文为"Chih-mêng"，所指不详。"辛頭"在不少汉语文献中曾经出现过，包括：《释迦方志》卷上。另见《高僧传》卷二；《伽蓝记》卷五；《西域记》序；《续僧转》卷四；《五天竺传》；《珠林》卷二；《经音义》卷一；《翻梵语》卷九；《新唐书》卷二二一；《太平御览》卷七九六；《太平寰宇记》卷一八六；《册府元龟》卷九五八。——译者注

"辛"、"信"三个字都发音作 siĕn，其中（开头）包含齿龈擦音。而根据古音，"身"的发音是 śiĕn，以腭音开头。因此，我们只能推测"身"字有另外一种方言发音——实际上，沃特斯已经怀疑过此点。[①]

古代的中国作家也曾指出身毒中的"身"有不同的发音，颜师古在他的《汉书注》中说："捐毒即身毒、天笃也，本皆一名，语有轻重耳。"徐广（352~425）在《史记》（卷一百一十六·西南夷列传第五十六）评注《史记》的另一个传本中"身毒"读作"乾毒"[②]，他也曾注"身"的发音是"豑"或"芞"。[③]

据徐广所言，在这个问题上，"身"的发音可能有三个：乾、豑、芞。根据古音，"豑"音作 γuət，"芞"作 kiət 或 xiət。在这两种情况下，身毒的发音是 γuət-d'uok 或 xiət-d'uok，类似于原本的音 Hinduk（a）。至于《史记》的其他文本中出现的"乾"，可能是誊抄错误，由于"乾"与"韩"都简写作"軱"。"乾"读作 g'iän，但"韩"念作 γân。后一种情况下，身毒读作 Händuk(a)或 Hinduk(a)。

颜师古说"捐"和"身"发音相同，因而身毒也读作 iωän-d'uok，类似于原本的 Induk（a）。那么，张骞所用的"身毒"究竟是 Hinduk（a）还是 Induk（a）呢？

在此例中，颜师古所推测的发音应该更加正确。沃特斯也持这个观点，他写道："我们了解到张骞文书中所记的'身'的发音应当是'in'或'yin'。这一点十分可能。"[④]因此我们推定，"身毒"的发音源自 Induk（a），这也就是张骞在大夏听到的发音。他并没有采用伊朗的读音 Hinduka，而可能选取了月氏的版本。

东汉时期，随着佛教弘法僧的到来，中国人更直接地了解到了印度，并开始将之称为天竺。值得注意的是早期佛教弘法者多数是伊朗人，或者是粟特人[⑤]（参见《高僧传·卷一》：安世高、安玄、康巨、

① Watters, ibid, I, p. 133.
② 原文为："汉书直云'身毒'，史记一本作'干毒'。"——译者注
③ 见《史记·卷一百二十三·大宛列传第六十三》，原文为："身，或作'乾'，又作'讫'。"——译者注
④ Watters, ibid. I, p. 143.
⑤ 此处指康居。——译者注

康孟祥等）。粟特人是伊朗后裔，作为商人的他们是不同人民之间的媒介。所以可能是他们将伊朗版本的名字带到了中国。但是这个以"天"为开头的名字在多大程度上代表了伊朗（对印度的称呼）呢？

沃特斯在分析"天竺"中的"天"时指出："这个名字的第一个字可能有一种古老的方言读法，即 Hien 或 Hin。这种发音仍保存于福建的邵武府方言中，读作 Hien-tu。"[①] 刘熙的权威专著《释名》里充分支持了这个观点，他说："以舌腹言之天显也。"因此，汉朝时天竺的发音类似于"显竺"——*Xien-t'iuk>Hinduk（a）——显然这是印度名字的伊朗语发音。以此而出的名字有：天笃、天督、天毒、贤豆和悬度，所有的这些相似性都可以追溯至同一个伊朗语版本，简单的 Hindu，或者是加上后缀"-ka"的"Hinduka"。

目前我们还未讨论"印度"的出处，它的古音读作 in-d'ak 或 ind'uo，源自 Indak 或 Indu。这个名字在玄奘的年代应该是 Indu（在唐朝的某些方言里，去声被省略了），否则，他不会将其解释为"月亮"。Induk 和 Indu 这些名字并不源自天竺，他们与张骞的"身毒"之间的联系并不确定，也无法推测任何联系。那么，这些名字源自何处呢？

慧立的玄奘传记中有另外一种印度的名字，即突厥人的版本。玄奘在突厥境内（塔什干附近）曾与可汗会面。可汗劝他说："师不须往印特伽国，彼地多暑。"[②] 玄奘显然是直接根据发音记录了可汗的话。我们知道，突厥曾是高度文明的国家，他们的文化与宗教源自西域北部龟兹、焉耆等国。他们对印度的了解，包括印度的名字应该也来源于此。

联系到《宋高僧传·卷三》的满月（Purṇacandra）传，他曾于唐朝时来到中国，传记作者写道："龟兹不解天竺语。呼天竺为印特伽国。"《宋高僧传》由释赞宁在 988 年编纂而成，而龟兹此时已经没有任何的佛教宣传活动，作者应该是援引了某些旧的材料，但出

---

① Watters, ibid. I, p. 135.
② 参见《大慈恩寺三藏法师传》。——译者注

处未知。我们采信此种观点，即龟兹版本的印度名字是印特伽——
*in-d'əkka>Indäk（a）。这一发音确实与龟兹语言相对应，龟兹语中
没有送气音"h"。各方面看来，突厥人说的 Indäk（a）应该是龟兹语
源的借词。后来回鹘语中也发现了同一个词源的借词，在回鹘语里
"印度"的读音是"Änätkäk"（另见蒙古语中的"Änädgnäk"）。

　　我认为龟兹语中的 Indäk（a）就是汉语中 Induk-Indu 发音的来
源[①]。龟兹语的 Indäk(a) 是否出自张骞记录的月氏人的 Indukas 呢？
尽管现有的证据尚无法论证任何联系，但月氏语与龟兹语一样缺少
送气音，因而无法发出伊朗语言中的印度名字"Hind-"中的"h"[②]。

　　印度的各种中文名字之间的联系如下：

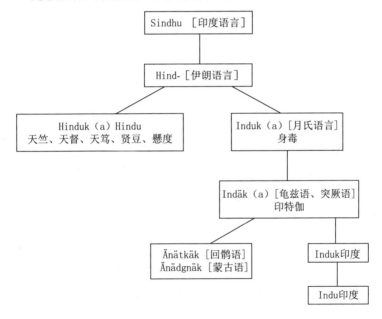

　　① 大量证据表明，龟兹语是印度词汇传入中国的媒介。西尔万·莱维是第一个指出此
点的人，据他所言，汉语中的佛教词汇诸如沙门、沙弥、波逸提都不是直接来自印度语言，
而是转译自龟兹语版本的 sam ō be、sanmir、payti。参见：Lévi, Sylvain., Les grands hommes
dans l'histoire de l'Inde, par Sylvain Lévi, Annales du musée Guimet numéro 40, Hachette,1913；
最近，季羡林试图证明汉语中的"佛"也源自龟兹语。参见：sd "Origin of the Chinese words
for Buddha", Sino-Indian Studies, III, pp. 1 ff.
　　② 至少有一例能证明身毒一词很早就出现在龟兹语中："匈奴立龟兹贵人身毒为龟兹
王，龟兹由是属匈奴"。参见：《后汉书》(卷第一百一十八·西域传第七十八)；月氏人的
名字与印度的名字相同绝非偶然，身毒可能是一个印度裔的贵族名字。参见：Chavannes,
Édouard. Les pays d'occident d'après le Heou Han chou. T'oung pao 8. pp. 198. 1907.

3. 佛教在中国的发端^①

佛教进入中国的前几个世纪里，思潮的主导者是（古）伊朗和中亚地区的佛教学者，但是印度的佛学家们也活跃在中国的许多佛教中心，若非他们的努力，中国人可能不会对佛教和整体印度文化产生兴趣。最早到访中国的两位印度学者是公元 68 年来华的迦叶摩腾（Kāśyapa Mātaṇga）和竺法护（Dharmarakṣa）^②，时值汉明帝（28~75，57~75 在位）在位，他们翻译了五部佛经。这些佛经包括：佛陀出生及童年的记录、佛陀传法的记录、佛教主要教义的文论、僧人生活纯洁性的经文、关于精神圆满的修行原则的经文^③。其中的四部作品集智慧之大成，但留存至今的《佛说四十二章经》明显是用于教徒在外国传播佛法的布道之书。它的编纂目的是介绍佛教的基本观念和宗教实践，原始文本并非佛经原典。中国的第一座佛寺

---

① Sino-Indian Studies 1.1（1944）: 1-17.——译者注
② 此处原著有误，应为竺法兰（Dharmaratna）。——译者注
③ 分别为：《佛本生经》、《佛本行经》、《佛说四十二章经》、《十地段结经》、《法海藏经》。——译者注

是建于洛阳的白马寺，它也是为了这两位印度弘法者而建。

据我们的了解，在这首次接触之后的七十年里，中国并没有任何其他的佛教弘法活动。原因不难探知，中国与西域诸国的交流受阻于西域地区的政局动荡。为了进一步掌控中亚，自公元73~102年的30年里，汉朝将军班超持续在西域用兵 ①。他的儿子班勇于124年恢复了对西域的军事管理 ②。由于这类军事行动，中国和西域之间的交流变得更加安全也更加频繁。中国的世仇匈奴是此前中国和西域交流不畅的祸端，他们被（汉朝）征服，再无抬头之势。

自此之后，佛教弘法者们频繁到访中国首都，他们之中的第一位是来自波斯的安息王子安世高。他于114年抵达洛阳，也成为首位白马寺的传承者 ③。他人格高尚，在经典中被广泛记载。我们并不确定他在来华之前是否曾往印度学习佛经，抑或曾受教于印度学者。在这一时期，佛教可能已经被波斯世界知晓，因为贵霜帝国横跨印度与波斯两个地区。

179种佛教经典译本被归在安世高名下 ④。他的翻译旨在满足这一时代的巨大需求。当时佛教在中国民众中流传并不广泛。因此，他并未原封不动地将晦涩艰深的佛教原文呈现给外国人，而是对佛典中的少量内容进行了选译。这些译本意图呈现佛教在不同方面的整体概念，包括传说与哲学、佛陀的教导等。所以他所译的大部分经文选取自经藏中的四部主要阿含经。他是优秀的译者和睿智的组织者，除了进行翻译工作，他还在洛阳建立了译场 ⑤，这被中国人称作"无与伦

---

① 此处为笔误。据《后汉书》载，班超在西域三十一岁，其归国于永元十四年（102年），而班超在书中第一次被提到是其于永平十六年（公元73）在西域参与作战。——译者注

② 此处指永初元年（107）西域诸国叛汉，后汉朝废除西域都护设置，此后十多年西域没有汉吏。延光二年（123），朝廷命班勇为西域长史，于延光三年（124）抵达楼兰。——译者注

③ 此处应指安世高在白马寺译经的事迹。——译者注

④ 道安《众经目录》，列举安世高所译经典共35种，41卷。梁僧祐《出三藏记集》卷二《新集经论录》里，称安世高译经为34种，40卷。《历代三宝记》则说安世高的译经多达176种之多，《开元释教录》订正为95部，但不可信。——译者注

⑤ 陈慧《〈阴持入经〉注序》写道："(安世高)宣敷三宝，光于京师。于是，俊人云集，遂致滋盛。"——译者注

比"①。该学派的成员一直将译经工作持续到了东汉末年（220）。

我们知道在安世高的合作者中有一位名为支娄迦谶（Lokakṣema）的印度塞种人僧侣。他在安世高定居洛阳后不久到来，并参与到安世高所开创的译经事业中。安世高译场的成员里也包括他的同胞，这位名为安玄的商人来到洛阳后放弃了他的营生，后出家为僧②。还有两位粟特③僧侣康孟详④，与三位印度人，佛陀提婆（Buddhadeva？）⑤、竺大力（Mahābala）⑥和昙谛（Dharmasatya）⑦。这一时期的译经数量相当可观，中国人对佛教产生了兴趣。白马寺译师中的严佛调是首位参与译经的中国佛教学者。他在安世高和支娄迦谶到来后向他们学习佛教，在2世纪中期获得了译师之职，将佛教经文译成汉语。译作之一是一部"波罗提木叉"，即僧人的戒律⑧。

东汉末年天下三分，魏国定都洛阳，吴国立于南方，汉室正统继承人被驱逐至四川⑨。在魏国（220~265）治下，洛阳的寺院继续译经与弘法工作。尽管魏国统治者对这个外来的宗教并无多大兴趣，但译经工作仍在系统地进行，中国民众越发被佛教所吸引。在中国僧人的要求下，这一时期来华的印度学者翻译了许多新的作品，其中不少流传至今。昙柯迦罗（Dharmakāla）⑩、康僧铠（Sanghavarman）⑪与昙谛（Dharmasatya）都是印度僧人⑫。3世纪中

① 原文为"Unrivalled"，可能出自释慧皎的《高僧传·安清传》："唯高所出，为群译之首"。——译者注
② 安玄是一名优婆塞而非僧人。参见蒋维乔：《中国佛教史》，长沙：岳麓书社，2009年，第8页。——译者注
③ 此处指"康居"。另，原文为"两位"，疑为笔误。——译者注
④ 康居沙门，有慧学之誉。于汉献帝刘协兴平元年至建安四年（194~199）在洛阳译经。——译者注
　另一位原文未提及，推为康巨，康居沙门。汉灵帝刘宏中平四年（187）于洛阳译出《问地狱事经》一卷。——译者注
⑤ 不可考。——译者注
⑥ 印度沙门。性好游历，不畏艰险。汉献帝刘彻建安二年（199）于洛阳同康孟详译出《修行本起经》二卷。——译者注
⑦ 昙谛，又名昙无谛，安息沙门，善律学。于高贵乡公曹髦正元二年（255）来洛阳白马寺，译出《羯磨》二卷。昙谛来华时是曹魏时期，东汉已经灭亡，而他并非印度人。此处原文可能有误，或者是同名僧侣。——译者注
⑧ 此处所指不详。——译者注
⑨ 原文如此。——译者注
⑩ 中印度人。幼年精习四吠陀及天文图谶等书。25岁时出家为僧，勤译大小乘诸经和戒律。魏文帝曹丕黄初三年（222）游方至洛阳。——译者注
⑪ 康居人。齐王曹芳嘉平四年（252）于洛阳白马寺译经四部。——译者注
⑫ 原文有误，康僧铠是康居人。——译者注

叶，他们翻译了一批律藏。这些作品表明彼时的中国僧人对律藏的迫切需求，他们需要准确地了解佛教僧侣的纪律。除了上述的三位僧人，那时在洛阳还有龟兹僧人白延[①]与安息僧人安法贤[②]，二者都汉译了相当数量的佛经。

佛教以独立的方式进入并发展于（中国）南方地区。首位在南方译经的译师支谦[③]原在洛阳学习，但佛教的传播活动早已发端于他南下之前。我们知道早在公元 1 世纪之前贯穿缅甸和云南的（中印）陆路交通便已建立，海路联系可能也在 2 世纪时接通。包括交趾（东京）[④]在内的中国南方在这一时期（2 世纪）与印度开始了交流。

一份可靠的消息来源[⑤]让我们相信，早在公元 65 年，封地在长江边上的一位汉朝王公身边有很多佛教僧侣相伴。当安世高的译场在洛阳繁荣昌盛时，佛教在江苏迅速发展，也传到了山东[⑥]。为安世高立传的中国人告诉我们，安世高本人曾到访江苏[⑦]，这间接证明了佛教已传到那里。中国贤人牟子生于 165~170 年，他曾立书为佛教辩护。189 年，他归隐于东京[⑧]，在那里皈依了佛教并创作了专著[⑨]。此后不久，3 世纪初时的僧会[⑩]——粟特商人的儿子来到了东京并在

---

① 西域沙门，于高贵乡公曹髦甘露三年（258）来洛阳。"白"或作"帛"，这是对古时称呼龟兹人冠予的姓，下同。——译者注
② 西域人，于曹魏时译经 2 部 5 卷。——译者注
③ 字恭明，又名支越。月支居士。汉灵帝时随其祖父支法度来到洛阳。10 岁时学汉文；13 岁时学婆罗门书，无不精妙。曾受业于支娄迦谶弟子支亮。支谦才慧过人，博览群经，并综习各种技艺，通晓六国语言文字，被誉为"智囊"。当时有"天下博知，不出三支"的美称。东汉末年避难于吴，吴帝孙权以其博学多才，授予博士称号，使辅导东宫。——译者注
④ 即北圻，指越南北部大部分地区。原文注"东京"是法国统治时期对此区域的称呼。——译者注
⑤ 出处应为《后汉书·卷四十二·楚王英传》。"英少时好游侠，交通宾客，晚节更喜黄老，学为浮屠斋戒祭祀。八年，诏令天下死罪人缣赎。英遣郎中令奉黄缣白纨三十匹诣国相曰：'托在蕃辅，过恶累积，欢喜大恩，奉送缣帛，以赎愆罪。'国相以闻，诏报曰：'楚王诵黄老之微言，尚浮屠之仁祠，洁斋三月，与神为誓，何嫌何疑，当有悔吝？其还赎，以助伊蒲塞桑门之盛馔。'因以班示诸国中傅。英后遂大交通方士，作金龟玉鹤，刻文字以为符瑞。"永平八年即公元 65 年，"浮屠"即"佛陀"指佛教。——译者注
⑥ 原文如此。——译者注
⑦ 出处应为《高僧传·卷一》中提到安世高"行至扬州"。——译者注
⑧ 即交趾。下同。——译者注
⑨ 指牟子的著作《理惑论》。史学界对此书真伪以及牟子的事迹皆存疑。——译者注
⑩ 即康僧会，康居国人，世居印度。其父因商贾移家于交趾。十余岁时出家为僧，笃志好学，通解三藏，慧贯五明；辩机，善文翰。赤乌四年（241）至建业（今南京），为孙权所重，于赤乌十年（247）首创建初寺，并名其地为"佛陀里"。——译者注

此出家，随后去往南京。由此可见，佛教在吴国建立（222）或支谦去往南京之前就已在中国南方广为流传。

北方的政治动荡迫使支谦从洛阳难逃至吴国的都城南京。吴主赏识他的才学，命其辅导东宫。由于他只是居士而无法主持佛教法事，为了弘扬佛教他唯一能做的工作就是译经。他将随身携带的大量佛经翻译成了汉语。

粟特人僧会在241年来到南京，他对佛教传播做出了更大的贡献。他是首位来到吴都的僧人，拥有点化信徒的权力，他建立了南京第一座佛寺建初寺。他只对佛教譬喻经进行了翻译，这一点意义斐然。他想将佛教介绍给市井之人，而佛陀伟大行迹的故事比哲学探讨更利于达到目的。他成功地吸引了许多信徒，但却并未像安世高一样建立起佛学流派。

佛教似乎没有在汉室后裔避难的四川^①有任何发展。洛阳依然是北方佛教活动的中心，南京也在3世纪时上升为另外一个重要的中心。

晋在公元286年征服了吴国从而一统三国，获得了一段时间的成功统治。在这个王朝的短暂统治（280~317）中，佛教成为中国人生活的重要组成部分。晋武帝（236~290，265~290在位）对佛教表现了极大的兴趣，他下令在许多地方修建了大量的寺庙。晋愍帝（300~318，313~316在位）也修建了两座佛寺：长安的通灵寺与白马寺。中国的历史学家告诉我们，在这两位皇帝治下，仅长安和南京两座城就有佛寺180座^②。13位译师在那里翻译了73卷佛经，当时中国的僧侣数量达到3 700人。

这份记载应无夸张。北朝的都城长安像汉、魏时期的洛阳一样，曾是重要的佛教活动中心，但它随后遭到（今天）山西的蛮族

---

① 指蜀国。——译者注
② 原文有误。出处应为《辩正论·十代奉佛篇》，原文为："右西晋二京。合寺一百八十所。译经一十三人七十三部。僧尼三千七百余人。"西晋"二京"指的是长安与洛阳，并非"长安与南京"。——译者注

入侵而没落①。在晋朝一统三国的这段时间里，一位著名的僧人法护②（Dharmarakṣa）从西方来到长安。他是印度塞种人后裔，出生在中国与西域交会之地——敦煌。法护是一位真正的学者，是两大文明碰撞的产物。他师从一位印度导师学习圣典，遍游中亚诸国，也可能到访过印度。他通晓梵语，一共掌握36种不同的语言。他是一位才识出众的学者，在敦煌留居期间便已开始译经。他听闻长安已经成为佛教的活动中心，便带着自己收藏的佛教经书移居长安，虔诚地投身于弘法工作中。他翻译的大量经书表现了他对佛教文本的广博知识。在法护身边聚集了来自亚洲不同地方的佛教学者，包括安息人安法钦③、于阗人无罗叉④（Mokṣala）、龟兹人帛法祖⑤、定居于中国的印度人达摩尸罗⑥（Dharmaśira）及其子竺叔兰（Śuklaratna）⑦、印度塞种人法炬⑧等。法护的门人中几乎包括了所有佛教国家的代表。

法护同样激发了中国学者对佛教信仰的热情，当中不乏聂承远⑨及其子聂道真⑩这样能与法护合译经书的人。中国僧人朱士行早在260

① 所指应该指建兴五年（316）八月，刘曜率军围攻长安。晋愍帝出降，西晋灭亡。——译者注

② 先世为月支人，本以支为姓，世居敦煌。8岁时出家为僧，师事天竺沙门竺高座，改姓为竺。法护操行清苦，笃志好学，曾随师遍历西域诸地，通晓36种语言文字，带回梵本多种。自晋武帝司马炎泰始元年至愍帝司马邺建兴元年（265～313）近50年间，在敦煌、长安、洛阳等地共译经175部354卷，《大唐内典录》及《古今译经图记》所载则为210部394卷。唐代《开元释教录》刊定法护译本存在91部208卷。现入藏者74部177卷。法护先后所译各经，笔受删校者为聂承远、道真父子及竺法首、陈士伦、孙伯虎、虞士雅等六人。惠帝时，关中动乱，法护率其门徒避乱东下，至渑池（今河南省洛阳地区渑池县）患病逝去，年78岁。——译者注

③ 安息人。晋武帝司马炎太康二年（281）至晋惠帝司马衷光熙元年（306），先后26年间于洛阳译经5部12卷（或16卷）。——译者注

④ 一名无叉罗，于阗比丘。以晋惠帝元康元年（291）在陈留仓（今河南陈留县）垣水南寺由竺叔兰口传，祝太玄、周玄明笔受，译出《放光般若波罗蜜经》30卷（或20卷）。——译者注

⑤ 也作白法祖。名远，字法祖，本姓万，河内人（今河南沁阳市）。才思敏捷，博涉多闻，且勤奋好学，通汉、梵两种文字。原文有误。法祖在龟兹学法，所以随师改为白姓，并非龟兹人。——译者注

⑥ 印度沙门，避难来到中国河南洛阳。——译者注

⑦ 本籍印度，居士。其父达摩尸罗因避难来中国，居于河南，生叔兰。自幼聪慧好学，其两舅父均系沙门，叔兰从之学习经法，对汉、梵两种语文及史学等都有一定造诣。——译者注

⑧ 按原文音译"Fa-tsin"可能指西晋沙门法炬，其籍贯不详；按原文称其为"印度塞种人"，应为支姓，可能指同一时期的译师支法度。——译者注

⑨ 清信士，聂道真之父。父子二人均从事译经事业。承远曾为竺法护所译诸经笔受删校。——译者注

⑩ 清信士。聂承远之子。自晋武帝司马炎太康初年至晋怀帝司马炽永嘉末年（280～313），父子二人均协助竺法护译经。法护死后，道真遂自行译经，共出54部66卷。——译者注

年就已经前往于阗搜集、研究一手佛教经文。在他归国的时候，他是首位整理汉译佛经目录的人①。一些年后，另一位中国学者支愍度（Che Min-tu）也是出色的佛经编纂者，他整理了第二部佛经目录②。

310 年③，匈奴首领汉王刘渊进攻晋国，并成为长江以北广阔疆域的绝对统治者。316 年，古都洛阳与长安被攻陷④。在刘渊及他的继位者死后，王国被他的大将们一分为二，皆称赵国⑤，分别定都于长安与襄国（直隶省顺德府）⑥。中国北方这两个胡人政权的建立有利于佛教的发展。

僧人佛图澄⑦（Buddhadāna?）可能来自龟兹，他在这一时期来到位于直隶的北朝王廷⑧，并对后赵统治者石勒有较大影响。所有经文都将佛图澄描绘为一位神通之人。他于 310 年抵达洛阳，在匈奴人攻陷此城后⑨，他被引荐给了石勒。石勒侍奉佛图澄甚笃，诸事都向他寻求建议。后赵的继位者石虎依然敬奉佛图澄，他于 335 年颁布法令宣称佛教是至尊的宗教⑩。

石虎新迁都城邺⑪后，佛图澄留居于此，他与印度僧人竺佛调和敦煌僧人 She-yu 和 Tao-k'ai⑫共同努力，使邺成了一个重要的佛教中心。在中国佛教史上做出重要贡献的汉僧道安也曾在邺与他们学

---

① 朱士行（203~282），三国时期的僧人，法号"八戒"，祖籍颍川。朱士行前往于阗抄录佛经交由弟子送回，但他最后并未回国，终老于于阗。此处原文有误。——译者注
② 此二句中所谓"佛经目录"（Catalogue of Buddhist texts）所指不明，可能指的是《般若经》。据史载，朱士行在于阗求取的经书正是《放光般若经》，而支愍度也因研习《般若经》而闻名。——译者注
③ 刘渊称王于 304 年，称帝于 308 年，逝世于 310 年。此处与史实不符。——译者注
④ 316 年，刘渊族子刘曜攻占长安，俘晋愍帝，西晋亡国。——译者注
⑤ 指中国历史上的前赵与后赵。——译者注
⑥ 即今河北邢台，原文为旧称。——译者注
⑦ 西域人。本姓帛氏（以姓氏论，应是龟兹人）。9 岁在乌苌国出家，清真务学，两度到罽宾学法。西域人都称他已经得道。晋怀帝永嘉四年（310）来到洛阳，时年已 79。——译者注
⑧ 原文为"the court of the Northern Chao in Che-li"，所指不确。应该指的是佛图澄于 310 年到达洛阳。——译者注
⑨ 指刘曜攻陷洛阳之事，石勒并非匈奴人。——译者注
⑩ 所指应为石虎 335 年下书所说："朕生自边壤忝当期运君临诸夏。至于飨祀应兼从本俗。佛是戎神，正所应奉。夫制由上行永世作则。苟事无亏祠拘前代。其夷赵百蛮。有舍其淫祀乐事佛者。悉听为道。"参见慧皎撰、汤用彤校注：《高僧传》，北京：中华书局，1992 年 10 月，第 352 页。——译者注
⑪ 原文为"Chang-to in Ho-nan"，所指不明。——译者注
⑫ 所指不详。——译者注

习佛经。349 年爆发的政治动乱导致了赵国的灭亡①，道安不得不与其弟子一道离开邺。虽然对创建于邺的佛教团体的历史记录已经佚失②，但我们可以找到在邺编订的佛教经录的记载，书名为《赵录》③，原书已佚失。

350 年，姚秦建立，符坚（338~385，357~385 在位）即位，此后佛教活动获得了新的动力④。符坚曾邀请著名佛教学家道安至长安，并且推动译经和弘法工作⑤。道安开启了中国佛教史的新时代，他既是一流的佛学者，也是严谨的评注者。他是首位检阅古代汉译佛经的佛学家。后人如此评价他："初经出已久，而旧译时谬，致使深义隐没未通；每至讲说，唯叙大意，转读而已……序致渊富，妙尽玄旨；条贯既序，文理会通。经义克明，自安始也。"⑥他撰写了一系列经论，并且编纂了第一部全面涵盖此前所译经文的目录⑦。道安邀请了西域僧人僧伽提婆（Gautma Saṅghadeva）⑧、昙摩难提（Dharmanandī）⑨与僧伽跋澄（Saṅghabhūti）⑩，他们在 381~385 年译出了大量的经文。

这一时期道安的弟子遍布全国，慧远是其中最为杰出的一位，他在庐山创立了著名的佛寺（庐山寺），推动了佛教在中国的传播。另外一位弟子法和⑪前往四川，他也可能是最早在那里传播佛教的

① 太宁元年（349）后赵爆发梁犊领导的雍凉戍卒举兵，一度攻克长安，有众 40 余万。石虎卒，其子为争帝位互相残杀。石虎养孙冉闵尽杀石氏子孙及羯胡，次年立为帝，改国号魏，史称冉魏。351 后赵亡。——译者注
② 事实上，在《神僧传》《高僧传》等书中，记载佛图澄、道安等僧人时，皆对这时期在邺的佛教团体的活动有所记载。——译者注
③ 即《二赵经录》。——译者注
④ 此处原文有误。前秦建于 350 年，但建立者是符洪而非符坚。符坚即位于 357 年。——译者注
⑤ 史载，道安在东晋的襄阳留居了 15 年。379 年，符坚长子符丕克襄阳，道安遂赴长安。——译者注
⑥ 出自《高僧传·道安传》。——译者注
⑦ 即《综理众经目录》，又称《道安录》。现已佚失。——译者注
⑧ 罽宾人。于 384 年前后来到长安，一直在北方生活到 391 年。而后去往南方，先至庐山，后于 397 年抵达南京。——译者注
⑨ 吐火罗人。幼年出家，以建元二十年（384）至长安，曾受到符坚的礼敬，武威太守赵政及道安请其译经，8 年间共出经论 5 部 114 卷，竺佛念传语，慧嵩笔受。——译者注
⑩ 罽宾人。符坚建元十七年至二十一年（381~385）共道安等译经论 3 部 38 卷（或27 卷）；竺佛念、佛图罗刹传语，敏智、慧嵩及秘书郎赵文业笔受。——译者注
⑪ 法和是道安的同学。——译者注

人。在道安的努力下，长安的佛教团体迅速繁荣。道安曾听闻过鸠摩罗什（Kumārjīva）并且邀请其来华，鸠摩罗什最终于401年来到长安，此时距离道安385年圆寂已过去了16年。

385年，姚苌（330~394，384~394在位）绞死苻坚建立后秦，但佛教的发展并未因这一政治变革而受阻。姚苌和他的继承人姚兴（366~416，394~416在位）都是佛教的虔诚信徒，他们的统治时期是中国佛教史上最美好的时代之一。道安圆寂后，他在长安的工作由另外一位中国僧人竺佛念[1]继承。他不仅能担传译之职，也是一位聪慧的译师，曾协助不少不懂汉语的外国译师进行译经，也翻译了一些流传至今的经书。他的努力使长安的佛教团体在鸠摩罗什401年到来之前始终保持着生命力。

鸠摩罗什自385年[2]起就生活在中国的凉州，吕光（337~399，386~399在位）攻破龟兹后将他带到这里。随后受姚兴敦请，鸠摩罗什来到长安。据载，他的父亲是印度人而母亲是龟兹公主，受教于克什米尔（罽宾）。他天赋异禀，在中国的12年间译介了佛教最重要的经文。他是首位系统地在中国宣介大乘佛教的人，为了推动这项事业，他将大乘佛教的核心经典进行了翻译，包括马鸣（Aśvaghoṣa）的《大乘庄严经论》（Sūtrālaṃkāra-Śāstra）、龙树（Nāgārjuna）的《十住毗婆沙论》（Daśabhūmivibhāṣāśāstra）、提婆（Āryadeva）的《百论》（Śatśāstra）、诃梨跋摩（Harivaman）的《成实论》（Satyasiddhi-Śāstra）。为了让这些哲学体系更易于理解，他还将译介了佛教大师们的传记[3]。归在他名下的98部[4]经文中，有一部格外重要，即大乘戒律经典《梵网经》（Brahmajāla Sūtra），其中规定了受菩萨戒之人的戒律。这也是在中国流传最广的经文之一。

---

[1] 凉州人（今甘肃武威县）。20岁左右出家，博览群经，粗涉外典，并通达梵语。苻秦建元（365-384）初年至长安，为鸠摩罗弗提、僧伽跋澄、僧伽提婆、昙摩蜱、昙摩持、昙摩难提等人传语。姚兴弘始年间，佛陀耶舍译《长阿含经》和《四分律生》，亦为竺佛念传语。自译经律12部74卷，现存8部67卷（其中一部仅残存1卷）。——译者注

[2] 一说384年。——译者注

[3] 包括《龙树菩萨传》《提婆菩萨传》。——译者注

[4] 一说他译出经、律、论、集等74部384卷，现存56部330卷。——译者注

新疆克孜尔千佛洞前的鸠摩罗什塑像

鸠摩罗什在中国介绍了更为深刻的印度佛教知识，他发现此前的汉译佛经或多或少有些松散而且错漏频出。罗什译本文字精致，他的作品因体裁所限而被删减为节选，但义理依然清晰。他被公认为最杰出的译师之一。

鸠摩罗什圆寂于 413 年，但他的弟子们延续了他的工作，一直到 417 年北方爆发新的政治动乱[①]。他的弟子中有弗若多罗（Puṇyatirāta）、佛陀耶舍（Buddhayaśas）、昙摩耶舍（Dharmayaśas）等克什米尔（罽宾）僧人和两位中国僧人僧会、僧超。

姚秦于 417 年覆灭后，政治权力转移到了其他人手中。但在我们探讨北朝各国统治下的佛教发展史之前，我们应当将目光投向南方，看看这一时期的南京佛教僧团的作为。

晋朝王室在 316 年被匈奴人逼往南方后在南京开始了和平的统治，直到 420 年宋朝（刘宋）取而代之。晋朝被中国史学家认定为正统，在他们统治南方的一百多年里，佛教继续在南京繁荣发展。正史记录了如下细节：晋元帝（276~323，318~323 在位）[②]"造瓦官龙宫二寺，度丹阳建业千僧"；晋明帝（299~325，322~325 在位）"造皇兴道场二寺。集义学名称百僧"[③]；晋成帝（321~342，325~342 在位）"造中兴鹿野二寺。集翻经义学千僧"；晋简文帝（320~372，371~372 在位）"造像建斋度僧立寺"；晋孝武帝（362~396，372~396 在位）"造皇泰寺仍舍旧第为本起寺"；晋安帝（382~418，396~418 在位）[④]"立大石寺"。"东晋一百四载。合寺一千七百六十八所。译经二十七人二百六十三部。僧尼二万四千人"[⑤] 我们无从知悉这些数字的可靠性，但译经数量基本上是准确的。

许多汉译佛经中包含陀罗尼（Dhāraṇī），即神咒。龟兹僧人帛尸梨蜜多罗（Śrīmitra）和印度僧人昙无兰（Dharmaratna）可能

---

① 永和二年（417 年）东晋围攻长安，姚泓被刘裕灭族，后秦亡。——译者注
② 此处原文为"Yuan ti（217–322）"。——译者注
③ 此处原文为"Ming Hing sse and Tao Ch'ang sse"，有误。——译者注
④ 原文为"Ngan ti（397–417）"。——译者注
⑤ 本段引文皆出自释法琳：《辨证论·卷三·十代奉佛上篇第三》。——译者注

是最早在中国佛教徒中介绍神咒经的人。中国南方道教盛行，为了满足了道教徒的神秘主义倾向，引入神咒经的神秘仪轨可能是必要的。但同时期的南京佛教徒们也做了其他一些事情。僧伽提婆离开长安后于 397 年来到南京，他译出了经藏中的全部《中阿含经》（*Madhyamāgama*）①，以及一部阿毗达磨经《阿昙心论》（*Abhidharmahṛdayasāśatra*）②。此外，在归于昙摩难提名下的《增一阿含经》（*Ekottarāgama*）的翻译工作中，他应当也有所贡献。鸠摩罗什的老师卑摩罗叉（*Vimalākṣa*）在他伟大的弟子去世后也来到南京③，他翻译了一部分《萨婆多部十诵律》（*Sarvāstivāda-vinaya*）④。414 年，著名的中国朝圣者法显从印度返回南京，带回了大量梵语经文，其中的一些由佛陀跋陀罗（Buddhabhadra）译出，最著名的是《摩诃僧祇律》（*Mahāsāṃghika-vinaya*）⑤。

新兴的佛教中心庐山寺由道安的弟子慧远所建，也在这段时间成为佛教重地。

西北的凉州位于（今）甘肃省的西部，也在 4 世纪末以后成为佛教活动的中心。我们知道早期西来的佛教学者会在一个叫敦煌的地方停留，也位于凉州。安世高、竺法护等一些学者曾在敦煌译经，他们的作品也带有此地的标记。4 世纪末以后，凉州府武威县成为佛教活动中心。373 年，印度—塞种学者支施仑与龟兹僧人帛延共同译出了一些经书。凉州地方长官本人也参与到了译经工作中⑥。

385 年，凉州刺史吕光受命出兵龟兹⑦。他在征伐之中获得威名，

---

① 共 60 卷。——译者注
② 共 16 卷，其中 4 卷与慧远共译。此处梵语原名有误，应为 "Abhidharmahṛdayaśāstra"。——译者注
③ 据考，卑摩罗叉于 406 先来到长安，受到鸠摩罗什的礼敬。鸠摩罗什死后，南游至寿春（今安徽省凤阳县）石涧寺讲律，其后又到江陵（今湖北荆州）辛寺。原文中作者可能将"江陵"误作"南京"。——译者注
④ 指《十诵律序》（附于《十诵律》后）三卷。——译者注
⑤ 共 46 卷，与法显共译。——译者注
⑥ 原文为 "The prefect of Leang-chou"，所指不明。自太安元年（385），吕光杀死前秦凉州刺史梁熙，自领凉州刺史、护羌校尉。此后数十年凉州地方政权不断更迭，局势混乱。——译者注
⑦ 原文有误。吕光受命出兵西域于 382 年，后于 385 年杀凉州刺史梁熙，自领凉州刺史。——译者注

因此在回到凉州后自命为王 ①。401 年，姚兴将灭后凉，但随后北凉立国，并保持了一段时间的独立，它的都城 ② 成为佛教活动中心。它最终被北魏统治者拓跋氏于 433 年兼并 ③。

北凉的沮渠家族偏好佛教。其中一位统治者沮渠蒙逊（366~433，401~433 在位）邀请印度学者昙无谶（Dharmakṣema）至凉州（后凉）首府。昙无谶在中国学者的协助下建立译场，他的译经工作持续了约 25 年，诸多成果中有一部十分重要的大乘佛教经文《大般涅槃经》（Mahāparinirvāṇa Sūtra），它的完整手稿在当时只存于于阗。后凉王室沮渠京声是虔诚的佛教信徒，也是昙无谶的弟子。他本人在凉州翻译了一些佛经，后凉灭后他又去往南方继续译经。

北魏建立于 386 年，定都大同（平城）④。在秦势力衰微后，北魏占据了长江以北的中国大部分地区，随后迁都至洛阳。北魏在中国北方的统治一直持续到 550 年，这也是佛教艺术史上最伟大的时期之一。龙门石窟和云冈石窟与壁画艺术开启于北魏统治时期，他们是中国佛教艺术的典范。正史如下记录北魏统治时期的佛教 ⑤：

道武帝（371~409，386~409 在位）"造十五级浮图。起开泰定国二寺。写一切经。铸千金像。召三百名僧。每月法集。"文成帝（440~465，452~465 在位）"重兴佛教修复寺宇。释门广被始自文成。凡度僧尼三万许人。"献文帝（454~476，466~471 在位）"造招隐寺。召坐禅僧。"孝文帝（467~499，471~499 在位）"于邺都造安养寺……所度僧尼一万四千人。"宣武帝（483~515，483~515 在位）"讲维摩经……造普通大定等四寺。供养三学千僧。"孝明帝（510~528，516~528 在位）"于邺下造大觉寺。"孝庄帝（507~530，528~530 在位）"造五精舍。刻万石像。"西魏孝武帝（510~535，

① 此处原文描述不确。史载，389 年，吕光称三河王，改元麟嘉。396 年又改称天王，国号大凉，改元龙飞。史称后凉。——译者注
② 所指不确，张掖、武威、姑臧等都曾是北凉都城。——译者注
③ 原文有误。439 年北魏大军围攻姑臧，沮渠牧犍出降，北凉亡，北魏统一华北。——译者注
④ 原文有误。拓跋珪即代王位，重建代国。398 年议定国号为"魏"，建都平城，次年称帝。——译者注
⑤ 参见释法琳：《辨证论·卷三·十代奉佛上篇第三》。——译者注

532~534 在位）"于长安造陟屺寺。供养二百名僧。"西魏文帝
（507~551，535~551 在位）"造般若寺。拯济孤老供给病僧。口诵法
花。身持净戒。"①

元魏君临一十七帝。一百七十年。国家大寺四十七所。又于北
代恒安治西。旁各上下三十余里。镌石置龛遍罗佛像。计非可尽庄
严弘观。今见存焉。虽屡遭法灭斯龛不坏。其王公贵室五等诸侯
寺八百三十九所。百姓造寺三万余所。总度僧尼二百万人。译经
一十九人四十九部。②

北魏人是卓越的建筑家，但他们对学术研究的热情并不那么令人
称道，译经的工作不具备同样的重要性。西域僧人昙曜在大同府翻译
了几部譬喻经，其中一位共译者叫吉迦夜。在北魏统治末期，著名的
印度僧人菩提流支（Bodhiruci）来到洛阳，继续进行译经。他同样在
邺进行过一段时间的翻译，当时北魏的都城被短暂地迁往邺城③，共译
经 36 部④。北魏时期，中国僧人迫切渴望与印度进行直接交流，一批
中国僧人启程前往印度，他们之中最有名的是法显与宋云。

550 年，北齐取代东魏并统治到 577 年，这一时期的佛经译介工
作并不显著。我们知道一位名叫那连提黎耶舍（Narendrayassas）的
印度学者翻译了部分经文。北齐的统治者是佛教活动的重要支持者。
正史告诉我们：孝昭帝（535~561，560~561 在位）"为先皇写一切
经。一十二藏……凡度僧尼三千许人。"武成帝（537~568，561~565 在
位）"创营宝塔。""高齐六君二十八年。皇家立寺四十三所。译经六人
一十四部。"⑤ 更重要的是，中国僧人将佛教传给了突厥人。

① 作者的英语翻译或有不确之处，翻译时对照大意选取原文。参见释法琳：《辨证
论·卷三·十代奉佛上篇第三》。——译者注
② 同上。——译者注
③ 指东魏政权。——译者注
④ 此数存疑。李廓在《众经目录》序言中记载"自魏太平至天平二十多年间，菩提流
支从洛阳到邺城，共翻译佛经三十九部，一百二十七卷"。——译者注
⑤ 同①。——译者注

在前突厥首领佗钵可汗（？～581，572~581在位）统治时，佛教传入了突厥。这段历史被如下记载：

> 齐有沙门惠琳，被掠入突厥，因谓佗钵曰："齐国富强者，为有佛法耳。"遂说以因缘果报之事。佗钵闻而信之，建一伽蓝，遣使聘于齐氏，求《净名》《涅槃》《华严》等经，并《十诵律》。佗钵亦躬自斋戒，绕塔行道，恨不生内地。"①

在齐后主高纬（556~577，565~577在位）统治时期，一位名叫刘世清的中国学者受可汗的请求将《大般涅槃经》译为突厥语。②575年，北齐派出佛教使团前往西域搜寻梵语佛经，但是使团成员直到隋朝时期才返回，一共取回了260部经书。③

北周于557年取代西魏，但他们并不偏好佛教。攘那跋陀罗（Jñanabhadra）、阇那崛多（Jinagupta）等印度高僧在此期间来到中国，北周统治者并未支持他们进行译经。

420年以后南京朝廷的历史我们还未详述，这时南方已历经宋（420~479）、齐（479~502）、梁（502~557）、陈（557~589）四朝，佛教在这些王朝治下发展十分昌盛。

宋统治者是佛教的重要支持者，正史记载④：宋武帝（363~422，420~422在位）"口诵梵本手写戒经。造灵根法王二寺。供招贤圣遍学千僧也。"宋明帝（439~472，465~472在位）造丈四金像⑤、"造弘普中寺。""宋世合寺一千九百一十三所。译经二十三人二百一十部。"在这些译经的僧人中包括印度名僧昙摩蜜多（Dharmamitra）、

---

① 参见《隋书·卷八十四·列传第四十九》《北史·卷九十九·列传第八十七》。原作者英文翻译理解或有不确之处，此以原文为准。——译者注
② 此处记述不确，出处与《北齐书·卷二十·列传第十二》："代人刘世清……能通四夷语，为当时第一。后主命世清作突厥语翻《涅槃经》，以遗突厥可汗，敕中书侍郎李德林为其序。"——译者注
③ 参见《续高僧传·阇那崛多传》："宝暹、道邃往西域，至隋始携梵本二百六十部以归。"——译者注
④ 本段引文若非另注，皆出自释法琳：《辨证论·卷三·十代奉佛上篇第三》。原作者翻译或有不确之处，以原文为准。——译者注
⑤ 此句原文为"造丈八金像四躯铸不成改为丈四。"——译者注

求那跋陀罗（Guṇabhadra）、求那跋摩（Guṇavarman）。在齐治下，佛教持续繁荣。齐朝的奉佛记录如下：齐高帝（427~482，479~482在位）"手写法华。口诵般若。四月八日常铸金像。七月十五日普寺送盆供养三百名僧。立陟屺正观二寺。"齐武帝（440~493，482~493在位）"造招贤游玄二寺。集义学翻经三百僧。三教格量四年考校。"齐明帝（452~498，494~498在位）"写一切经。造千金像。口诵般若常转法花经造归依寺召习禅僧。"据称，"齐世合寺二千一十五所。译经一十六人七十二部。僧尼三万二千五百人。"

至梁朝时，佛教活动同样繁荣。印度学者从海路来到南朝，其中最负盛名的是乌贾因（Ujjayinī）僧人真谛（Paramārtha）。他初受教于婆罗门，后皈依佛教。他翻译了大量经文，其中包括一些婆罗门教哲学的作品，这引起了中国佛教徒的关注。正史将梁代奉佛记录如下：梁武帝（464~549，502~549在位）"造光宅同泰等五寺。集重云殿讲众千僧国内普持六斋。"517年，梁武帝下诏禁止杀生，戒断肉食，提倡素食，他本人如僧人一般生活。梁简文帝（503~551，549~551在位）"造资敬报恩二寺。刺血自书般若十部。"梁孝元帝（508~555，552~554在位）"造天居天宫二寺。""梁世合寺二千八百四十六所。译经四十二人二百三十八部。僧尼八万二千七百余人。"在短暂的陈朝治下，佛教的发展在一定程度上受到了阻碍，佛教并未得到任何王室支持①。

隋朝（581~618）统一中国标志着中国历史和中国佛教史新时期的到来。在长久的内乱纷争与外族入侵之后，中华帝国再次统一。在统一的帝国之下，佛教历史也进入了新的时期——一个融合的时期。自汉朝没落，中国的文化传统数度中断，这一时期的文化复兴让中国人开始考虑如何利用这个外来的宗教，建立新的国民生活方式。

---

① 此处不确。南陈时佛教发展虽然受到阻碍，但并不是完全没有任何官方支持。"陈世五主。合三十四年。寺有一千二百三十二所。国家新寺一十七所。百官造者六十八所。郭内大寺三百余所。"参见释法琳：《辩证论·卷三·十代奉佛上篇第三》。——译者注

4. 印度文化对中国的影响①

　　中国与印度的初次交流可追溯至公元前 2 世纪，一些印度的科学与关于宇宙的理论可能经由西域地区② 进入了中国。当时中国最著名的道教徒淮南王刘安（淮南子）介绍了一种全新的宇宙观，将宇宙分为分布在中央大山周遭的九片区域，在山的上方是天堂③。这种宇宙理论源自印度，尤其在佛教典籍中盛行。

　　公元 1 世纪末，佛教通过游牧民族传入中国，在百年的时间内它被官方认定为值得包容的宗教。自公元 1 世纪始，佛教徒不断前往中国，他们的活动也越来越密集。有汉一代（65~220）④，虽然有不少佛教学者来到中国传法，并且译出了相当数量的佛经，但佛教并未能完全融入中华文明。传统儒家受到汉朝推崇，而士大夫们嗤佛教为蛮夷信仰。与希腊人一样，中国人视一切外国为蛮夷，印度也

---

① *History of Philosophy*, Eastern and Wstern 1（1952）: 573-589.
② 原文为东突厥斯坦（Eastern Turkestan）。——译者注
③ 参见刘安:《淮南子·地形训》。——译者注
④ 原文有误，应指东汉（25~220）。——译者注

在此列。汉朝时儒家思想呈现出转化为宗教的趋向，但它的宗教特性的发展不如佛教。道家更像一种宗教，却同样不如佛教。道家具备宗教性质，但它的哲学框架远弱于佛教。因此，佛教在中国本土文明体系面前具备了一定优势。

由于佛教比儒家具备更丰富的宗教性，又比道家具备更深的哲学思想，它很快开始吸引中国人。中国知识分子们开始皈依佛教。在汉末贤人牟子的著述中，他比较了佛陀与孔子、老子的教导，并试图建立前者的优越性。

五经则五味。佛道则五谷矣。吾自闻道以来。如开云见白日。矩火入冥室焉……修闺门之礼术时俗之际会。赴趣间隙务合当世。此下士之所行。中士之所废也。况至道之荡荡。上圣之所行乎。杳兮如天。渊兮如海。[①]

牟子们的著作在中国知识分子之中逐渐建立了佛教信仰。此外，来华的印度传法僧和他们的中国弟子操守的纯净的生活方式也吸引着中国人。西域诸国的佛教信仰也加速了新宗教的传播。4世纪的北魏统治阶层有着胡人血统，他们是佛教的重要赞助人，佛教艺术的开端也始于北魏。北魏的第一位统治者将佛教立为国教，他诰命臣民包容佛教[②]：

朕生自边壤，忝当期运，君临诸夏。至于飨祀，应兼以本俗，佛是戎神，正所应奉。夫制由上行，永民作则。苟事无亏，何拘前代。其夷赵白蛮，有舍其淫祀，乐事佛者，悉听为道。[③]

自彼时起到11世纪，接踵而来的印度学者薪火相传，佛教在中

---

① 参见《理惑论》。原引文为英语，根据大意选取汉语原文。——译者注
② 此处有误，此文为石虎所作，他不是北魏的统治者。——译者注
③ 参见《高僧传·卷九·佛图澄传》。——译者注

国不断发扬光大。自 4 世纪始，中国僧人们开始前往印度并追随印度法师深入学习。经印度人或中国人之手翻译的大量佛教文献使普通中国人有机会接触到佛经译本，这些译本中不乏佳作，被奉为中国文学作品中的经典。

佛教对中国人的生活与意识形态产生了深远影响，中国新文化运动的领军人物胡适先生说："当中国文化初次直面印度时，中国被印度传出的宗教热情与天才所折服和倾倒。中国坦承被印度征服了。"[①]

印度对中国思想的影响首先体现在对中式思维的融合上，这一行为的先驱者是 5 世纪初的僧肇——名僧鸠摩罗什的弟子。绝世大德鸠摩罗什生于西域，受教于克什米尔，并于 401 年来到中国。此后直至 413 年去世，期间他在中国进行译经，留下大量作品传世，其中不少被认为是汉语佛经名篇。他对佛教义理认识深刻，见解独到，将龙树的学说带来中国并专攻于此。他意识到龙树的思想与老子有不谋而合之处，据说他还曾写过《道德经》的注疏，这可能是一部从佛教视角解读道家哲学的著作，不过此书已经佚失。他的弟子中不乏声明卓著的中国学者，僧肇便在此列。僧肇可能是受命于他的师父，重新解读了龙树的哲学，并尝试将之与道家思想相融合。

佛家思想提出了真如（bhuta-tathata）与生灭（utpadanirodha）、永恒与变化、涅槃（nirvana）与轮回（samsara）的对立。这些概念与道家的有无、动静、有为与无为的观念相类似。在谈论动、静之时，僧肇曾说：

夫人之所谓动者，以昔物不至今，故曰动而非静；我之所谓静者，亦以昔物不至今，故曰静而非动。动而非静，以其不来；静而非动，以其不去。然则所造未尝异，所见未尝同。逆之所谓塞，顺之所谓通。苟得其道，复何滞哉？[②]

---

① 参见 Shih, Hu, 'Development of Zen Buddhism', *The Chinese Social and Political Review.* Jan., 1932, Vol. 15. No.4. p. 479.——译者注
② 僧肇:《物不迁论》。——译者注

226　印度与中国

这让人联想到《弥兰王问经》中著名的燃灯譬喻。灯燃于长夜，但一更天的灯焰与中更天及末更天的灯焰皆不同[1]。一方面，这是同一盏灯；但另一方面，它每时每刻都在变化。在有无的问题上，僧肇说：

万象虽殊，而不能自异。不能自异，故知象非真象；象非真象故，则虽象而非象。[2]

缘起论（prtitya-samutpada）是僧肇理论的奠基，万物皆有缘起。相是全新之物，但它仍然是某种缘起的结果。

僧肇还曾试图解决般若（prajñā）的问题，即关于终极智慧的讨论。知识有目的，有目的就有性状。它不是无形的，所以不是终极真理。如此，般若怎会通向终极真理呢？僧肇说般若不是一般意义上的知识。他将般若比作镜子，"照不失虚"、"虚不失照"。[3]所以依他所见，般若是"不知之知，乃曰一切知"[4]。但这并不意味着终极真理存在于任何相对意义之外。

圣人无无相也。何者？若以无相为无相，无相即为相。舍有而之无，譬犹逃峰而赴壑，俱不免于患矣。是以至人处有而不有，居无而不无，虽不取于有无，然亦不舍于有无。所以和光尘劳，周旋五趣，寂然而往，泊尔而来，恬淡无为而无不为。[5]

绝对与相对的综合分析可能借鉴自龙树的哲学体系，但它俨然成了中国思想的内容，因为它融入了道家思想的话术之中。对中国思想家而言，他们更愿意将僧肇视作一位中国哲学家，而非佛教思想家。僧肇演示了如何将佛教吸收入中国哲学，这对后世中国思想

---

① 参见《弥兰王问经·第二品》。——译者注
② 僧肇:《不真空论》。——译者注
③ 根据英文语义推测出自僧肇:《般若无知论》。——译者注
④ 僧肇:《般若无知论》。——译者注
⑤ 同上。——译者注

影响深远。佛教从此无法被剥离开来，它不再是外国宗教，而是中华文明的有机组成。随后的几个世纪里，人们尝试着从佛教与佛教哲学中创造出一些新的内容，使之更加通俗，更易于被厌倦了复杂的形而上思辨的中国民众接受。他们需要更简单、更直接的宗教。尽管一些接受过正统佛教熏陶的中国僧人依然恪守着清规戒律而生活，另一些人则尝试着开拓简化的道路。

与僧肇同时代的慧远（334~416）不是鸠摩罗什的弟子，但是他影响了佛教的信仰。他和僧肇一样精通儒家、道家经典，作为道家的学生 ①，他对佛教的思辨内容充满兴趣。他在庐山创立了新的佛教中心，广收门徒并成立庐山宗派 ②。这个宗派将阿弥陀佛信仰引入中国，被后世称为"净土宗"。净土宗崇拜阿弥陀佛，修行目的是进入西方净土（Paradise of Amitābh）——长生极乐的无限光明之地。信仰和禅修（dhyāna）就足以带领教徒升入天堂，慧远本人强调禅修时说：

> 夫三业之兴，以禅智为宗……禅非智无以穷其寂，智非禅无以深其照……每慨大教东流，禅数尤寡，三业无统，斯道殆废。③

慧远的徒弟道生 ④（355~434），也曾问学于鸠摩罗什，他促进了禅学的发展。对中国人生活与思想有重要影响的禅宗正是由他奠基而成。这个学派在中国被称为"Chan"，而在日本被称作"Zen"，都是对梵语"dhyāna"的转写。同所有的禅师们一样，道生也没有将经文看得过于重要，因为经文并不通向真理的觉悟，他们只是通向

---

① 此处说法不确，通过后文引文判断，作者写此文时曾借鉴胡适的"Development of Zen Buddhism"一文，原文中说慧远是"A disciple of Tao-an"，指的是慧远是道安的徒弟。作者可能误读了此句，将之理解为慧远是道家的学生。——译者注
② 指慧远在庐山白莲社创立净土宗。——译者注
③ 参见慧远：《达摩多罗禅经总序》。此处作者转引自胡适，参见 Shih, Hu, 'Development of Zen Buddhism', *The Chinese Social and Political Review*. Jan., 1932, Vol. 15. No.4. p. 478.——译者注
④ 俗姓魏（巨鹿（今河北省平乡）人，曾于庐山向慧远学习佛法，后问学于鸠摩罗什。——译者注

终点的渠道，唯有内在的洞察力可以助人走向真理。因此，他说：

> 夫象以尽意，得意则象忘；言以诠理，入理则言息。自经典东
> 流，译人重阻，多守滞文，鲜见圆义。若忘筌取鱼，始可与言道
> 矣！①

道生创造了两套被中国学者视作革创性的理论，此二者被视为中国文化对外来宗教的反抗。不论是否为反抗，但这些理论的确代表了中国思想的演进。所论教义并不新，可以追溯到佛教文献之中，但他们的侧重点是中国化的。这两个教义是"善不受报"和"顿悟成佛"②。道生所谓"善不受报"发自相对而非绝对的角度，他所论的是修行者，他们入世却又超然，只有从相对的角度上来说善恶报应才是真实的。但对于已经实现了生灭（utpāda-nirodha）③ 而跳出了因缘的人，报应并不存在。这个理论是佛教人生观的推演结果。"顿悟成佛"与渐修说对立，一切只在一瞬间。这个理论对佛教而言并不陌生，在经历了恪守戒律、神圣的生活等阶段后，觉悟总会在某一瞬间到来。后来顿悟说在中国的发展偏离了真实的印度修行观念，但就道生而言，他并没有反抗印度的观念。他强调精神世界的某些方面，告诫佛教徒们不要混淆了绝对的与相对的真理。

尽管道生的学说在同时代的佛教学者中反响强烈，但禅宗却不是在他门下形成的。禅宗的历史可以追溯至印度法师菩提达摩（Bhdhidharma），关于他各类神话众多，但他却是一位真实的历史人物。他在 6 世纪前叶来到中国，并于 486~536 年留居中国④。一部作

---

① 参见释慧皎：《高僧传》，其中"忘筌而取鱼"句出自《庄子·杂篇·外物》。此处作者应该转引自胡适，参见 Shih, Hu, 'Development of Zen Buddhism', *The Chinese Social and Political Review*. Jan., 1932, Vol. 15. No.4. p. 480.

② 考虑到本文中的论据与论点大量借鉴胡适《中国禅学的发展》一文，对应的中文译法选自《中国禅学的发展》，下同。——译者注

③ 原文如此，所指不详。——译者注

④ 原文前后矛盾，实际有两种说法：一说，达摩于在南朝梁普通年中（520~526）年间来到中国，后于 536 年圆寂；另据胡适《中国禅学的发展》中考据，他于 470 年前后来华。——译者注

成于 534 年 [①] 的文献曾记载他曾到访新建成的洛阳永宁寺 [②]。

达摩在中国的传法具有划时代意义，他强调禅修是获得觉悟的宗教手段。他传授的哲学理念只是对龙树体系的新解读，类似于唯识派（Vijñana-vāda）的解读。他认为世人皆有佛性，而真正的觉悟就是唤醒佛性。他对研习佛经、修行戒律等做法不以为然，认为将过多的注意力放在宗教仪式方面对激发佛性毫无裨益。只有依靠禅修，关照自我而非外在，才能走向解脱。他说：

> 我本求心心自持。求心不得待心知。佛性不从心外得。心生便是罪生时。我本求心不求佛。了知三界空无物。若欲求佛但求心。只这心心心是佛。[③]

他的哲学思想进一步发展，世人皆有佛性，而心外无佛，那么拯救别人与被人拯救便都是不可能的，不必向任何人祈祷或者献祭。佛就是心，心是洞悉万物的自我。向他人求法问道、念诵佛经，以期获得真理的洞见皆为无用之举。苦行、诵经、祈祷、祭祀和类似的行为都没有意义。如果人在自我中发现了佛，便将走向解脱和涅槃。学者们能够从菩提达摩的哲学里发现印度吠檀多学派的痕迹。事实上，如果把"佛"换成"梵"（Brahman）或者"我"（Ātman），这就成了吠檀多哲学。不过，龙树的唯识论哲学 [④] 也与之相似。尽管菩提达摩来自南印度，他也生活在远早于吠檀多派大师商羯罗（Śamkara）[⑤] 的时代，但在佛教里也出现了摩耶（Māyā）的教义。摩耶在新吠檀多哲学中地位显著，佛教的经量部和中观学派都曾宣讲类似的内容。从史书记载的菩提达摩与吴王 [⑥] 的对话中，可以看到他

---

① 原文有误。所指文献是《洛阳伽蓝记》，成书于 547 年。——译者注
② "达摩到永宁寺，自称百五十岁"。参见杨衒之:《洛阳伽蓝记》（卷一）。——译者注
③ 原文出处不详，根据语义，推断可能为达摩所作的《心经颂》。——译者注
④ 原文如此。——译者注
⑤ 印度宗教哲学家，吠檀多不二论理论家。据传他享年 32 岁，但生卒年不确，有700~750 年之说，也有 788~820 年之说。——译者注
⑥ 原文有误，应为梁武帝。——译者注

讲授的佛教义理：

> 帝问："朕自即位以来，造寺写经度僧不可胜数，有何功德？"
> 祖云："并无功德。"帝云："何得无功德？"祖云："此但人天小果，如影随形，虽有非实。"
> 帝云："如何是真功德？"祖云："净智妙圆，体自空寂。如是功德，不可以世求。"
> 帝问："如何是圣谛第一义？"祖云："廓然无圣。"帝云："对朕者谁？"祖云："不识。"①

　　菩提达摩的教导使禅宗在中国的土壤上扎根，尽管前有先驱者道生，但达摩的到来才真正使之成为正统，因而后世禅宗奉达摩为祖师。禅宗在中国和后来的日本发扬光大，随后几个世纪里又分出了不同的宗派。大体有区分为二的趋势，分别侧重于禅学的积极面与消极面。一派认为，现实皆虚无，没有任何实体，也无法被定义，意识和佛性也是虚无。这派教义总结为"非心非佛"。另一派认为虚无也通过意识得以实现，没有意识则一切都不复存在，通过意识才能通向觉悟或者涅槃。所以意识就是真正的佛性。这派教义总结为"即心即佛"。这两种趋势也不是中国文化的原创，他们代表着大乘佛教的两种哲学，即空性与中观，但此二者却被人忘却。上述两种趋势被视作佛教哲学的中国式阐述，让那些对外国宗教毫无好感的中国人也能接受。

　　禅宗对佛教经院哲学带来的挑战一度让中国佛教徒们陷入了困扰。那时的中国有大量出家人，在重要的佛教中心修葺了大型的寺庙。在印度和中国学者的努力下，大批佛教文献译成汉语。根据传统，译作之中包含"佛陀的教导"，同时也囊括了许多佛教大师的论述。此外，还有不断涌现的关于现行宗教修行的作品，描述了僧人

---

① 参见《五灯会元》（卷第一）。——译者注

戒律、供奉佛陀与其他神明的方式、祈祷及化缘的方法等内容。① 而所有这些，都曾被（禅宗）经典描述为无用。

6 世纪的一位著名中国思想家试图通过调和这些冲突的观点，消除困惑而推演出一套新的理论。他便是生于公元 531 年的智颛②。他是禅宗弟子，尽管并未直接师从菩提达摩，但十分了解他的教诲。他在天台山建立了寺院，并且创建了以天台为名的宗派。智颛自己创造了一套十分完善的体系，并由他的弟子杜顺③传承发展，后者于 640 年去世。尽管智颛是禅宗弟子，但他并不完全认同其他禅师的观点。他承认万物有佛性，但佛性的实现取决于个人的努力。所以为了消除偏见获得真知，指导和勤修都是必要的。这便是智颛新体系的基石。充分研究了佛教经典后，他相信尽管佛陀的教导百般多样又有自相矛盾之处，但其背后蕴含着统一的目的。哲学理论众多，但终极目的相同，即战胜邪恶，追求至善至真，达到目的的具体方法则不必深究。受此启迪，智颛尝试整理分类、综合归纳佛教文献。他所创的体系十分合理，被中国和其他远东国家的佛教学者们接受，流传至今④。这是中国人对佛教的的系统化和理论化做出的真正贡献。

智颛认为应该将佛经中佛陀一生所说的法按照时间顺序排列。他将佛陀的生平分为五时，并以此判教⑤。第一时，以《华严经》为代表，佛陀在菩提场中初成正觉，在菩提树下说法 21 天，圣光笼罩。这段时间，他只向十方世界前来庆贺的诸天众神说法，讲授佛教最奥妙的真理，而这些常人无法参透的法组成了《华严经》。这便是大乘佛教。第二时，始于他离开菩提树下，开始向世人讲授佛法。佛陀在这一时期的说法包含在《阿含经》之中，属于小乘佛教。这些佛法专为世俗弟子而讲，因而并未涉及任何佛法真谛。这一时期

---

① 三项内容分别指三藏中的经、论、律。——译者注
② 原文作"Zhi-k'ai"，应是误读。另，智颛生于 538 年，卒于 597 年，原文有误。——译者注
③ 杜顺（557~640），华严宗初祖，唐代雍州万年（今陕西临潼区北）人，法号法顺。杜顺并非智颛的徒弟，原文有误。——译者注
④ 文中讨论的"体系"指的是智颛的判教，对后世影响深远。——译者注
⑤ 智颛的判教有五时说，作者此言的五个时期分指：华严时、阿含时、方等时、般若时、法华涅槃时。——译者注

长达 12 年。第三时，佛陀对所见与他观点相背离的宗教与哲学文献进行了批判，这一时期的说法以驳论为主，包含在《毗佛略》中，兼备大乘和小乘的特性。这一时期长 8 年。第四时，佛陀与其他哲学宗派的论战愈发激烈，佛陀向弟子们揭示更深刻的形而上哲学。这一时期的说法收在《般若经》中，属于正统大乘佛教。这一期长 22 年。第五时是终极，外道异说消减、众生根机渐熟。佛陀详细阐释菩萨道及成佛的修行方式，这些内容包含在《妙法莲华经》与《涅槃经》等大乘经文中。最后一个时期即佛陀生命的最后 8 年。

智颛认为佛陀的说法依照了特定的顺序，而且每一时期皆有重要意义，它们满足了不同层次不同等级之人的信仰需求。所以佛经中显然可见的各种自相矛盾之处实际并不矛盾，只是语境不同而已。禅师们将佛法中不符合他们释读的内容区分开来，认为那是专门为了无法理解深奥大乘佛教哲理的修行者们而做的。这种观点并不新颖，智颛依此而发展出了一套完整的判教体系。

智颛认为《华严经》是佛教中至高无上的作品，视之为其佛教理论体系的基石。他的判教并没有效仿任何一个印度版本，而是完全新创的。他的诠释将佛陀说法各个部分都涵盖其中，却未见偏颇。据他所说，佛教认为意识有三种官能：智力、感觉和意志[①]。"智力"帮助人认识生活的真谛；"感觉"促进对终极追求的强烈信仰；"意志"推动人为了终极追求而行动。智颛认为佛陀不是超自然存在，而是一位通过上述途径获得解脱的觉悟者。世人皆有佛性，佛性是普世的真实，自然中的一切都是这种真实的一部分。佛性有三个维度的品质——真、美、善。自然之美、叶子的绿、鲜花的色彩、小鸟的歌唱等都是普世真实佛性的显现。我们需要唤醒隐于内心的佛性，佛陀便是如此做的，这就是觉悟。智颛对本体与现象并不加区分，他认为这是真实的两面。他信奉禅宗以及龙树的教义，却不相信顿悟说。

---

① 原文如此，出处不详。——译者注

智顗接受了佛教的因缘理论。因缘无始无终，每个相是其他相的缘起，因而是一个无限循环。宇宙的本质是永恒，短暂的事物通过缘起获得独立性，但他们不过是永恒表面刹那的波纹。他们的存在是短暂现象，不增加也不减少永恒的现实。

个体是刹那的、短暂的和现象的存在。存在的本质是瞬间的连续，因而彼此互为因果联系。所以，个体没有灵魂，人的身体是由地、水、火、风四种元素构成，通过业报相连，生时聚拢，死时消散。智顗认为缘起有两种，物质因和动力因[1]。前者是种子，后者使之生根发芽。

就终极存在而言，智顗接受了中观唯识派的论点。真谛不存于非永恒的现象世界中，它隐藏在多维的表象之下。它是唯一永恒的真实，世界的本质，所有形态的基础。它不生不死，不增不减，无始无终；现象世界却有始终、增减、生死。它不会完全灭亡，只会重新开始一系列新的现象。宇宙的真谛是绝对、唯一、无限、独立而独一无二的。现象世界是相对、不同、有限、从属而多维的。

我们知道依照智顗的观点本体与现象的关系如同海洋与波浪，类似涅槃和轮回的关系。涅槃是"存在"和"佛性"的无限一面，轮回包含了他们的短暂一面。在涅槃的无限海洋中，个体只是一瞬的波浪。

天台宗的三个观点对佛教而言十分重要：①普世真理充斥着时间与空间，它无始无终、永恒而且无限；②普世真理在因缘的作用下产生了现象世界；③现象实际居于普世真理的表层，它也是真实的。多样即统一，因为后者在因缘的作用下产生了前者[2]。

此为智顗哲学思想之概述，实际上他借用了龙树的哲学体系，但是智顗的独特贡献是他以此为基点系统梳理了佛教文献与思想。他的判教在同时代及随后的数世纪中影响深远。不断分裂的教派之

---

① 原文分别注音"yuan-yin"、"yin-yuan"，疑为"原因"、"因缘"，出处不详。——译者注

② 天台宗教义最突出的是三谛圆融、一念三千之谓，与作者所说或有出入，此部分内容作者可能补充了个人观点。——译者注

争产生了大量荒诞或矛盾的义理，这让中国佛教徒陷入了困扰，智颛高度理性的体系则疏解了这些困扰，并且激励后世的中国哲学家们在 11 世纪时开创了新的佛教与思想体系，后文另行叙述。

僧肇、慧远和智颛及弟子们都努力重新诠释佛教思想，而保守的佛教学者诸如玄奘、道宣（596~667）等人，则始终致力于将印度佛教经院哲学介绍给国人。他们成功地将一些印度佛教宗派引入中国，这些教派在中国发展兴盛，其中不少至今仍相传于中国和日本。

玄奘本人开创了新的宗派，即瑜伽行派或唯识派。他曾前往印度那烂陀寺向瑜伽行派最著名的论师戒贤法师学习此派哲学。他将教派基础文本译成汉语，并为唯识思想立论，记录了该派九位大师的经论 [①]。他和弟子窥基（632~682）[②] 的作品都能反映出他们对唯识宗的深刻见解。

中国又将唯识宗称为法相宗，在日本被作 "Hosso"，而其之所以被命名为法相是因为该派哲学主要探讨构成物质世界的法相（dharma）的本质。法相宗是佛教唯心主义哲学的诠释者，"识"（vijñāna）是唯一的真实；现象世界只是识的投影。唯识宗的大师们认为识的最高层次是阿赖耶识（Ālāya-vijñāna），它是一种潜意识，包含了所有事物的种子 [③]。法相是幻象，唯有识是真实。玄奘之后，法相宗的代表人物是窥基，他被认为是中国和日本法相宗中最伟大的论师。此教派只是至今仍留存在中国的经院哲学派别之一。

中国佛教之中另一宗派亦可追溯到玄奘——俱舍宗。这个名字源自著名的佛教大师世亲（Vasubandhu）[④] 所著的《阿毗达摩俱舍论》（Abhidharmakośa），当中包含了说一切有部的义理阐释。世亲是说一切部的传人，后又创立了唯识派。《阿毗达摩俱舍论》以七部说一切有部的义理论典为基础。玄奘将七论中的大部分译成汉语，他迫

---

① 指《成唯识论》，但其中编译了十位论师的诠释。——译者注
② 俗姓尉迟，唐代名僧，京兆雍州长安人。唯识宗创始人，玄奘之徒。——译者注
③ 指一切种子识（sarva-bījaka-vijñāna），又称种子识，大乘佛教术语，指所有生命最初的根本识。——译者注
④ 生卒年不详，4 世纪北印度犍陀罗国人。著有《阿毗达摩俱舍论》。——译者注

切地在中国传播这些作品，因为它们有益于正确理解唯识派。事实上，世亲本人也将《阿毗达摩俱舍论》视作通向唯识派的踏板。俱舍宗的义理带有一定唯物主义。正如佛陀的最初教义，认为"我"非真实，而是五蕴的暂时合和，然而这五蕴是真实的，它们由无数的极微（paramānu）组成。极微都是真实的，只不过他们的组合是虚妄不实的。玄奘之后，他的弟子坚持宣讲俱舍宗学说。后来，俱舍宗传去了日本。

玄奘的另一位弟子道宣创建了律宗，在日本称作"Ritsu"。在创制律宗教义上，道宣受到了师父玄奘多大程度的影响，已不得而知。但这一时期，中国佛教论师的态度已经不再分歧。智颛曾教导说佛教文献的各个门类都有其重要性。处在这一主流思想之中，道宣主张律学不应被忽略。一个人如果不经历严格的寺院戒律生活，就不能塑造人格，无法达到禅修的高级阶段而有所成就。在初级准备阶段，道宣建议以法藏部（Dharmaguptaka）的律典作为僧侣生活的指引手册。

密宗在8世纪的时候进入中国，金刚智（Vjrabodhi）将其带入中国，他的弟子不空（Amoghavajra）将其发扬光大。在印度，尤其是在那烂陀和南印度，密宗佛教广为盛行。金刚智与不空将带来的大量文献被译成汉语。这个教派在中国又称作真言宗，在日本称作"Shingon"。据该宗教义，其本尊是大日如来（Mahāvairocana），等同于显宗的真如（Bhūtatathatā）。该宗的教义包含身、口、意三密，存在于有情众生和无情事物之中。人的三密与佛陀的三密是同一的，因此所有人都能成佛。这一成佛的前程包含一个系统，即通过功德的积累来升华精神。

密宗的义理对中国佛教徒而言并无新意，没有多大吸引力，不过它在日本获得了极大成功。但密宗佛教的神秘主义内容却吸引着中国人。这一时期的道家思想也有大量的神秘主义成分，诸如咒语、法术、魔法配方等都在中国民众中颇受欢迎。看上去，佛教已经枯竭，无法给中国带来新的显著意义。

接下来的数个世纪里，印度与中国之间出现一段衰落期，两国的沟通虽未停止，大批中国僧人继续到访佛教"圣地"印度，也有许多印度僧人继续在中国翻译佛经，不过这些文本对中国人而言并无大用。

11世纪时，发生了一场新的思想运动，它虽然不属于佛教，却极大地受到了佛教的影响，包含了部分佛教基本义理，这也可以被认为佛教哲学对中国思想发展的贡献。这就是新儒家哲学[①]。

这场新思想运动的发端旨在批判佛教，复兴古代中国哲学。在此之前针对佛教的斗争皆以失败告终。不过佛教这时在中国和印度都逐渐衰落，就义理而言，佛教的哲学体系不再限于知识分子阶层，而佛教形而上的学问通过僧肇、智颢和其他禅师的论述而得以被普通人接受。但是，佛教由于过往的荣耀仍然享有盛名，因而再一次产生了对它的批判。

尽管新儒家旨在复兴古代哲学，但新产生的思想中包含更多的不是古代哲学，而是它意在摧毁的佛教思想。数学、天文学、生物学等实证科学的概念通过佛教与其义理一道进入中国。数论（Sāmkhya）中的神我（purusa）和自性（prakrti），胜论（Vaiśesika）中的原子论，说一切有部的唯物主义思想及演化理论都被中国佛教学者们译释或阐述。

这场新运动的主要领导者有周子（1017~1073）[②]、邵子（1011~1077）[③]、程颢（1032~1085）、程颐（1033~1107）和朱熹（1130~1200）。他们构建的理论体系由朱熹完善。与古代思想家的观点不同，朱熹坚信不存在神，没有至高存在，没有仲裁者，没有天意。整个宇宙由两个共存不灭的准则构成，即"理"和"气"，或者说规范（norm）和物质（matter）。此二者本质不同，却又相互依存。"理"又被称为"太极"或"无极"，前者因为它指向性的力量，

---

① 即理学。——译者注
② 即周敦颐。——译者注
③ 即邵雍。——译者注

后者因为它是一种不可感知的微妙力量。它还被进一步描述为唯一、无限的、永恒的、不变的、不移的、同质的、决定性的、无意识的、无智的。正是在这一规范的驱动下，物质（"气"）由"阳"（动）和"阴"（静）而不断进化。太极没有物质形态所以没有创造力。尽管它拥有超验的特性，但它能有真实的延续性。朱熹将他所说的太极与佛教概念中的真实相区分：

太极为理，包含五行、阴阳，但这些都是真实的。如果他们是不真实的，他们对应着佛教关于事物本性的概念（空）。①

他进一步补充：

佛教非真实的概念并不全错；但在非真实的背后一定有理。如果我们认为我们不真实，但我们认识不到真实的理，那肯定是没有说服力的。②

这看上去是对佛教人生观的误解，世界不真实，但这并不意味着一切都不真实。从相对的观点看来，终极存在和万物一样真实。它是超验而且内化的。它不可描述，但并非不可企及。

就理和气的关系和演化的过程而言，朱熹说理不在气外，它将气注入行动，它不能也不会独立存在。但是理本身不会变化，它显像为世界。这些显像并不连续，而是同时发生的。它将力量转化为行动，让不可感知物变得可感知。个体的理只是普世的理的一部分，但他们无法分立。普世的理与个体的理的关系就如天上月，一而已，及散在江湖，则随处可见，不可谓月已分也。

朱熹不信重生，认为万物在死亡时即会消解。每有人出生，构成他的元素便是从理和气这两个大容器中提取。存在通过子孙得以

---

① 出处不详。——译者注
② 出处不详。——译者注

延绵，祖先之气通过他们传承。子孙就像海波，每一波都是完整的，前波非后波，但却是同质水波。类似地，人是普世之理的一部分，是地与天的气。祖先是同类元素的一部分，所以就理和气而言，人是他祖先的一部分。

朱熹的基本思想与天台宗所宣扬的佛教思想相似。我们知道，智颛接受了佛教经文中关于缘起的理论。缘起独立于时间与空间，一种果成了另一种果的因而无限循环。宇宙的本质是无限，所以世间的转瞬即逝的存在就像永恒大海中的波浪。这些波浪不会增加也不会减少海洋中的水，短暂的现象也是如此。这有两种原因，物质因和动力因。由一个独一无二的静物质和无数的动力因，生出了无数表相不同的存在。朱熹关于在无限、永恒且不变的太极驱动下的演化理论，不过是对同一种理论的不同表述。

新儒家哲学家接受了佛教对法则与世界、本体与现象（佛教的涅槃与轮回）的表述。程颢曾说：

所谓定者，动亦定，静亦定；无将迎，无内外。苟以外物为外。牵己而从之，是以己性为有内外也。且以己性为随物于外。则当其在外时，何者为在内？是有意于绝外诱，而不知性之无内外也。既以内外为二本，则又乌可遽语定哉？……与其非外而是内，不若内外之两忘也。两忘则澄然无事矣。无事则定，定则明，明则尚何应物之为累哉？[①]

依照禅宗思想，万物皆有佛性。从这个观点出发内外不分，都是同样的存在。涅槃与轮回没有区别，他们也是相同的。程颢译解了同样的世界观。

新儒家思想者们在尝试着融合新、旧思想的过程中创造了一个新的哲学，对中国思想产生了巨大而持久的影响。随后几个世纪，

---

① 参见程颢：《定性书》。

佛教在中国没落，人们淡忘了它在这场思想运动中的作用。不可否认的是禅宗和天台宗为它铺就了道路。理学对佛教义理基本教义的吸收使其拥有了普世的特性，也让佛教思想在中国知识分子中变成了一个独立的体系。

　　在中国文化的发展过程中，印度发挥了重要作用。除了宗教思想，佛教将重生的理念、因缘的概念、报应的信念带到了中国。尽管儒家伦理灌输了许多务实的人生观，但这些教义仍然在中国人的心中深深扎根，无法消解。佛教哲学，尤其是当中论述佛性普存于世而万物不恒有的内容，对中国诗人与画家们有着持久的影响，并最终改变了中国的美学观点。唐朝诗人的作品受此影响，他们对自然感觉强烈，视自己为自然不可分割的一部分。他们对万物的稍纵即逝也有哀伤之感。画家们在自然里探索终极追求的征兆，诸如叶子的绿、鲜花的色彩、小鸟的歌唱等。佛教也给中国人带来了深刻的宗教感情和深邃的信仰，哺育了云冈、龙门和敦煌等地的佛教艺术。

5.印度文明在中国

　　提醒读者重新审视古代印中之间存在的密切联系完全没有必要。印中关系可以追溯至公元前 2 世纪，这在印度历史上极其重要，虽然我们很多人没有意识到这一点。我们对过去历史的认识很大程度上有助于印度历史的重建，因为它填补了我们文化纽带中的缺失。

　　"中国"（秦）这一名字也是由印度传播至世界各地。中国人用不同的朝代称呼他们的国家。即使在过去，中国人也用不同的朝代表示他们的国家。秦朝在公元前 3 世纪统治中国，根据统治王朝来命名国家的传统，故称为"秦"。尽管后来改朝换代，但印度人依旧保持"秦"的称呼。有趣的是，在早期希腊文献中，中国曾被称为"兮奈儿"（Sinae，Thinae）等。

　　以前，中国的精英阶层被称为"官吏"（Mandarin）。居住在北京的人们，他们说的话被称为"普通话"（Mandarin）。这个词汇源自梵语词汇 Mantrin，后由葡萄牙的水手和商人将"普通话（Mandarin）"这个词传播至世界各地。

中国古代文学中大量资料表明中印文化交往由来已久。令人惊讶的是，中印两国的交往在印度文献资料中记载甚少。考底利耶的《政事论》和印度史诗《摩诃婆罗多》提到过"中国"，但不确定其出现的具体时间。

中印交往在中国史书上有连续性的记载。但民间传说将这些记载融入其中，就使之变得不太可信。据传，在阿育王统治的孔雀王朝时期，有 17 名佛教僧侣到中国传教。由于来自外域，他们一度被捕下狱，后来获得自由。另传，一名中国将军在征服匈奴之后的归途中，收集到了一尊金制佛像。

中国和匈奴之间展开过一场旷日持久的战争，匈奴人侵略了中国北部和西北边疆，并奴役百姓。为了阻止匈奴的入侵，中国朝廷修建了长城，但还是无法打败匈奴。在 2 世纪下半叶，中国的统治者意识到只有联合中亚各国，才能彻底根除匈奴人的侵扰。塞种人和吐火罗人过去生活在于阗、喀什噶尔和撒马尔罕等中亚地区。为了同邻国建立友好关系，公元前 136 年，中国皇帝派张骞出使西域。随即，张骞在越过边境时，被匈奴人囚禁了。被禁近 10 年后，张骞获得自由，来到帕米尔高原上位于奥克苏斯河岸边的大夏国。张骞提出结盟的意愿，但遭到塞种人和大夏人的拒绝，他们不愿意对匈奴人发起战争。

然而在大夏国首都，大量的中国商品引起了张骞的注意。经过问询才知道，是印度商人把这些货物从印度运送到了那里。张骞一回到中国，就建议皇帝与印度建立贸易关系。当时有两条路线通往印度，一条是北线，需穿过帕米尔高原和兴都库什山脉，另一条是南线，需经过西南部的云南省。

毫无疑问，从张骞的记载中可以肯定地说，早在公元前 2 世纪下半叶，中印就建立起了贸易关系。早期的贸易路线是经云南至印度，尽管详细的描述只能在后来的中国文献史料中才能找到。这条路线从云南府（今昆明）开始，穿过丘陵地区和现今的掸邦，最后在缅甸北部的八莫结束。有两条通往印度的陆路，一条穿过阿萨姆的东北部，另一条穿过若开和曼尼普尔。这两条路线的终点都在摩羯陀的首都华氏城。

公元前 1 世纪，中国在击败匈奴后，完全控制了中亚的贸易路线。不久，中国通过这条路线和印度建立起联系。彼时，贵霜国王统治印度，这条线路开通后，贵霜国王派使节携带佛经觐见中国皇帝。贵霜时期，印度人普遍信奉佛教。贵霜使节于公元前 2 年抵达中国首都。同时，来自印度东部的佛教僧侣来到扶南传播佛教。一些中国古代经典强调，相比于中国其他宗教来说，佛教是更高级的宗教形式。这种思想深刻地影响了中国人。此后，一些达官贵人开始皈依佛教，在公元 1 世纪下半叶，中国皇帝开始信仰佛教。不久，两名印度僧人摄摩腾、竺法兰带着佛经来到中国首都。广为流传的说法是，他们带着一匹满载佛教经文的白马，中国皇帝在都城向他们表示热烈欢迎。公元 68 年，第一座佛教寺院在中国建立，被命名为白马寺。

从公元 68~220 年的东汉时期，在统治者的扶植下，佛教迅速传播。来自波斯、吐火罗斯坦和索格底亚那的外国学者夯实了佛教在中国的根基。在他们的不懈努力下，大量的佛经被译出，大大增强了佛教的影响力。这些国家被印度文明所吸引，而中国的佛教资源则进一步强化了他们的宗教信念。

6. 中国的神秘主义 ①

　　整体而言，中国思想没有神秘主义倾向。儒家的入世精神是它的最佳表达，普罗大众忠实信奉着儒家伦理。古代儒家思想的根基是封建帝国制度，但是帝制废除却没有带来儒家思想的没落，它甚至没有遭到最轻微的动摇。儒家伦理主要奠基于保守的社会教条。但神却在其中没有一席之地，它强调的是君君臣臣、父父子子的相对义务。臣民对君主的忠与子女对先辈的孝是组成国家与家庭的真正基石，这也是为什么儒家伦理被赋予了一种国教的地位。儒家哲学中没有造物主，事实上孔子本人不止一次地拒绝了直接探讨神是否存在，而以阴阳二极的构想解释了宇宙的神秘。阴是被动的阴性原则（female principle），阳则是主动的阳性原则（male principle），二者结合创造了繁育万物的存在。

　　这样一种纯粹的入世主义信条并不能催生神秘主义，但是在中国很早就存在着复杂的神秘主义，这便是道家。据其经典记载，道

---

① *The Calcutta Review*（1933）: 66-69. ——译者注

家学派由老子在公元前 6 世纪所创。他比孔子年纪稍大，大约生活在公元前 570~ 前 490 年。"老子"的意思是"老哲学家"（Old Philosopher），这只是对这位尊师的昵称，而他的真实姓名尚不可考 ①。实际上，老子的个人生平史载不详，多数文献都说他是周朝王廷的图书管理员 ②。他精于古典，开创了一门神秘主义哲学。关于他晚年的故事有两种不同的版本：一说他去了西域，此后再无音讯；另说他生活在中国直至去世。他的神秘主义哲学思想的集大成之作是《道德经》。关于这本书的故事也有两个版本：一说老子西去之前，作书赠予西行关口的守卫尹喜 ③；另一种说法更具权威性，他在宫廷藏书中发现了这部著作，或者至少找到了类似论述的记录。如果选用第二种说法，我们就必须承认在老子之前道家思想业已存在，或者说，老子之前已有先行之人。但这段史前之事已被人遗忘，实际上在此领域可考的最古老的权威作品就是《道德经》。

关于老子，公元前 2 世纪的著名史学家司马迁所言确凿："关于老子，有人如此说，有人那般说，但唯一能确认的是他刻意掩埋了自己生平的痕迹，因为他崇尚隐世。"④ 无法确定他在世时是否收徒，但后世一些声名卓越的文人、哲学家信奉他的神秘主义作品。其中包括生活在公元前 4 世纪的列子、庄子和杨朱，他们的论述促进了道家哲学的传播与发展。包含两千多篇 ⑤ 作品的道家经典是中国经典的重要组成部分。

"道"的文义是道路，而时常被引申为法则。"道"被认为是先于万物存在的独一法则，它是超验、内化而无色无声无形的。它无法被语言描述或定义："如果硬要命名的话，那也只是一个符号，这

---

① "老子"二字的含义并非"老哲学家"，而可能是"李耳"的变音，而"子"是古汉语中对先生的尊称。——译者注

② 参见《史记·韩非老子列传》："老子者，楚苦县厉乡曲仁里人也。姓李氏，名耳，字聃，周守藏室之史。"——译者注

③ 参见《史记·韩非老子列传》："老子修道德，其学以自隐无名为务。居周久之，见周之衰，乃遂去。至关，关令尹喜曰：'子将隐矣，强为我著书。'于是老子乃著书上下篇，言道德之意五千余言而去，莫知其所终。"——译者注

④ 按照原文直译，出处不详，可能为《史记·韩非老子列传》："或曰儋即老子，或曰非也，世莫知其然否。老子，隐君子也。"——译者注

⑤ 原文如此，该数目出处不确。——译者注

个符号如果说不足以代表它难以言说的本质的话，至少可以代表它在人间的显现形式。"① 文献进一步说道：

能清楚地说出来的原则并非永恒的，能命名的事物也不是永恒的。在一切产生之前，有一个无法言说、没有名字的存在。当它还处在没有名字的状态时，它构想了天和地。随后由它生出了一切。人对宇宙准则的理解取决于它的思维状态。若思维一直超脱于感情，便能够感受到它的神秘本质；若思维总是充斥着感情，则只能观察到它的影响。②

老子的弟子们在解释这一段话时说道，在世界产生之前有一个自在的、永恒的、无限的、完满的、无所不在的存在。它既不能命名，也不能言说，因为人类的语言只能用于能感知到的事物。但元初的存在由始至终都是不能被感官所感知的。创世之前，除了它之外，没有其他存在。元初，只有他的本质存在。它的本质包括两个内在属性：阴，也就是内敛的状态；阳，也就是扩张的状态。它们的具象化产生了两个可以被感知的形式，也就是天和地。由此，道有了名字。阴，内敛和静的状态，是道的真正状态；而阳，扩张和动的状态，或者说是可感知事物的显现状态，是一种虚幻的状态，是道的暂时状态。

道的这两种状态对应了人的思维的两种状态：静和动。只要思维在不断地产生观念，它就会充斥着想象，在这种情况下，它为情欲所驱使，只能观察到道的影响。但是当思维的认知停止、思维变得空宁时，它就会变成一面纯洁无瑕的镜子，透过它就能看见投射在镜子上的道那不可名状的本质的倒影。

① 从这段引文的大意来看，此处对应的《道德经》原文可能是"名，可名，非恒名"，但有所增添。加之下文作者又基本重复了一遍《道德经》第一章的内容，所以可以判断作者此处可能参考了其他译注或者自己加入了对原文的理解，而非对原文的直接翻译。——译者注

② 这一段的前半部分基本可以对应《道德经》第一章的部分原文："道可道，非恒道。名可名，非恒名。无名，天地之始；有名，万物之母。故常无欲，以观其妙；常有欲，以观其徼。"其中对后两句的理解可能与现在一般的理解有一定偏差。——译者注

《道德经》(*Tao-tö-king*)中进一步将"道"这一准则定义为"真自然"(true nature)。高妙的智慧包括了解自我的自然。这可以通过对自我施加意愿,控制情欲来达到;可以通过放弃一切传统的知识和凡俗活动来证悟。用老子的话说,真正的圣人"为无为,事无事,味无味;大小多少,报怨以德。"① 老子的这些话只能用一种方式来解释,人应当领悟这一宇宙准则或者说是自我的自然。这一准则等同于自然,不能用语言来定义,只能被证悟。只有控制了情欲,心中去除了凡俗的观念并达到了一种完全冷静的状态,才有可能证悟。心只有完全空净时才能够回到其自然的状态,这不可能通过传统的知识获得。一旦得到,心就会完全改变,人就得以进入一个他人不能进入的世界。由于那时他已经摆脱了情欲,他依然可以行动但却不会为行动所撼;他依然可以看到他人,但却能以一个普遍的准则看待他们,他不再区分人与人之间的差别。

这种神秘主义也有实用的一面。老子用下面的说法指出了一种达到这种超凡状态的方法:"闭嘴屏息,你将死而不朽。说太多话并沉溺于焦虑之中是在浪费和缩短你的生命。将智慧之光聚焦在智慧上,避免心理活动打扰你的身体,这样就保护了你的身体,可以长生。"② 他的弟子庄子(Chuang-tseu)(公元前380~前320年?)用以下说法更加详细地说明了这一方法:"应当退隐到河岸,或者无人之处,不再做任何事情,就好像那些真正热爱自然和喜欢(P237)休闲的人一样。以一种仔细的方法吸入一口气,吐出肺里的空气,这样吐故纳新能够延长人的寿命。"③

泛神论似的宇宙法则、控制呼吸,专注冥想以实现自我的本性,这同奥义书中的"梵"及实现自我的瑜伽十分相似。此种一致性让人忍不住推想老子的思想源自于印度,而他西行的传说可为佐证。事实上的确有一些汉学家如此表达,但是接受该观点最

---

① 参见《道德经》第六十三章。——译者注
② 此处引文疑出自《道德经》第五章:"虚而不屈,动而愈出。多言数穷,不如守中"。——译者注
③ 此处引文疑出自《庄子外篇·刻意》:"就薮泽处闲旷,钓鱼闲处,无为而已矣……吹呴呼吸,吐故纳新。"——译者注

大的难点在于古代中国正史作家从未提及任何早于公元 1 世纪的中印交流。

然而，不论老子的思想出自印度，抑或独立发展，他取得了极高的地位，即使他的论述过于玄妙而有些难于理解。

7. 中国的印度教文化

　　印度文化主要通过佛教传入中国并占据重要地位。这就是为什么在中印文化关系史上，印度教是微不足道的。2~11世纪去往中国的印度学者，绝大多数是佛教徒。事实上，也有少部分印度学者，尽管身为印度教徒，却为梵语佛经的汉译做了大量的工作。

　　随着佛教在中国的传播，印度科学、占星术和医学的影响也越来越广。人们往往被《阿闼婆吠陀》和印度占星术所吸引。从有限的几篇关于印度医学方面的翻译便可如此推测。除了这些翻译，值得注意的是，中国医药书籍中有关于印度草药的记载。中国皇帝坚定地认为，印度医生知道某些药物可以延长他们短暂的生命。中国皇帝都希望活得更久一些，因此他们经常派官员到印度去寻医访药。据记载，7世纪，一位叫那罗迩娑婆寐的印度教徒医生用印度医术给中国皇帝诊疗，以延长他的寿命。但尽管如此，那位皇帝还是英年早逝了。

　　许多关于印度占星术的书被译成中文。婆罗门占星家在宫廷很受尊敬。皇帝意识到占星术预测对宫廷的必要性，因此，为占星师们提供了专门场所。这些印度占星家受到了应有的尊重。7世纪末，印度占星术的三个流派^①——瞿昙氏、迦叶氏和拘摩罗氏（俱摩罗氏）都有人在中国首都从事相关工作。684年，受皇帝令，瞿昙派的占星家们编出了一份历书，并被广泛性使用了3年。718年，一位叫悉达的瞿昙派占星家编纂^②了《九执历》，该历被广泛使用了四年。该历书的汉语修订本《九执历》在中国保存至今。

6世纪末期，有五部关于印度占星术和数学的作品被译成中文。虽然译文已轶，但中国史书中依然能发现这些作品的书名。在每一部作品的前面，都有"婆罗门经"的字样。当时，印度教徒以"婆罗门教"为中国人所熟知，所以他们就把这些作品命名为《婆罗门占星经》、《婆罗门集经》等。这些作品虽已散轶，但它们对中国古代的占星术和数学显然产生过重要影响。

瞿昙家族的占星团队在6世纪来到中国。516年，一个名叫瞿昙·般若流支^③的婆罗门来到中国。他是印度瓦拉纳西人，被视为"佛教居士"，而在另一些资料中又被称为"婆罗门"。他可能是和妻子一起去中国的，也可能还有其他家庭成员，还可能是到中国之后结婚的。有文献记载，他的儿子在中国出生。他遵中国皇帝敕令，将梵语经文译成中文。实际上，他是皇帝手下的高级官员之一。557年，他被任命为邺城的一名官员。

据估计，印度人成群结队到中国做生意，后来就在那里定居下来。同样，许多印度家庭为了生计离开印度，去了爪哇、柬埔寨和占婆等地，并在那里永久定居。因此，可能有一小群印度人是在中国长大的。由于印度商人已经扎根中国，所以后来的印度佛教僧侣在中国的生活就方便得多。居住在中国的印度社群留下了自己的印记。

在中国南方，靠近海滨的泉州，有两座10~11世纪的宝塔。许

---

① 原书将三者称为学派，实际上是三个家族。——译者注
② 实为翻译或编译。《九执历》是保存至今的唯一一部汉译印度古代历法。
③ 瞿昙·般若流支（Gautama Prajnaruci），即瞿昙流之（Gautamaruci）。

那罗辛哈手裂不死恶魔的场景——同样造型的石柱在
泉州市内开元寺、天后宫里都有出现

多外国文献，特别是《马可·波罗游记》，提到泉州这个城市。尽管进行了数次翻修，宝塔依旧保留了中世纪的显著特征。这类佛教寺庙在日本也有，日本人称这种建筑风格为"藤吉昆尤"（Tenji Kunyo），即"印度风格"。虽然这种寺庙风格被认为是印度风格，但在印度却并不普遍。这种类寺庙需要使用大量木材，在今天的尼泊尔和南印度的马拉巴地区还有迹可循。这种风格很有可能源自印度，但使用大量木材来建筑寺庙已不多见，这种建筑风格也逐渐消失。

　　曾经，泉州有最好的寺院。有充分的证据表明，在泉州寺院附近，有一个印度教社区。这里有一个很大的港口，船上装载着来自不同国家的货物，通常在这里抛锚贸易。许多印度船只满载印度货物，在泉州港进行交易。让我引用一段马可·波罗在 13 世纪时的描写：

> 频繁往来的印度船只，停留在泉州港，带来了他们的香料和各种昂贵的商品。

　　泉州寺庙里的一些关于印度教神话故事的雕刻作品证实了存在印度教社区的猜想。令人惊讶的是，在这座寺庙的一根柱子上，雕刻了黑天制服蛇怪卡利亚的印度神话故事。卡利亚是叶木拿河中的一条大蛇，极其可怕。雕刻中，卡利亚伸出无数蛇须 / 兜帽包围黑天，黑天则临危不惧，站在卡利亚身上，悠然地吹奏长笛。在黑天的两侧刻有海螺和法轮，这是毗湿奴大神的象征。柱子的另一幅雕刻描绘了印度教神话中毗湿奴化身为那罗辛哈（人狮）杀死魔王希兰亚·卡西普的故事。在这个特殊的柱子上，还刻有一个生殖器的图像，一头虔诚的奶牛正用它乳房中流出的牛奶清洗湿婆林伽。柱子的底部刻有一种奇怪的动物。这一图像仅在斯里兰卡派纳浦兰姆（Ponnapuram）的印度教寺庙里发现过。在通往寺庙大门的甬道上，我们也发现了好多林伽雕刻。

　　令人惊讶的是，寺庙里其他柱子上的雕刻和这根柱子上的雕刻毫不相同。该柱子上的雕刻有明显的印度特色，没有受中国文化影响的丝毫痕迹。这根柱子应该是在某个印度教寺庙的遗址中被发现的，该寺庙极有可能是由南印度的雕塑艺术家于 11 或 12 世纪建成。居住在这个印度教社区的人应该是泰米尔人。南印度的泰米尔印度教徒是印度与外界建立贸易关系的先锋。

如果在中国各地进行探索，就会发现更多有利于这一推测的证据。与之相关的是，从大量佛教手稿中发现了一部关于迦梨陀娑诗歌的梵语手稿，这就具有独特的意义。即使有关伟大诗人迦梨陀娑愚蠢之处的故事也被编入佛教文献之中，但这是唯一一个在梵语佛教文献中引用迦梨陀娑诗歌的例子。因为完全没有证据表明，中国佛教学者或僧侣有读迦梨陀娑或印度其他诗人诗歌的传统。也许诵读梵语诗歌的传统在中国的印度教社区盛行？

可以得出这样的结论，中国不但同印度佛教文化有着悠久的联系，而且和印度教文化，如上面述及的婆罗门文化也有着悠久的交往。拥有佛教和印度教的多元的印度文化在中国大地上留下了深深的印记。

8.印度音乐在远东的影响

丰富的印度文化以多样的形式传播至远东地区。印度哲学、文学、科学和艺术在佛教史上都留下了独特的印记。多年来，印度多元文化的深刻影响在各个领域激发了远东国家的文化创造力。然而，印度音乐的影响仍旧深藏在这些国家的音乐历史中，尚未被发掘。

中亚许多文明国家和种族都受到印度音乐文化的影响，通过文化交流，中亚盛行的音乐也渗透到印度音乐中。各种史料和印度拉格（印度古典曲调）都表明，印度音乐吸收了独特的外国音乐元素。作为印度古典音乐模式，托迪和卡哈玛吉这两种北印度拉格与土耳其和坎博济（古伊朗）的拉格有某种关联性。公元五六世纪，一些土耳其人迁居到印度。同样，一支来自中亚的坎博济族群也迁徙到印度，并定居在印度的西北边境，这些外来族群对当地的印度文化产生了影响，音乐首当其冲。在位于中亚北部的龟兹，人们有培养音乐修养的传统。公元二三世纪，龟兹国就和克什米尔地区有密切的联系。克什米尔盛行的有部佛教影响了龟兹信众，有部佛教的经卷也被译成龟兹语。许多克什米尔的佛教僧侣来到龟兹并定居下来。

中国史料中提到龟兹的印度音乐。音乐曾在中国文化中占据很高的地位。儒家强调音乐在宗教或祭祖仪式中的重要性，由此，中国皇帝通常在宫廷都有宫廷乐队。有时，皇帝会邀请外国的乐队一起演奏，因此促成了中外音乐文化的交流。

6世纪后半叶，一位叫苏祇婆的乐师从龟兹来到中国。他很擅长弹奏一种叫维纳的印度流行乐器。不像其他国家的古典音乐是七音音阶，中国音乐以五音音阶为基础。七音音阶被介绍到中国堪称一次奇妙的过程。苏祇婆作为龟兹音乐大师，实际上有着印度血统，他的祖先居住在印度，是音乐世家。七音音阶由苏祇婆介绍到中国，这在中国文献中都有记载。在这七音音阶中，有四个音符毫无疑问来自印度音乐。例如，沙识、沙侯加滥、般赡和俟利箑四个音符。另外三个音符在表达音乐时有些晦涩，这很有可能因为中国士人的疏忽而造成。然而，从音阶的传播上看，娑陀力、鸡识和沙腊显然也源自印度音乐。

6世纪晚期，另一位音乐作曲家从龟兹来到中国。据中国史料记载，这位曹姓音乐大师属于婆罗门种姓，可以推断"曹"这个姓是Jha（即Upādhyāya）的转写。这位龟兹音乐家名叫妙达，也许是梵文苏婆喀什或苏巴德语的中文翻译。他的家庭有培养音乐的传统。妙达在音乐上天赋超常，在很短的时间内，他出众的印度古典音乐就吸引了皇帝和达官贵人的关注。由于印度音乐影响的扩大，中国皇帝意识到它对中国音乐可能产生的影响，于是制止印度音乐的发展。但这种遏制并没有产生什么效果。另一位叫明达的音乐家，7世纪从龟兹来到中国。他很有可能也来自具有音乐传统的姓贾的家族。中国皇帝被他的音乐深深吸引，应皇帝要求，明达创作了许多歌曲。

据说，这些来自印度的音乐家极有天赋，只要听到一支曲子，他们就能演奏出来。当雨季来临时，暴雨如注与大地产生共鸣，音乐家们就会到山上捕捉他们的灵感。这样，音乐创作就非常丰富多彩。他们的音乐吸收了来自大自然的旋律，有了新的内涵，也许印度古典音乐就是对大自然奇观的创造性表达。印度古典拉格，如德斯、玛拉和迈格等，主要的灵感即来自作曲家和自然的交融碰撞。

跟随音乐家和乐队一起从龟兹来到中国的，还有一些善舞者。在中国文学中，可以找到关于这些舞蹈的名称，如圣瑞提亚、潘查辛哈瑞提亚等。在辛哈瑞提亚的舞蹈中，出现了许多"狮子"。每只"狮子"由12个舞者编排而成。这种特殊的表演需要140名舞蹈演员。这些远东的舞者不太可能使用面具，在印度则会使用面具来编排舞蹈。

581年，中国皇帝邀请了外国古典器乐大师和乐队来华。这些音乐家来自印度、龟兹、撒马尔罕和喀什噶尔等国。据中国史料记载，我们找到了关于这些印度音乐家生动的描述：

工人皂丝布头巾，白练襦，紫绫袴，绯帔。舞二人，辫发，朝霞袈裟，行缠，碧麻鞋。袈裟，今僧衣是也。乐用铜鼓、羯鼓、毛员鼓、都昙鼓、觱篥、横笛、凤首箜篌、琵琶、铜拔、贝。毛员鼓、都昙鼓今亡。①

史料对服装和伴奏有生动的描写，和今天的表演非常相似。

关于印度音乐，中国史料这样记载道："由七音音阶组成，并且音符之间有很强的连贯性。"也许这是关于印度音乐的主要结构，而非印度古典音乐拉格。除此以外，拉格在中国文化土壤中发展的可能性很小。也许印度七音音阶是阇底（Jāti）②的前身。在印度音乐专著，如《舞论》、《乐海》及其他著作中都提到七个阇底，这在中国史料中也有所提及。

中国史料提到印度古典音乐有20种音乐曲调。尽管付出很大的努力，但我还是没能找到关于这些音乐曲调的资料，有些地方只是

① 刘昫等撰：《旧唐书》，北京：中华书局，1975年，第1070页。——译者注
② 阇底，原文为Jāti，梵语词，基本义为生，衍生为种姓、种类等意思。此处用以指一类韵律曲调／拉格。——译者注

含混不清地有所提及。有些资料提到库库特拉迪亚（斗鸡）、富尔梅拉（百花齐放）和博盖拉等。在古代经文中，我们发现了像库库特、马利卡普、拉雅班加等音乐曲调。有证据表明，歌曲以塔拉为分类标准，塔拉即衡量节拍的单位。中国史料所提及的印度音乐名称就源自塔拉。

印度音乐经中国传播到日本。时至今日，在日本古老的寺院中，一些印度古老曲调的颂歌仍被吟唱。这一传统在佛教僧侣中延续了一代又一代。如果把这些资料收集起来，我们可能对古代日本音乐有所了解。日本古代文献中记载，有一位叫菩提的婆罗门，他在800年把印度两种曲调带到日本，这两种曲调分别是"菩提萨埵"和"拜罗"。身为婆罗门的菩提，当时是奈良一座佛寺里的僧侣。在他的印度曲调中，颂歌伴随着有节奏的舞蹈，"菩提萨埵"通常被佛教僧侣所歌咏。日本没有关于印度音乐的详细记录，但是有关于"拜罗"的记录："在主要的印度音乐中，拜罗是指圣芭兰多，即婆罗多。这首歌／曲调是士兵们在打仗前唱的。唱了七遍，如果有沙摩声，那预示着军队将战胜敌人。"在日语中，这些词汇已经有所转变，如芭兰多是婆罗多的变形。沙摩像似梵语娑摩的变形。娑摩代表打击乐器中的起始点，保持着一种节拍（塔拉）。即使一首曲子唱了七遍后，仍需要很高的技巧来保持这种曲调。"拜罗"这个词可能是梵语派拉瓦（在印度斯坦语中的拜罗）的转化。也许派拉瓦表现了活力和光明，这也解释了为什么这首曲子通常在战争时期演唱。《婆罗多音乐》是最古老的音乐专著，也是歌曲的源头。作为印度婆罗门音乐大师，菩提在8世纪将派瓦拉和有关音乐创始的传说传播至日本。他经中国去到日本，因此可以推断，他在中国也做过类似的音乐传播。

现今，印度古典音乐的发展史已被湮没。只有通过对中国和日本的史料进行梳理，才能展开对印度音乐在中国和日本的传播及影响历史的研究。

9. 早期在中国弘法的波斯佛教徒 [①]

中国在公元前 2 世纪时通过张骞与伊朗 [②] 世界产生了首次交流，这位伟大的中国探险家历经 12 年 [③] 的旅途，于公元前 126 年回到中国。张骞受命出使西域与塞种人 [④] 商谈联盟对抗汉帝国的强敌匈奴，塞种人那时聚集于奥克苏斯河（Oxus）[⑤] 谷地。尽管张骞未能即刻完成这份政治使命，但他带回了西域地区几大强国的确切信息，特别是大宛（费尔干纳）、康居（粟特）与安息（帕提亚）[⑥] 等国的信息。

后来汉武帝（前 156~前 87，前 141~前 87 在位）遣使去往帕提亚，该国国王命两万骑兵在东部边境迎接并且优待使节 [⑦]。所有

---

① *The Calcutta Review*（July 1927）：60-64.——译者注
② 本文中作者所用"Iran"、"Persia"、"Parthia"、"Ngan-si"所指大致相同。伊朗是今称，波斯是古城，帕提亚指古国名，安息是汉语文献中的称呼。——译者注
③ 应该是 13 年。《汉书·张骞传》中原文为"初，骞行时百余人，去十三岁，唯二人得还。"——译者注
④ 即月氏人。——译者注
⑤ 阿姆河的旧称。——译者注
⑥ 作者原注为"Ferganah"、"Sogdinan"、"Parthia"。——译者注
⑦ 参见《汉书·西域传上》："武帝始遣使至安息，王令将将二万骑迎于东界。"——译者注

的中国编年史家都将他们与帕提亚的交流追溯至此时期。帕提亚被中国人称为"安息",因为彼时统治帕提亚的王朝名为安息王朝（Arsacidan）。安息（An-si）在古汉语中的发音是"Ar-śak"。那时的中国史学家对该国的描述明确指向安息王朝："安息国,王治番兜城（Parthian）……北与康居（Sogdinan）、东与乌弋山离（Alexandra, i.e., Heart）、西与条支（Chaldea）接……其属小大数百城,地方数千里,最大国也。临妫水（the Oxus）,商贾车船行旁国。"[1] 这一时期的帕提亚在与东方的贸易中发挥着重要作用,中国的商品经由此地去向罗马。中国人很快知道了这个西方的强国,东西交流的通道被其阻隔,而中国人想要直接与罗马帝国及近东地区（作者注:古称大秦）交流。97 年,大将班超在远征中亚时派遣甘英为使臣前往大秦。他抵达条支的大海边,安息西界船夫告诉甘英此去大秦程路途遥远,行程艰苦,他只得放弃任务返回。[2] 与大秦的直接交往晚至 156 年[3] 才建立,当马可·奥勒留（Marcus Aurelius Antoninus Augustus, 121~180, 161~180 为罗马皇帝）的使臣携带礼品来到东京（当时中国的一个省）[4]。这次出使的动机很可能是为了打破帕提亚王国切断陆路交通而造成的贸易垄断[5]。官方联系由此建立,但我们并不清楚直接贸易的计划在多大程度上得以实现。

不管如何,中国和帕提亚在公元初时已经有了活跃的贸易关系。这一时期的帕提亚商人很可能在中国的首都（西安府[6]）自发形成了团体。这种依照国籍划分的团体,包括印度、波斯、印度支那等,在后世得以验证。不论这些在中国都城的外国人在公元一世纪时地

---

[1]《汉书·西域传上》。——译者注

[2] 参见《后汉书·西域传·安息传》:"和帝永元九年,都护班超遣甘英使大秦,抵条支。临大海欲度,而安息西界船人谓英曰:'海水广大,往来者逢善风三月乃得度,若遇迟风,亦有二岁者,故入海人皆赍三岁粮。海中善使人思土恋慕,数有死亡者。'英闻之乃止。"——译者注

[3] 原文有误。应为 166 年。——译者注

[4] 指交趾,今越南北部。东京是越南法殖民时期的称呼。但根据《后汉书》记载使臣所到之地是日南,并非交趾,此处原文可能有误。——译者注

[5] 参见《后汉书·西域传·大秦传》:"至桓帝延熹九年,大秦王安敦遣使自日南徼外献象牙、犀角、玳瑁,始乃一通焉。"——译者注

[6] 原文如此,指长安。下同。——译者注

位如何，可以确定的是，来自不同国家商人的商贸往来推动了知识的交流，中国人逐渐开始对外国的宗教、艺术和文学产生兴趣。

在148年，帕提亚的佛教弘法者来到了中国首都，意在宣扬新的宗教。他被称为安世高，或帕提亚人世高。如果"世高"是一个佛教名字，它可能（用梵语）写作"Lokottama"。他是正统的帕提亚王室子弟，很可能是安息王朝的王子。从小亲近宗教的他让位于他的叔叔而皈依佛教，出家为僧。他全心学习佛经，并且为了深入研习，立志前往不同的佛教中心学习。无法确定他是否到过印度，但他肯定研习过一些印度语言（可能包括梵语），这从他翻译成中文的大量佛经中可以推知。他游历甚广，于148年来到中国。他在长安译经至168年，据说共译经176部①。他的译作中有55部②扔存于现今日本出版的三藏经中。我们没有关于安世高晚年的确切信息，但各种记录都同意他在168年之后去往中国南方布道，直到2世纪末不幸去世。

安世高现存的55部作品足以证明他所译的佛经传阅广泛，其中的许多都是审慎地从大量佛经中选取并翻译的，但是由于对原文本的对译并不理想，不少内容遗漏了。世高并不满足于翻译本身，他亲自创建的译场完成了卓绝的翻译工作，被后人称为"无与伦比"③。这个译场里的粟特、塞种和印度僧人协力推动了佛教与佛经的传播。

佛教在公元前2世纪时传入中国，据说传法者竺法兰（Dharmaratna）与迦叶摩腾（Kāśyapa Mātaṇga）在公元65年来到中国。他们翻译了四或五部经书，其中一部尚存④。关于这二位布道者的信息都十分模糊，而且并不可靠。真正意义上的汉语佛教文本，始于安世高及同门的作品，尽管从风格上可以证明不少归在他名下

---

① 此数说法众多，176一说出处为《长房录》。参见汤用彤：《汉魏两晋南北朝佛教史》，北京：北京大学出版社，2011年。第38页。——译者注

② 一说56部。参见童纬："汉魏两晋南北朝出经籍表"，载《佛学研究》，2000年第13期。——译者注

③ 出处不详，可能是释慧皎：《高僧传·安清传》。"唯高所出，为群译之首"。——译者注

④ 参见释慧皎：《高僧传·竺法兰传》。"即为翻译十地断结、佛本生、法海藏、佛本行、四十二章等五部。移都寇乱，四部失本。不传江左。唯四十二章经今见在。"——译者注

的作品是后人补充或者伪作的，但其中的多数毫无疑问是原作。我们在此不详述他的作品，他们几乎所有都源自阿含经（Āgamas，与巴利语中的 nikāyas 对应但完全不同）。一个重要的疑问是安世高所译原文的语言无法确定，但肯定不是巴利语。关于译名转写的研究不足以推证原文本的语言就是梵语。我们有两种推测，要么是一种印度俗语（Prakrit），要么是一种安世高能轻易学会的伊朗语言。对汉语阿含经的分析也许能够证明，某些阿含经文本，尤其是由帕提亚、粟特僧人所译经文具备伊朗源头，因而代表着古老佛教典籍的一种残缺的伊朗版本。

安世高之后我们要提到的两个帕提亚人是安玄与安法钦。181 年 ① 安玄来到西安府时是一位商人。因为他为公众做出的特殊贡献被封为“骑都尉”②。他性情温恭虔敬，后来加入了安世高的佛教团体并勤奋苦学。他将两部佛经译作汉语，这两部经书都留存于今三藏经中。安法钦于 281 年来到西安府并且一直译经到 306 年。他一共译经 5 部，现存 2 部。

这几个早期译经者的名字和其他一些译者的名字被共同记录了下来，足够揭露一段被遗忘的历史。他们打破了过往无言的沉默，呈现了有待解决的新问题。我们还不清楚在公元初时佛教在波斯的发展状况，安世高的皈依表明安息王朝的首都已经有佛教徒，但他们的历史尚未被挖掘。来到中国的帕提亚僧人并非孤立的历史人物，同样也是印度—帕提亚关系史的标志。

---

① 原文可能有误，据《高僧传·安玄传》载，安玄于灵帝时（168~189）来华，且于 181 年译出作品。因此，安玄实际来华日期应该早于 181 年。——译者注
② 参见释慧皎：《高僧传·安玄传》。“以功号曰骑都尉”。——译者注

10. 记印度国际大学中国学院①

国际大学的伟大创始人泰戈尔十分清楚，想要深入研究印度的历史，必须借助亚洲其他国家的历史。过去，印度将她的文明传播给了无数亚洲人民，她也从未对外来者关闭大门，比如希腊人、波斯人、塞种人、突厥人等。广泛的交流创造了一个包含无数思想与理念的共同体，把亚欧大陆上人种、语言皆不相同的民族联系在了一起。泰戈尔希望印度的历史在这样的图景中得到充分研究。

国际大学的首位访问教授是法兰西学院（College de France）教授、法兰西学术院（French Academy）成员西尔万·列维教授（Pro. Sylvain Lévi）。他是开启这一学术进程的合适人选。他在此教授藏语和汉语，并逐渐将印度学者的注意力引到了中亚、印度支那和印度尼西亚等地的印度文化遗产上。学者们期待能从这些地方搜集到资料去缓缓构筑印度伟大的历史。

---

① *Visva Bharati Annals*, 1947.——译者注

印度国际大学中国学院

由此而始，大量资料逐渐积累，多国政府曾向国际大学施以援手。法国政府馈赠了法国学界积累多年的整套研究刊物，一个珍贵的图书馆得以建立。国际大学图书馆（因此）在某些方面具备了独特之处。不久后，一套完整的西藏佛教文献——《甘珠尔》与《丹珠儿》①——被加入馆藏，许多梵语的写本也被收藏。但其中仍然缺少汉语文献。

仰慕泰戈尔的中国学者在十年前向国际大学伸出援手，在他们的努力下，中国学院在 1937 年正式建立②。除了学院大楼和宽敞的教室，中国学院还拥有收录了稀有大量汉语文献的图书馆，馆藏包括珍版的汉传佛教文献，以及中国历史、经典、地理、百科和不同年代的诗歌等。事实上，这个藏书量超过了十万册的图书馆在印度绝无仅有。

在中国学院的开幕典礼上，泰戈尔说："这是人类历史上最值得铭记的事情，我们打通道路，不是为了运输（战争）机器或者机枪，而是为了帮助不同的人们实现思想的亲密沟通，为了对彼此负责的共同人性。如此罕见的事情确实发生了，那时，我们的人民和中国人之间建起了一条道路，这既需要英雄性格来克服物理阻隔，也需要非同寻常的强大道德力量来跨越思想隔阂。两个伟大的民族在那时相遇，不是战场上争夺世界霸权的对手，而是高贵的朋友，互换礼物以荣耀彼此。后来，双方联系减少而陷入孤立，这条道路也逐渐被冷漠的灰土掩盖。今天，我们的老朋友再次召唤我们，帮助我们重塑那条在数个世纪中陷入困厄的古道。我们为此欢欣鼓舞。"

整个国家都像泰戈尔一样欢欣鼓舞。这是一次充满希望的努力，不仅为了研究双方的历史，更是为了世界上两个最大的民族之间的互相理解。国家之间的互相理解无法通过文化或政治的宣传而达到，它的实现需要文学、哲学、历史以及其他人类知识领域的顶尖人才

---

① 二者合为藏传佛教大藏经。——译者注
② 中国学院首任院长谭云山教授在中国学院的建立和发展方面做出过卓越贡献。——译者注

通力合作。

从公元元年到 12 世纪，印度学者们无时无刻不在奔赴中国。他们与中国学者一道，将成千上万的印度文献译成汉语。现存的中国佛教文献中包含了数千种译作，而他们的印度原本却多数佚失。因此，印度文献的重要组成部分通过汉语得以保存。如果我们的学生无法接触到这些文献，印度的伟大历史就永远无法展示其真实面目。这项任务同样需要中印学者的耐心协作，为达目的可能需要数十年的艰苦付出。

此外，中国史料之中不仅记载了不同时期的印度历史，也记录了中亚和被印度文化主导千余年的东南亚①的历史。印度历史的许多重要内容只能通过中国来获知，所以中—印研究在此刻就显得更为重要了。

---

① 原文为"Further India"，是英国殖民印度时期对东南亚的旧称之一。——译者注

索引

（页码为本书边码）

译后记 |

　　新一版的《印度与中国》这就面世了，很高兴。比之上一版，这一版增加了内容：师觉月的 10 篇论文。也就是说，该书包括两部分——其一，《印度与中国——千年文化关系》（下面简称"北大版"），为师觉月独立的专著，属于再版的内容；其二，师觉月论文选集《中印文化圈》，包含"论中印文化圈"、"佛教在中国的发端"和"中国的神秘主义"等 10 篇文章，属于初版，首见于汉字。于此，结合两部分内容，在北大版"译后记"的基础上，我将自己的些许感受和体会与读者分享。

　　原本想，因为有北大版，这本书再晚一些出来。计划是，多选译一些文章，起码 15~20 篇。不过，目前看，困难重重：一是译者事多，再推迟几个月，也不会有大的变化；二是师觉月文章难译，用译者之一何赟的话说，

"师觉月的文章有料，值得研究，但是细节缺漏也多，与现存的汉文文献经常有出入，需要花大精力去比对。"确实如此。再，新入学的学生及相关同好告诉我，北大版已经买不到了，旧书网上的很贵。我向北大版责编王立刚先生求证，他说北大版印了 4 000 册，很快就卖完了，社里书库早已没有存货（感谢他把自己收藏的几本给了我）。另外，印度驻华使馆一外交官朋友也询问此书，说需要一些。我转问立刚先生，询北大社有无重印的可能，答案是否定的。不过，立刚先生建议让中国大百科全书出版社接手，我欣然允诺，中国大百科全书出版社王宇也乐意，何赟硬着头皮答应提前交稿。由是，这本书出来了！

原书语言为英语，作者是印度学者师觉月（Prabodh Chandra Bagchi, 1898 年 11 月 18 日 ~ 1956 年 1 月 19 日）。师觉月是印度著名汉学家、佛学家，也是"中印学"（Sino-Indian Studies）研究领域重要的开拓者之一。他年轻时立志学习印度古代历史文化，但认识到印度自身史料缺乏，欲在学术上有所精进，必须学习亚洲其他国家，尤其是中国的语言文化。其时适逢法国东方学家西尔万·列维（Sylvain Lévi, 1863 年 3 月 28 日 ~ 1935 年 10 月 30 日）应罗宾德罗纳特·泰戈尔（Rabindranāth Tagore, 1861 年 5 月 7 日 ~ 1941 年 8 月 7 日）之邀访问印度国际大学，师觉月便开始随他学习汉语和藏语，研究东印度和尼泊尔的密教。此后数年间，师觉月深受欧洲尤其是法国东方学研究的浸染，先后前往中亚、越南、日本等国访学，又结识了保罗·伯希和（Paul Pelliot, 1878 年 5 月 28 日 ~ 1945 年 10 月 26 日）、亨利·马伯乐（Henri Maspéro, 1883 年 12 月 15 日 ~ 1945 年 3 月 17 日）、朱尔斯·布洛克（Jules Bloch, 1880 年 5 月 1 日 ~ 1953 年 11 月 29 日）等一批东方学家，其研究对象也从最初的佛教密教拓展到了对中国、日本等国文化的研究。

如果说法国的东方学家们在研究方法和具体知识方面给师觉月留下了深深的烙印，那么罗宾德罗纳特·泰戈尔则从理念上使师觉月由一个纯粹的东方学家成为一个全面的亚洲学者。泰戈尔的"亚洲主义"影响了师觉月的世界观和价值观，他开始逐步将自己各方面的知识融合起来，沿着古代陆上、海上丝绸之路的线索，构建一个学术研究的"丝绸之路"。这一变化反映在他的著述中。20世纪二三十年代，师觉月先后以法语出版了《中国佛藏：译者与译文》（*Le Canon Bouddhique en Chine les traducteurs et les traductions*）和《两部梵汉词典：利言〈梵语杂名〉与义净〈梵语千字文〉》（*Deux lexiques Sanskrit-chinois: Fan yu tsa ming de Li-yen et Fan yu ts'ien tseu wen de Yi-tsing*）两部著作，在印度传承了欧洲的汉学传统。不过，师觉月并没有止步于此，同一时期，他开始将中印两大亚洲文明作为一个整体进行研究，也就是后来"中印学"的雏形。随后，他在国际大学创立了《中印学刊》（*Sino-Indian Studies*），成为"中印学"研究的重要阵地。可以说，《印度与中国：千年文化关系》于1944年的出版正式确立了"中印学"这一新的研究领域。该书产生了空前的影响，它成为印度的中国研究者必读书目，渗透其中的中印文明理念深深地影响了一代又一代印度的中国学学者，并扩散到了从政治领袖到平民百姓的各个阶层，时至今日，许多印度人依然对其中一些精妙的论断津津乐道。

1945年，中华民国政府在国际大学设立中国文化研究项目，师觉月出任项目主任。印度独立后，印度政府在北京大学设立了印度讲席。1947年，师觉月获聘来到中国，成为近代历史上第一位到北京大学担任客座教授的印度学者，受到了时任北京大学校长胡适的热烈欢迎。师觉月与季羡林、金克木等老一辈印度学学者一同参与了北京大学印度学研究的学科建设，推进了北京大学在印度历史、印度哲学、佛教文献等领域的研究。据说他曾与金克木先生一起尝试将汉文佛经译回梵文，并将之与巴利藏中的佛经进行对照，可见他学术功底之深厚。

1948年末，师觉月回国，出任国际大学高等研究院（Vidya Bhavan）[①]院长，总领国际大学的人文社科研究，并与当时负责

---

① 有关印度国际大学 Vidya Bhavan 的相关信息：1）1921年建立 Uttar-Vibhaga or the Department of Higher Studies，即"高等研究系"；2）1925~1926年在此基础上建立 Institute of Higher Studies and Research，即"高等研究院"；3）1972年改组为负责人文社科研究生教育的 Institute of Humanities and Social Sciences，即"人文社科研究院"。师觉月主政时，Vidya Bhavan 是 Institute of Higher Studies and Research，因此此处名称为"高等研究院"。但如果概论之，"知识大楼"一名更为妥当，因此于1981年的再版引言中译者使用了"知识大楼"的名称。

汉语教学的中国学者谭云山先生密切合作，进一步推进"中印学"的发展。1954年4月，师觉月出任国际大学第三任校长（Vice-Chancellor），也是国际大学第一位非泰戈尔家族的校长，足见其声望和地位之隆。

《印度与中国：千年文化关系》一书是公认的师觉月的代表作，自1944年由印度加尔各答的中国出版有限公司出版以来，先后于1950年（印度孟买Hind Kitabs）、1951年（美国纽约Philosophical Library）、1971年（美国韦斯特波特Greenwood Press）、1975年（美国韦斯特波特Greenwood Press）、1981年（印度加尔各答Saraswat Library）和2008年（印度新德里Munshiram Manoharlal Publishers）多次再版，历久不衰。本次翻译选取了1981年的版本为底本。

本书内容从最为具象的商品贸易到最为抽象的哲学义理，从充满传奇色彩的个人事迹到跨越千年的历史变迁，从广为人知的佛教往来到少有介绍的医学历算等无所不有。本书目录明晰，再版序言中也对各章进行了简要说明，在此不赘。说来惭愧，刚准备翻译时，译者着实低估了眼前的工作量，不到300页的小开本，相比现今流行的诸多鸿篇巨著实在不多。待着手翻译才发现这薄薄的书中竟涵盖了中印文明交流的方方面面，对译者自身的知识储备等有很高要求。再，师觉月的研究基础源自法国的东方学传统，从拼音方案到资料来源多出自法国学统，这为翻译增加了另一层语言方面的障碍。第三，此书写成距今已有半个多世纪，其中一些观念和资料是一个多世纪以前的，存在疏漏和不确在所难免，这给翻译带了无言的困难。由此，在翻译过程中，译者尽力核实相关史料，在保留原文观点的基础上以译者注的形式补充相关史料以供读者参考，尤其在历史事件的时间、人物名称等方面力求准确。棘手的是，原书由始至终只在极少几处做了注释，大量的引文和事实陈述没有出处，需要核实、查证之处颇多。鉴于此，我邀约了叶少勇、张惢煜和贾岩三位加入。叶少勇是北京大学的老师，致力于梵语和佛教文献的研究，张惢煜是北京外国语大学的老师，贾岩在伦敦大学亚非学院攻读博士学位。三位均在北京大学接受了全面、系统的印度学研究训练，为中国印度研究领域年轻学人中的佼佼者。

原书作者所参考的资料主要有三类：① 汉文佛教文献，包括汉译佛经以及僧人游记等；② 其他汉文文献，包括二十四史以及一些儒家、道家经典等；③ 欧洲东方学研究成果，包括沙畹、伯希和等人的论著。总的来说，师觉月对前两部分文献格外倚重，这与他曾经长期从事汉文佛经的研究工作有关，也凸显了汉文资料对复原印度历史的重大意义。

在核实第一类文献资料的引文出处时，对于引用较多的《法显传》、《大唐西域记》、《大唐西域求法高僧传》等几部作品，译者着重参考了通行的点校本。出于效率的考虑，其他引文主要引自《中华电子佛典》，其中或有与权威校本不同之处，未及一一核对，译者在此请读者见谅。第二类文献资料的引文虽然在数量上少于第一类，但涵盖面更广，从具体的历史事件到鲜有人问津的古书名录应有尽有。这些引用文献中，除二十四史有相对简便的电子检索方式外，其他文献例如《朱子语类》等的引文检索多有不便，加之原书作者所引用的译文也可能存在对汉语原文理解的不确之处，更加大了工作的难度。本书中有几处未能找到具体出处的引文，多属于这一类。译者希望日后能与相关领域同仁多做交流，补充相关引文出处。第三类文献引用较少，加之译者未参考原文引用的几处法语资料，故也存在个别引文出处未能查证的情况。

除这三类文献资料外，师觉月在书中也阐述了一些印度传统的宗教、哲学、社会观念，但多以事实陈述的方式出现，没有给出引文，译者原样译出。

书中还涉及诸多人名、地名，其中一些是古代地名，一些是原书写作时殖民时期的地名，原书常常将两者与今地名混用，给阅读和翻译造成了一些困难。译文基本立足于汉语相关领域习惯表达统一全书的地名译名。但考虑到一些古代地名在历史上所指的地理范围可能有差异，若有读者需要引用本书的相关叙述，译者建议还是需要核查原文和相关史料。在整理索引的过程中，译者也发现了多处错漏，尤其在中国帝王的庙号和谥号上错误不少，译者已一一注出。

尽管做出了以上努力，受限于译者对相关领域知识的掌握程度以及时间等条件，译文肯定还存在着纰漏和有待改进之处，希望读者能够见谅并提出宝贵意见。

纵观全书的诸多论述，许多观点均已广为人知且得到公认，但也有一些观点中国学者接触较少，值得进一步研究。例如，师觉月在书中提到了婆罗门密教中有一支供奉"摩诃支那度母"的"支那行"（支那为中国古名）；还提出了佛教"俱生乘"（也译为易行乘）可能与道教信仰有关，而前者在印度又衍生出了印度教毗湿奴教派中的俱生派；等等。师觉月之所以能提出这类观点，与其对梵语、巴利语、阿波布朗舍语、印地语、汉语、藏语等多种语言的掌握，以及对佛教、印度教甚至道教的深入了解是分不开的，尽管尚需更多史料支持，但他确实开辟了一个新的研究领域。目前中国社会科学院的薛克翘先生正在进行相关研究，他的专著《印度密教》和《神魔小说与印度密教》在某种程度上填补了中印研究领域的一个空白。值得一提的是，佛教密教的影响不仅限于毗湿奴教派中的俱生派，其后的纳特瑜伽派，甚至更为晚近的印度中世纪虔诚运动中的无形派都或多或少地传承了这一宗教思想。沿着这条主线，或许可以对佛教如何最终融入主流印度教进行更为深入的研究，此是后话。另外，书中还提出日本古典音乐中的"林邑八乐"可能源自印度，对"林邑八乐"中"陪胪乐"即印度"怖畏神"拉格有专述；书中汉语和日语中的乐曲作者"班朗德"即古典梵语文论《舞论》作者婆罗多的论述更是令人眼前一亮。

关于《中印文化圈》的 10 篇文章，7 篇为英语原文，3 篇由孟加拉文转为英文。有的发表时间较早，如《古汉语中的印度译名》发表于 1904~1905 年；有的发表时间稍晚，如《印度文化对中国的影响》发表于 1952 年；其他几篇发表于 20 世纪三四十年代。我邀约何赟和李美敏担当主译，两位都毕业于北京大学，受过较为全面的专业训练。何赟目前在中国银行工作，是印度文化专栏作家，活跃于中印文化交流领域；李美敏是江西师范大学的老师，长期从事印度文学文化的教学与研究工作。

《中印文化圈》这个名字是我审校了所有 10 篇文章之后确定的，源自其中《论中印文化圈》一文。文章都是关于中印文化方面的论述，内容与专著《印度与中国——千年文化关系》一脉相承，不同之处在于，前者是各部分先后有逻辑性的专题性著作，后者则单独立意，各自成篇。《中印文化圈》中的好几篇文章与《印度与中国——千年文化关系》中的内容具有某种血缘关系，比如《佛教在中国的发端》与第 2 章"前往中国的印度佛教传法僧"，再比如《中国的神秘主义》与第 7 章"两个文明——一个融合体"，等等。实际上，《中印文化圈》中的文章或多或少都会涉及《印度与中国——千年文化关系》中的内容。此外，两者写作方式、体例、习惯等也相差无几。所以，翻译《中印文化圈》遇到的问题与翻译《印度与中国——千年文化关系》的问题几乎一致，重点仍在核对汉文资料与原文的关系及一致性等方面，由于原文注释极少，困难繁多。有意思的是，在核对《中国的神秘主义》文献的过程中，何赟还发现了它与《印度与中国——千年文化关系》中第 7 章中几近一样的表述，于是我们决定采用同一文字；同时，我们还校对出了专著中的几处错漏，"完善"了一下专著的内容和注释。另外，师觉月常常直接使用汉语拼音，比如《中国的印度教文化》一文中有 Ye-Cheng 的表述，是关于瞿昙·般若流支（即瞿昙流之）在中国活动的内容，译者李美敏自忖，新疆叶城离印度近，便于瞿昙·般若流之生活，便汉字之为"叶城"。但审校发现，"叶城"不符，瞿昙·般若流之活动于河北邺城。所以，"叶城"大谬，"邺城"才是正解。嗟夫，一字之差！翻译不唯文字搬运，乃与研究一体也。

不论是《印度与中国——千年文化关系》，还是《中印文化圈》，都包含了不少值得继续探究的方向，这一方面说明原作者的学术功底深厚，另一方面也令当今中印两国中印研究领域的学者汗颜。人文学科的研究需要学者投入大量的时间和精力，进行充分的积累之后方可展开，仅就外语能力来说，师觉月能够熟练使用的语言包括梵语、巴利语、阿波布朗舍语、孟加拉语、印地语等印度语言，英语、法语等欧洲语言，以及汉语、藏语、波斯语、日语等亚洲其他地区语言，仅这一条就足以令我等后学自惭形愧。如果说一两个个体的情况可能由于个体差异，但中印两国在这一领域的整体研究水平未能在过去的半个多世纪中有显著提升，足以让我们深思。

印度独立之后，国际大学优秀的中国研究传统逐渐转向新建立的尼赫鲁大学。随着自美国引入的"区域研究"范式开始占据主导地位，传统的欧洲"东方学"研究范式以及在此基础上融合中印传统发展起来的"中印学"研究范式在印度逐渐式微。1962 年中印边境战争削弱了"中印学"在印度的社会认可度，之后的政治僵局又增加了限制，印度的中国学格局由此改变。不学中文，仅凭西方论著，套用国际关系等学科基于西方国家间关系研究而提出的理论研究中国以及中印关系等现象直至现在依然在印度的学术界存在。印度社会"向西看"的普遍心态大大抑制了中国学传统的发展和恢复。

中国的印度学研究情况也呈现出类似的波动。建国初期在国家的支持下，以季羡林、金克木、刘安武先生为代表的前辈学人学者建立了一个健全扎实的印度学学术群体，我国目前大多数重要的印度学研究成果都出自这一群体。之后的时局变化打断了这一发展进程，虽然 20 世纪八九十年代改革开放之后有大量研究成果问世，但也多是该群体的先生们在上一阶段积累的产物。随着"西方中心论"影响的日趋严重，中国的印度学研究长期不振。

当前，随着中印关系的持续发展，两国政府以及民众都日益感受到了彼此的重要性，这对中国的印度学学者以及印度的中国学学者提出了新的要求。然而，十年树木百年树人，一个学科，尤其是人文学科的发展需要耐心的积累和细心的培育。近年来，一大批 70、80、90 后的年轻人茁长成长，他们已然成为中国印度学乃至中印学研究的生力军和主力军，必将在人才培养和学术研究等领域重塑前辈学人创下的光辉的学术传统，本书的翻译便是这一努力中的一小步。"不积跬步无以致千里"，只要我们走好了每一小步，就可以在未来无愧于前辈学人的努力。

交代一下本汉译本的分工：姜景奎负责专著引言、第一版前言、第二版前言、目录、年表、第一章、第二章，叶少勇负责专著第四章和附录，张忞煜负责专著第三章、第六章和第七章，贾岩负责专著第五章和第八章，何赟负责文集第 1~4、6、9~10 篇，李美敏负责文集第 5、7~8 篇。姜景奎另负责全书审校。

译者在此要感谢在本书的翻译和出版过程中给予支持和鼓励的人士。中国社会科学院的薛克翘先生审阅了北大版全文，并提出了重要修改意见。"字里行间，均见功夫"，能得到薛先生如此评价，译者倍受鼓舞。在翻译的过程中，北京大学南亚研究中心的陈明教授、张幸博士帮助核对了一些资料，我的三位研究生生李宝龙、张书剑和王凌男也参与了部分资料的整理与核对工作。北京大学出版社文史哲事业部的王立刚先生和中国大百科全书出版社社科学术分社的王宇女士等都对本书的翻译出版给予了很大支持。在此一并致谢！

最后，译者希望引用玄奘法师答复印度智光法师的信中的一句话，谨以此译本遥寄师觉月以及他与北大、印度与中国之间的殊胜因缘：

"路远不得多，莫嫌鲜薄。"

姜景奎
北京燕尚园
2018 年 1 月 1 日

附：师觉月简介

师觉月（Prabodh Chandra Bagchi，1898 年 11 月 18 日～1956 年 1 月 19 日）印度汉学家、佛学家，中印研究开拓者，印度国际大学（Visva Bharati）第三任校长（Vice Chancellor）。

1898 年 11 月 18 日出生于孟加拉杰索尔县（Jessore，位于今孟加拉国库尔纳区），是家中长子。其父名为诃利纳特·巴克奇（Harināth Bagchi），其母名为塔伦奇尼（Tarangini）。自小学习成绩优异，后入克里希那纳格尔政府学院（Krishnanagar Government College）梵语专业学习，致力于了解印度古代文明。毕业后，入加尔各答大学（Calcutta University）学习古代历史与文化，于 1920 年获得硕士学位。由于表现优异，时任加尔各答大学校长阿输多士·穆克吉（Ashutosh Mukherjee）聘任他即刻入职，担任讲师。

为了更深入、全面地研究印度历史，师觉月开始学习汉语和日语。适逢法国东方学家西尔万·列维（Sylvain Lévi）应罗宾德罗纳特·泰戈尔（Rabindranāth Tagore）之邀到访国际大学，在阿输多士·穆克吉（Ashutosh Mukherjee）的建议下，师觉月随他学习汉语和藏语，并前往尼泊尔参与发掘梵文贝叶经以及汉藏抄本。他在泰戈尔和列维的启发下，开始以更为广泛的资料来源进行研究。1922年，获拉什佩诃利·高士游学奖学金（Rashbehari Ghosh Travelling Fellowship）前往亚洲各国游学，结识了许多欧洲东方学研究者。1923~1926年，获印度政府资助前往法国深造。在法期间，他向列维学习梵语佛教文献，向保罗·伯希和（Paul Pelliot）学习中亚地区印度文化遗存，向亨利·马伯乐（Heri Maspero）学习中国佛教文献，向朱尔斯·布洛克（Jules Bloch）学习巴利文古典文献，向安托万·梅耶（Antoine Meillet）学习《阿维斯陀》，后获巴黎大学（Université de Paris）国家文学博士学位。

回国后，继续在加尔各答大学任教，其间于1929~1930年前往尼泊尔研究汉藏佛教抄本。1931年起，与苏尼提·古马尔·查特吉（Suniti Kumar Chatterjee）和苏古马尔·森（Sukumar Sen）组建了一个非正式的比较文献学研究团体，后于1938年并入印度语言学会。在此期间，他已经成为印度重要的汉学和佛学研究者，先后以法语出版了《中国佛藏：译者与译文》（*Le Canon Bouddhique en Chine les traducteurs et les traductions*）、《两部梵汉词典：利言〈梵语杂名〉与义净〈梵语千字文〉》（*Deux lexiques Sanskrit-chinois: Fan yu tsa ming de Li-yen et Fan yu ts'ien tseu wen de Yi-tsing*），创立了《中印学刊》（*Sino-Indian Studies*）。1944年，出版了《印度与中国：千年文化关系》（*India and China: a thousand years of cultural relations*）。

1945年，中华民国政府在国际大学设立中国文化研究项目，师觉月出任项目主任。在他的主持下，《国际大学年刊》（*Visva-Bharati Annals*）第一卷以中印研究为主题，刊载了一系列相关论文。

1947年，独立后的印度政府在北京大学设立印度讲席，师觉月获聘并前往中国工作，成为近代历史上第一位到北京大学担任讲座教授的印度学者，受到了时任北京大学校长胡适的热烈欢迎。师觉月先后任职于东方语文学系和哲学系，并开设哲学系必修课《印度哲学史》、历史学系选修课《印度古代史》、《印度古代文化》等课程。此外，与季羡林、金克木等印度学学者一起参与了北京大学印度学研究的学科建设，推进了北京大学在梵语、巴利语、佛教文献等领域的研究。在北京期间，居住于东交民巷俄国谿子四号旁门，广泛结交中国学者，曾与周达甫合作研究菩提迦耶出土的汉文碑铭，写成《对菩提迦耶汉文碑铭研究的新解读》（*New Lights on the Chinese Inscriptions of Bodhgaya*）一文，并发表于《中印学刊》，另以英文在《华裔学志》（*Monumenta Serica*）上发表《中文古籍中的印度古名考》（*Ancient Chinese Names of India*）一文。

1948 年末回国后，继续任职国际大学，出任高等研究院（Vidya Bhavan）院长，主持国际大学人文社会科学领域研究工作。1952 年，随印度独立后的首个访华代表团出访中国。1954 年 4 月，出任国际大学校长。1956 年 1 月 19 日因心脏病发作去世。1959 年，遗稿英译本《释迦方志》由国际大学出版社出版。

2008 年 11 月 24 日，北京大学举办学术研讨会纪念师觉月诞辰 110 周年，并在会上发布了纪念文集《印度与中国：佛教与外交的互动》（*India and China: Interactions through Buddhism and Diplomacy*），收录了其有关中印研究的一系列论文。

师觉月以法语、英语、孟加拉语等语言发表研究成果，中印研究相关著作包括《中国佛藏：译者与译文》（*Le Canon Bouddhique en Chine les traducteurs et les traductions*）、《两部梵汉词典：利言〈梵语杂名〉与义净〈梵语千字文〉》（*Deux lexiques Sanskrit-chinois: Fan yu tsa ming de Li-yen et Fan yu ts'ien tseu wen de Yi-tsing*）、《印度与中国：千年文化关系》（*India and China: a thousand years of cultural relations*）、《印度与中亚》（*India and Central Asia*）、《释迦方志》（*She-Kia-Fang-Che*）等，相关论文包括《早期在中国弘法的波斯佛教徒》（*Some Early Buddhist Missionaries of Persia in China*）、《佛教在中国的发端》（*The Beginnings of Buddhism in China Sino-Indian Studies*）、《佛教印度：一名西突厥那烂陀佛僧》（*Buddhist India: A*

Buddhist Monk of Nalanda Among the Western Turks)、《〈撰集百缘经〉及其中译本校注》(*A Note on Avadanasataka and its Chinese Translation*)、《中国的神秘主义》(*The Chinese Mysticism*)、《罽宾与克什米尔》(*Ki-Pin and Kashmir*)、《汉文〈迦叶本集〉残片》(*A Fragment of Kasyapa Samhita in Chinese*)、《玄奘与印度友人信札》(*Some Letters of Hiuen Tsang and His Indian Friends*)、《印度文化对中国的影响》(*Indian Influence on Chinese Thought*)、《帕坦时期中国与孟加拉邦间的政治关系》(*Political Relations Between Bengal and China in the Pathan Period*)、《坦焦尔的中国钱币》(*Chinese Coins From Tanjore*)《有关新出土中国钱币的报告》(*A Report on a New Hoard of Chinese Coins*) 等。